UN CHAPITRE

DE

L'HISTOIRE DE CHARLES V.

ZUMALACARRÉGUY.

UN CHAPITRE

DE L'HISTOIRE

DE CHARLES V,

PAR

Le Baron de Los Valles,

AIDE-DE-CAMP DU ROI D'ESPAGNE, BRIGADIER DANS SES ARMÉES, CHEVALIER PENSIONNÉ DE L'ORDRE DE CHARLES III, ET CHEVALIER DE L'ORDRE MILITAIRE DE SAINT-FERDINAND DE SECONDE CLASSE, ETC., ETC.

PARIS,
AU BUREAU DE LA MODE, RUE DU HELDER, N° 25,
ET
CHEZ DENTU, LIBRAIRE, PALAIS-ROYAL, GALERIE D'ORLÉANS.

1835.

Imprimerie d'Ed. Proux et comp., rue Neuve-des-Bons-Enfans n. 3.

A S. A. R. LA PRINCESSE DE BEIRA.

MADAME,

Je m'acquitte d'un devoir sacré en mettant sous la protection de votre auguste nom, le récit des grands événemens auxquels se rattachent l'histoire et les royales infortunes de votre famille. Si l'élévation de l'âme, les grandes qualités du cœur, les nobles apanages de l'esprit, doivent exercer quelque influence sur

AVANT-PROPOS.

Les grands événemens qui se passent en Espagne depuis trois ans, attachent l'intérêt de l'Europe sur cette lutte héroïque de la légitimité calme et forte, contre l'usurpation violente et pusillanime. Quand Charles V tient à honneur de ne confier le succès de sa cause qu'à la fidélité et au courage de ses sujets, c'est un grand enseignement, pour les peuples et pour les rois, de voir au contraire l'imprudente Christine, mendier à grands cris les secours de l'étranger, implorer l'appui de tous les aventuriers de l'Europe, et les supplier de venir se placer entre elle et Charles V : c'est une reine d'Espagne qui appelle à son aide, les Belges, les Français, les Anglais, les Italiens, les Polonais et les Portugais, pour les faire combattre contre ceux qu'elle nomme *ses sujets !*

L'importance d'une pareille situation en présence de deux millions d'hommes armés, depuis Kalish jusqu'à Bayonne, qui restent, l'arme au bras, tranquilles spectateurs du duel impie du fait contre le droit; nous a fait penser que le moment est venu de publier des Mémoires authentiques, destinés à jeter un grand jour sur la question de la succession au trône d'Espagne.

Pour bien comprendre toute la portée de ces événemens, il est indispensable de connaître les causes qui les ont amenés, et les honteuses intrigues qui ont préparé la situation dans laquelle la politique des gouvernemens révolutionnaires de l'Europe a placé Charles V.

Personne mieux que le baron de LOS VALLES ne pouvait nous dévoiler tous ces mystères d'iniquités; témoin et observateur des événemens qui ont amené la guerre dont l'Espagne est le théâtre, admis dans la confiance de l'héritier légitime de la monarchie espagnole, son serviteur et son compagnon fidèle depuis son exil en Portugal jusqu'à ses triomphes en Navarre, l'écrit qu'il publie, va faire connaître avec une vérité saisissante, les hommes et les choses de ce pays.

Le dévoûment sans bornes du baron de Los Valles à un prince errant, proscrit et détrôné; à qui il ne reste plus d'autre fortune que les droits de sa naissance et ceux de son épée, ne peut s'expliquer que par une conviction bien intime et bien profonde des hautes qualités de ce prince. M. de Los Valles a vu pendant quatre ans Charles V dans toutes les phases de la bonne et de la mauvaise fortune; il l'a vu infant à Madrid, au faîte de la faveur et de la popularité; il l'a vu en Portugal exilé, sans ressource et souvent sans abri; il l'a vû poursuivi avec acharnement par ses ennemis, et toujours au moment de tomber en leur puissance; il l'a vû au pouvoir des Anglais, et ensuite traversant la France malgré les embûches de toutes les polices; il l'a vû dans les vallées de la Biscaye et dans les montagnes de la Navarre, partageant le pain et le bivouac de ses soldats, et il lui rend cet hommage qu'il a toujours trouvé Charles V, calme, digne, courageux, résigné et constamment au-dessus des vicissitudes de sa fortune: c'est en admirant tant de vertus royales qu'il a puisé cette ferme croyance, règle de ses actions, que le bonheur et l'avenir de l'Espagne reposent sur les destinées de ce prince, mûri pour le trône par l'adversité, comme son aïcul Henri IV.

Le caractère fort et héroïque de don Carlos (1) est depuis long-temps connu et apprécié en Espagne; ses sujets se rappèlent toutes les circonstances de sa vie, dans lesquelles il a donné des preuves de son énergie et de sa loyauté. Dès son enfance, studieux et réfléchi, il annonçait tout ce qu'il aurait de puissance de raison et de volonté. La conduite qu'il tint à Bayonne en 1808, en présence des ordres tyranniques de Napoléon, et malgré les souvenirs encore récents des fossés sanglans de Vincennes, fut la première occasion dans laquelle il prit une position politique; car il était resté étranger aux événemens d'Aranjuez, qui avaient entraîné l'abdication de son père. Dans le conseil qui fut tenu au château de Marrac pour proposer, de la part de l'empereur des Français aux infans, de renoncer à leurs droits à la couronne d'Espagne, et d'accepter en échange le royaume d'Etrurie, don Carlos fut le

(1) CHARLES V, connu jusqu'à la mort de son frère sous le nom de l'infant *don Carlos*, est le second fils du roi Charle IV, mort en 1819. Il est né le 29 mars 1788, et est parvenu à la couronne le 29 septembre 1833. Il a épousé le 29 septembre 1816, l'infante de Portugal, Françoise d'Assises, fille du roi Jean IV de Portugal, morte à Verstock, en Angleterre, le septembre 1834. Il a eu de ce mariage:

1° L'infant Charles-Louis-Marie, aujourd'hui *prince des Asturies*, né le 31 janvier 1818.

2° L'infant Jean-Charles-Marie, né le 15 mai 1822.

3° L'infant Ferdinand-Marie, né le 13 octobre 1824.

seul qui conserva sa dignité de prince. Le timide Ferdinand avait été effrayé des menaces de Napoléon; l'avis d'Escoiquitz fut de céder à cette volonté de fer. Don Pedro Gomez Labrador, qui faisait aussi partie de ce conseil, montra envain toute la fermeté de son caractère; mais don Carlos, à peine âgé de vingt ans, se prononca contre toute concession déshonorante pour sa naissance; il protesta hautement contre la violation de ses droits, et s'écria avec un accent de dignité qui produisit un grand effet : *Mas vale morir que vivir sin honor; yo no consiento.* (Il vaut mieux mourir que de vivre sans honneur; moi je n'y consens pas.)

Don Carlos partagea la longue captivité de son frère à Valençay et ne revit sa patrie qu'en 1814. A son retour en Espagne, il eût sa part dans l'enthousiasme que les Espagnols témoignèrent en revoyant leurs princes, et fut un des héros des fêtes qui les accompagnèrent, lui et son frère, depuis la frontière jusqu'à Madrid. Don Carlos, dont la raison avait été déjà mûrie par les longues méditations de l'exil, s'opposa vivement à l'acceptation de la constitution presque républicaine délibérée par les cortès de Cadix, en 1812, et que le parti révolutionnaire voulait insolemment imposer à Ferdinand VII au moment de son retour dans ses états; c'est de cette époque que date la haine que ce parti n'a cessé de porter à l'infant don Carlos, et dont il poursuit aujourd'hui

Charles V. Ce parti, qui ne recule devant aucun genre de calomnies, n'a cessé de désigner ce prince aux Espagnols comme le représentant le plus intolérant de l'absolutisme. L'enthousiasme qu'il excite dans ses provinces, les sympathies qu'il trouve au milieu de ces populations qui combattent pour leurs franchises et leurs libertés, et qui sont venues se ranger sous ses drapeaux, prouvent assez le mépris que les Espagnols ont pour ces absurdes accusations, et la confiance qu'ils ont dans l'esprit éclairé de ce prince.

En 1820, don Carlos résista avec une grande énergie à l'acceptation de la constitution, qu'une soldatesque révoltée vint imposer à son roi. Rien n'aurait pu le décider à céder à une si monstrueuse exigence du parti révolutionnaire, et il ne fallut rien moins qu'un ordre formel du roi Ferdinand pour lui arracher son adhésion. En 1822, il réclama inutilement de son frère, l'honneur de commander la garde royale compromise dans les rues de Madrid, au moment où elle s'était armée pour défendre le trône, chaque jour menacé par l'esprit républicain des cortès et l'audace des *descamisados* de toutes les provinces de l'Espagne. Son attachement aux anciennes lois de la monarchie espagnole, et son respect pour les prérogatives royales, lui valurent l'affection de tous les royalistes du royaume, qui placèrent en lui toutes leurs espérances pour l'avenir du pays. Don Carlos, pendant la vie de son frère, voulut rester étranger à toutes les intrigues politiques; il supporta avec la résignation du sujet le plus soumis toutes les persécutions que lui fit éprouver la camarilla de la reine Marie-Christine, et fit au repos et aux volontés de son frère, tous les sacrifices compatibles avec la dignité de son rang et les droits de sa naissance : les lettres que nous connaissons de lui, et dont les circonstances ont nécessité la publication, sont remplies des sentimens les plus fraternels.

Don Carlos est doué de toutes les qualités d'un homme d'honneur; il possède au plus haut degré toutes les vertus de famille : religieux sans fanatisme, pieux sans intolérance, généreux sans prodigalité, économe sans avarice; calme, courageux, réfléchi; il n'a d'exaltation que pour l'amour de son pays, et pour le respect de la foi jurée. Si la Providence lui réserve la faveur de remonter sur le trône de ses pères, l'Espagne n'aura jamais eu de roi plus consciencieux et plus loyal; j'ajouterai pour les garanties de l'avenir, que Charles V revivra dignement dans son fils aîné, le prince des Asturies. Tous ceux qui ont vu ce jeune prince, bientôt âgé de dix-huit ans, se sont plu à reconnaître en lui, tous les caractères d'un noble et brave Castillan, qui n'aspire qu'au moment de tirer l'épée pour le bonheur et pour la gloire de son pays.

Les événemens dont le baron de los Vallès va nous tracer le tableau, et dans lesquels Charles V joue un si grand rôle, feront connaître mieux que je ne puis le faire, ce monarque qui fixe sur lui, dans ce moment, tous les regards de l'Europe. Aucun récit ne peut offrir plus de garanties d'authenticité et d'intérêt. Le baron de Los Vallès a depuis trois ans été initié à toutes les affaires de Charles V. Attaché à sa chancellerie comme officier des affaires étrangères, il a été employé aux négociations les plus difficiles et les plus périlleuses; il raconte avec franchise et sans passions, tout ce que l'honneur de sa conscience et le secret des affaires d'état lui permettent de livrer à la publicité; et le plus bel éloge qu'on puisse faire de lui, c'est de rappeler l'inaltérable confiance que Charles V lui a témoignée, dans toutes les occasions importantes.

M. le baron de Los Valles est un de ces hommes d'énergie et de résolution, dont le dévoûment à la cause qu'ils servent, ne recule devant aucun obstacle, ne s'effraie d'aucun danger; diplomate et militaire, il jouit du rare avantage parmi les hommes de parti, d'être tout à la fois de bon conseil et de prompte exécution; ceux qui vont lire ses mémoires seront bien aises de connaître sa vie par quelques faits qui rappelleront succintement tous les services qu'il a rendus à la cause de la légitimité, tant en France qu'en Espagne.

M. L. Xavier Auguet de Saint-Sylvain, aujourd'hui baron de Los Valles (1), né en France au milieu des orages de notre révolution, appartient à une famille que ses principes religieux et monarchiques, exposèrent à la fureur des orages révolutionnaires. Né dans ces temps désastreux, le jeune Auguet n'en reçut pas moins une éducation distinguée, et puisa dans sa famille l'exemple de cet attachement à la famille des Bourbons, qui ne s'est jamais démenti, et cette haine pour les idées révolutionnaires, qu'il a sans cesse combattues.

Au premier retour des Bourbons en France, il voua sa vie entière à leur défense, et embrassa aussitôt la carrière militaire ; en 1815, il suivit son roi à Gand, et ne rentra qu'avec lui. Un dévoûment comme le sien devait trouver place dans les rangs de cette noble garde royale, si admirablement organisée par le duc de Feltre. M. Auguet passa ensuite, par des motifs d'avancement, dans un régiment de ligne, où il acquit bientôt une réputation distinguée, et sept ans plus tard, il fut attaché pendant quelques mois à l'état-major de la ville de Paris. A une autre époque, des revers de fortune le forcèrent à quitter l'état militaire, pour suivre une carrière plus lucrative.

Je n'ai pas la pensée de suivre M. Auguet dans

(1) Le jour même du départ de Charles V d'Angleterre, ce prince remit à son compagnon de voyage, un brevet qui le nommait baron de Los Valles.

toutes les circonstances de sa vie et dans les voyages, qu'il fit en Angleterre, aux Etats-Unis, au Canada, au Mexique; voyages pendant lesquels il trouva souvent l'occasion de servir les intérêts de son pays, et ses opinions monarchiques. C'est l'homme politique et le sujet dévoué que je veux faire connaître, et j'arrive à l'époque où il a pris position au premier rang des défenseurs de la légitimité. La désastreuse révolution de juillet le trouva à son poste de royaliste, et sa vie courut de grands dangers pendant les trois journées. Il fut bientôt après sur le lieu d'exil de son roi; il se rendit en Angleterre, et avant la fin d'août, il était à Lulworth; en partant de cette résidence, il eut l'honneur d'offrir l'hommage de son dévoûment au duc de Bordeaux, intéressant enfant, qui lui dit avec sa grâce ingénue et son cœur tout français, en prenant congé de lui : *Monsieur, vous allez retourner en France : que vous êtes heureux !*

M. Auguet fut dès les premiers jours de la révolution de juillet, l'objet de la surveillance de toutes les polices du juste-milieu. Le service du 13 février à Saint-Germain-l'Auxerrois fut un prétexte de percution que le ministère ne laissa pas échapper; M. Auguet fut arrêté comme conspirateur, un des griefs de cette accusation fut une œuvre de charité de madame Auguet, qui montra dans les débats de ce procès, autant de fermeté que de présence d'esprit. On reprocha à M. Auguet l'intérêt d'humanité que sa jeune femme avait porté aux soldats de la garde royale, à ses anciens camarades, blessés aux journées de juillet, pour lesquels elle avait ouvert une souscription. Ce procès acquit de la célébrité devant la cour d'assises; M. Persil, alors procureur-général, ne dédaigna pas de venir y soutenir l'accusation; la loyauté et la franchise du prévenu, qui avoua courageusement ses opinions légitimistes, en présence de la révolution encore armée et victorieuse, et l'éloquence puissante et persuasive de Me Hennequin, entraînèrent la conviction du jury: M. Auguet fut acquitté.

Pour échapper aux nouvelles persécutions qu'on préparait contre lui, à ces investigations d'une police ombrageuse et sans cesse tracassière, M. Auguet prit la résolution de quitter la France et d'aller s'établir en Espagne. Les recommandations les plus pressantes et les plus honorables lui furent données par les Bourbons de la branche aînée pour leurs augustes parens d'Espagne; elles lui valurent l'accueil le plus flatteur à la cour de Madrid, et particulièrement de la part de la reine Marie-Christine, de sa sœur l'infante Louise-Charlotte, et de l'infant don François de Paule. Un grade supérieur lui fut offert dans l'armée espagnole, mais M. Auguet, voyant l'orage révolutionnaire près de fondre sur ce malheureux royaume, voulut garder son indépendance; il se créa un établissement littéraire, qui, favorisé par la famille royale, réussit au-delà de ses espérances; par ce moyen, il put conserver son épée libre de tout engagement pour la mettre au service de la légitimité menacée (1).

Les Mémoires que nous publions feront assez connaître avec quelle ardeur et quel désintéressement M. Auguet se jeta dans le parti de l'infant don Carlos, par le seul sentiment et la conviction de son droit, et quels sacrifices de fortune et d'avenir, il fit à cette cause, dès qu'il vit à la fois compromis les droits du prince et les intérêts du peuple espagnol; c'est en lisant le récit des grands événemens auxquels il a pris part, qu'on pourra se faire une idée des ressources de son esprit et de celles de courage, et cependant il a gardé le silence sur tout ce qui lui est trop personnel, et s'est modestement effacé en présence de tant de grands événemens qui sont aujourd'hui de l'histoire, et dont

(1) M. Auguet ayant refusé les offres que lui firent les partisans de la reine, pour rester fidèle à ses convictions politiques, fut exilé d'Espagne par décret du 9 janvier 1833. Il se rendit en Portugal, où à peine arrivé, il sollicita du roi don Miguel de servir comme simple volontaire dans son armée d'opération devant Porto. Cependant malgré les pressantes recommandations de l'infante Maria-Francisca pour son frère, sa demande ne fut pas accueillie, le gouvernement ayant pris alors l'absurde résolution de n'admettre aucun étranger à son service; plus tard, on changea de système, mais les événemens nous ont prouvé qu'il n'était plus temps.

il aurait pu dire sans trop de vanité : *Quorum pars magna fui.* Si j'avais eu à son ouvrage une autre part que celle de mettre en ordre le manuscrit qu'il m'a confié, j'aurais certainement raconté plusieurs circonstances importantes dans lesquelles il a joué un rôle fort actif, et dont les résultats ont fait le plus grand honneur à son courage et à son intelligence politiques (1).

(1) Je me bornerai à citer deux rencontres, dans lesquelles il se fit remarquer par un grand sang-froid et une présence d'esprit peu commune, au moment d'un grave danger. Pendant une des missions dont il fut chargé, dans un séjour mystérieux à Valladolid; il fut prévenu par quelques personnes qui s'intéressaient à lui, que le général Quesada, qui venait de remplacer le duc de Castro Terreno dans le commandement des troupes, ayant appris que M. Auguet était rentré en Espagne, venait de mettre sa tête à prix. Des détachemens de cavalerie et d'infanterie avaient été envoyés à sa recherche sur toutes les routes. Sa mission accomplie, il se procura un guide pour le diriger dans les chemins qu'il allait prendre, pour retourner auprès du roi. Cet homme était fort effrayé de la dangereuse tâche qu'il avait acceptée, et la vue d'un soldat espagnol le faisait frémir. Ils quittèrent Valladolid le 9 novembre, à neuf heures du soir, marchant jour et nuit pour arriver le plus tôt possible en Portugal. Ils rencontrèrent au milieu de la route un des nombreux détachemens mis à leur poursuite ; le cœur manquait au guide qui voulait rétrograder. M. Auguet le força, le pistolet sur la gorge, à avancer, et prenant tout a coup un air de gaîté comme si son compagnon de voyage lui eut raconté quelque plaisante aventure, il se prit à rire aux éclats, et traversa les rangs du détachement dans un accès d'hilarité qui ne permit pas de laisser soupçonner aux soldats envoyés à sa recherche, qu'ils eussent au milieu d'eux l'homme dont la tête était mise à prix.

Quelque temps après, ayant rejoint la famille royale à Bragance,

Je ne donnerai pas plus de développemens aux détails de la vie du baron de Los Valles, c'est dans son livre qu'il faut suivre la série des faits qu'il a à nous raconter. C'est lui qui va nous apprendre toutes les vicissitudes de la fortune de Charles V, et qui va nous le montrer en Portugal, en Angleterre, en France, et enfin à la tête de sa brave et fidèle armée, où ce prince daigna lui confier un commandement, dans plusieurs affaires, qui eurent lieu en sa présence. Il y déploya une bravoure et une énergie

au moment où elle partait pour Villaréal, M. Auguet était resté avec l'évêque de Léon, qui se trouvait trop fatigué pour continuer le voyage. L'évêque avait été se loger au séminaire, mais le lendemain, quand ils voulurent partir, ils apprirent que l'avant-garde des christinos venait d'arriver, espérant s'emparer de la famille royale et des personnes de sa suite. L'évêque, sur l'avis de M. Auguet, n'eut que le temps de quitter à la hâte le séminaire, et de chercher avec M. Auguet un asile plus sûr. Ils se réfugièrent dans une maison voisine, où ils furent obligés d'entrer par la fenêtre, au moyen d'une longue échelle. Bientôt, leur hôte qui était aux aguets, vint les prévenir qu'un détachement voulait fouiller la maison, il leur proposa de se réfugier dans un galetas, dans lequel l'évêque de Léon fut obligé d'entrer *à quatre pattes*, position fort gênante pour un homme de la taille de l'évêque, qui a cinq pieds huit pouces. Ces deux proscrits restèrent plusieurs heures dans cette pénible position, dont ils ne furent tirés que lorsque les soldats furent fatigués de recherches infructueuses. Ils profitètent de ce moment pour quitter Bragance, où ils abandonnèrent leurs bagages, leurs chevaux et la mule de l'évêque. Ce qui peut faire juger combien la position était dangereuse, c'est que le domestique de M. Auguet, qui eut le malheur d'être pris, fut fusillé sans forme de procès, et sur le soupçon seul d'avoir été à son service.

qui excitèrent l'admiration de toute l'armée royale.

Il ne me reste qu'à expliquer les causes qui ont amené la publication des mémoires du baron de Los Valles; ces mémoires sont dus aux loisirs forcés d'une détention de près de six mois à Sainte-Pélagie, sous les verroux de Louis-Philippe.

Une grave indisposition, suite d'une petite vérole volante que le baron de Los Valles eut pendant les six mois qu'il resta en Navarre, et qui cependant ne l'empêcha jamais de monter à cheval au jour du danger, et d'accompagner le roi dont il ne voulait pas quitter les côtés, le força à solliciter de ce prince un congé de quelques mois pour venir rétablir sa santé en France, au milieu de sa famille, dont les intérêts réclamaient sa présence. Il quitta l'Espagne pour rentrer en France au commencement du mois de décembre dernier. Plein de confiance dans l'arrêt de la cour suprême qui avait décidé, dans l'affaire de M. Jauge, qu'on pouvait servir Charles V sans être déclaré ennemi de la France, il vint sans méfiance, ne se doutant pas que la police de M. Thiers lui gardait rancune de la mystification dont il l'avait redue la dupe, cinq mois auparavant, en faisant traverser la France à Charles V, de Dieppe à Bayonne; mais il s'abusait étrangement. A peine fut-elle avertie de son retour à Paris, que tous ses limiers furent à sa poursuite, et qu'un mandat d'amener était déjà libellé contre lui, *pour intri-*

gues contre la sûreté de l'état, port de faux passe-port, suivi d'un *ordre de saisir toutes armes, munitions et papiers suspects*, dont il pourrait être porteur. Dénoncé par un ouvrier qui avait toute sa confiance, et qui le vendit aux fonds secrets, le baron de Los Valles fut arrêté dans la maison d'un de ses amis qui lui avait donné un asile. On l'accusa niaisement d'avoir *pris un nom supposé pour traverser la France* avec Charles V. Certes c'était un grand crime du baron de Los Valles, que de n'avoir pas voyagé sous son nom : la police eut eu beaucoup plus de facilité pour l'arrêter, lui et son royal compagnon de voyage.

Le baron de Los Valles, après une procédure aussi longue que minutieuse, fut traduit devant la police correctionnelle, dans le mois de février, et *condamné à trois mois de prison*. Dans ce procès, M. de Los Valles soutint cette nouvelle persécution avec dignité, et ne fit aucune concession dans sa défense aux accusations du ministère public; il avoua ses opinions légitimistes avec autant de franchise que de fermeté. C'est pendant cette détention de trois mois, que le baron de Los Valles a recueilli ses souvenirs sur tous les événemens auxquels il a pris part dans la Péninsule depuis trois ans, et il les a modestement intitulés : *Un Chapitre de l'Histoire de Charles V*.

J. T. MERLE.

Paris, 18 *juillet* 1835.

INTRODUCTION.

I.

—

Evénemens qui ont précédé la mort de Ferdinand VII.

—

Le récit que nous allons faire des événemens dont nous avons été les témoins, nous oblige, avant tout, à faire connaître les causes qui les ont amenés ; nous devons initier, ceux qui liront ce fragment historique, aux intrigues de *camarilla*, qui ont préparé la révocation de la loi salique, loi fondamentale de la monarchie espagnole, depuis l'avénement de la maison de Bourbon au trône d'Espagne, et l'une des bases du grand édifice élevé par Louis XIV pour la gloire de sa famille et pour la prospérité des deux royaumes. Nous devons d'autant plus insister sur cette partie de nos révélations, que c'est à cette fatale révocation de la loi salique, qu'il faut attribuer tous les malheurs qui désolent l'Espagne depuis trois ans.

Ce fut au commencement de novembre 1829, que mourut la princesse Amélie de Saxe, troisième femme de Ferdinand VII (1); elle mourut sans laisser d'héritiers à la couronne d'Espagne, et ce fut de cette époque, que datèrent les premières tentatives faites pour amener une nouvelle révolution dans ce royaume.

Pour bien apprécier la portée de toutes les intrigues qui furent ourdies autour de Ferdinand, il faut savoir que depuis long-temps la cour de Madrid était partagée en deux partis, dirigés dans des intérêts différens. Le premier, qu'on appelait le parti portugais, était composé des princesses de Portugal (2), l'une femme de Don Carlos, et l'autre veuve

(1) Ferdinand VII avait été marié quatre fois. En 1802, il épousa *Marie-Antoinette*, cinquième fille de Ferdinand IV, roi de Naples, dont il devint veuf en 1806. En 1816, il épousa en secondes noces, sa nièce, la princesse *Isabelle-Marie-Françoise*, fille du roi Jean VI et de l'infante d'Espagne, Charlotte-Joachine, sa sœur; cette princesse mourut en 1818. Ferdinand se remaria pour la troisième fois en 1824 avec *Marie-Joséphine-Amélie*, fille du prince Maximilien de Saxe, dont il devint veuf en 1829; enfin ce prince épousa en quatrièmes noces le 11 décembre 1829, la princesse *Marie-Christine*, fille du roi de Naples, François Ier, dont il a eu deux filles, qui sont causes de la dernière révolution d'Espagne.

(2) La famille royale d'Espagne était composée à cette époque 1° du roi Ferdinand VII, né le 14 octobre 1784.

2° De l'infant don Carlos, aujourd'hui Charles V, né le 29 mars 1788.

de l'infant don Pierre, aujourd'hui princesse de Beira. Le second se composait de la princesse Louise-Charlotte de Naples, femme de l'infant François de Paule; cette princesse était dirigée par une camarilla qui la poussait à toutes sortes d'intrigues politiques, et qui agissait dans ses intérêts de famille.

La stérilité dont la Providence avait frappé les trois mariages de Ferdinand, éveillait les ambitions des princes de sa maison, et la princesse Louise-Charlotte, sentant la nécessité d'augmenter un crédit vivement disputé, par celui des princesses portugaises, conçut le projet d'un quatrième mariage pour le roi Ferdinand. Elle fut puissamment secondée dans les moyens qu'elle crût devoir mettre en jeu, par le parti libéral espagnol, qui n'avait jamais renoncé à ressaisir le pouvoir, et qui redoutait de voir un jour arriver à la couronne l'infant don Carlos, qui lui paraissait dangereux à cause de la sévérité de ses mœurs, et la rigidité de ses principes monarchiques.

marié le 26 septembre 1816, à l'infante Françoise d'Assises, fille du roi Jean VI de Portugal, sœur de don Pedro et de don Miguel, née le 22 avril 1800.

2° De l'infant François de Paule, né le 10 mars 1794, marié le 12 juin 1819 à la princesse Louise-Charlotte, fille du roi de Naples, François Ier, née le 24 octobre 1804.

4° Et de l'infante Marie-Thérèse, fille du roi Jean VI, et sœur de la femme de don Carlos, née le 29 avril 1793; veuve de l'infant Pierre, cousin du roi, et mère de l'infant Sébastien, né le 4 novembre 1811.

Le but des révolutionnaires était d'abord d'éloigner l'infant don Carlos du trône; un nouveau mariage du roi leur donnait des chances pour y parvenir; aussi ils secondèrent de tous leurs moyens le projet de l'infante Louise-Charlotte. Cette princesse, peu de temps après la mort de la reine Amélie, avait fait venir de Naples le portait de sa sœur la princesse Marie-Christine, qu'elle destinait au quatrième hymen de Ferdinand. La beauté de cette princesse avait frappé le roi, qui ne tarda pas à déclarer qu'il acceptait avec plaisir la proposition de ce mariage. Le roi François Ier céda aux instances de sa fille Louise-Charlotte, et consentit à accorder la main de la princesse Marie-Christine à son cousin le roi d'Espagne.

On se rappelle encore l'éclat des fêtes qui précédèrent et suivirent ce mariage; la princesse, accompagnée de ses augustes parens, traversa les provinces méridionales de la France, dont Madame la duchesse de Berry s'empressa d'aller lui faire les honneurs; elle ne quitta sa sœur qu'à la frontière d'Espagne, où elle fut reçue par le capitaine général de la Catalogne. De Barcelone à Madrid, ce ne fut qu'une longue suite d'hommages, que les populations entières venaient lui rendre. Le peuple de Madrid la reçut avec ivresse, et son époux avec amour; elle ne tarda pas à exercer sur le roi la double influence de sa beauté et de son ambition, et dès lors les intrigues politiques s'ourdirent autour d'elle, ou pour mieux dire, elle et sa sœur en devinrent le foyer. A dater de cette époque, le crédit des princesses portugaises déclina; l'amitié constante qui avait toujours régné entre Ferdinand et don Carlos se refroidit, et l'infant lui-même fut tenu par le parti de la reine en état de suspicion continuelle.

Les libéraux espagnols voulant à tout prix exclure don Carlos du trône, imaginèrent de faire abolir la loi salique dans le royaume, où elle avait été établie en 1713 par Philippe V, en vertu d'une loi discutée et votée par les cortès générales du royaume, convoquées à cet effet pour régler la succession à la couronne d'Espagne. Cette loi décidait *que les princes descendant du roi Philippe V, à quelque dégré que ce fût, parviendraient au trône même avant les filles du prince régnant.*

Le premier moyen que la faction employa dès que la grossesse de la reine fut connue, fut d'engager cette princesse à obtenir du roi qu'il ferait revivre l'*Expédiente* des cortès de 1789, relatif à l'ordre de succession à la couronne, projet oublié dans les archives du royaume, et qui n'avait jamais reçu la sanction de la publicité. Ce fut sur la demande de Charles IV, que les cortès, appelées, en 1789, pour voter des lois de finances, lui adressèrent une pétition, à la fin du mois de septembre, pour demander l'abrogation de la loi salique. Les députés des provinces n'ayant pas reçu de pouvoirs spéciaux pour cet objet, se réservèrent, suivant l'usage, de communiquer ce projet à leurs commettans: il est généralement reconnu que cette communication n'eut pas lieu. Le roi Ferdinand, ni les cortès, dans le cas où la reine Marie-Christine aurait donnè le jour à une princesse, ne pouvaient priver l'infant don Carlos de son droit, car le droit une fois acquis dure autant que la chose sur laquelle il s'exerce, et aucune autorité légale ne peut en priver celui qui en est investi, à moins qu'il ne se soit rendu indigne d'en jouir. Ainsi quand bien même les cortès de 1789, légalement convoquées, auraient consenti à déroger à la loi de succession de la couronne, cette dérogation ne pouvait porter atteinte aux droits des princes nés avant qu'elle eût été promulguée: car aucune loi ne peut avoir d'effet rétroactif.

L'infant don Carlos étant né en 1788, les cortès de 1789 ne pouvaient, dans aucun cas, le priver de son droit au trône, après la mort de Ferdinand, son frère aîné, sans enfans mâles.

Les libéraux ne se laissèrent pas arrêter par ces considérations de morale et de justice; ils ne voulaient qu'un prétexte pour arriver à l'exclusion de l'infant don Carlos du trône d'Espagne, car ils n'ont jamais douté de la valeur ni de l'authenticité de ses droits ; pour atteindre leur but, ils tentèrent de gagner les membres de la *camarilla* du roi; il leur fut facile de les faire entrer dans leurs vues.

Le favori le plus intime et le plus influent du roi Ferdinand, était *Juan Grijalba*, qui, des plus bas emplois de la domesticité, était parvenu à la dignité de garde-du-sceau privé. Ce fut lui qu'on chargea d'entamer les premières négociations, et d'amener son maître, dont il possédait toute la confiance, à donner son consentement au changement de l'ordre de succession à la couronne. Le roi résista d'abord à cette spoliation des droits de son frère ; mais Grijalba renouvela si souvent ses instances, il les appuya de tant de raisons personnelles aux intérêts de famille de Ferdinand, que ce prince, subjugué par les intrigues que sa femme et toute la camarilla des princesses napolitaines, ourdissaient autour de lui, finit par promettre qu'aussitôt que la reine serait enceinte, il ferait publier l'*Expédiente* des cortès de 1789, qu'on voulait faire revivre comme loi de l'état.

Peu de jours après, on eut des indices de la grossesse de la reine, et Grijalba ne perdit pas de temps, il se rendit chez le ministre de grâce et justice, (1) et

(1) Le ministère espagnol était composé, en 1829, de la manière suivante : M. Salmon, ministre des affaires étrangères.

Don Francisco Tadeo de Calomarde, ministre de grâce et de justice.

lui ordonna, de la part du roi, de faire rechercher l'*Expediente* des cortès de 1789, relatif aux droits de succession à la couronne, et de le porter à la signature dans son premier travail avec S. M. Grijalba annonça en même temps au ministre que le roi avait lui-même remis à son prédécesseur l'original de cet *Expediente*, peu de jours après la mort de la reine Isabelle. M. Calomarde obéit aux ordres qu'on venait de lui donner; il porta cet acte au roi, qui, après l'avoir gardé douze jours, le rendit à son ministre avec ces mots, écrits de sa main: *Publique se* (qu'il soit publié.)

M. Calomarde fit cependant au roi quelques observations sur l'inoportunité d'une semblable publication, il lui fit entrevoir les désordres que pourrait causer un coup d'état, qui renversait une des lois fondamentales de la monarchie, et ne lui dissimula pas qu'il allait donner par là de nouveaux moyens au parti révolutionnaire pour troubler la paix du royaume. Le roi ne tint aucun compte de ces observations, il ordonna à son ministre, avec toute la sévérité d'une résolution bien arrêtée, *de faire exécuter sa volonté*.

M. Calomarde ne céda qu'avec un vif regret à cet ordre formel du roi; il en prévoyait les funestes

Le marquis de Zambrano, ministre de la guerre.
Don Luis Maria de Salazar, ministre de la marine.
Don Luis Lopez de Ballesteros, ministre des finances.

conséquences; peut-être eût-il été digne de lui de quitter le ministère pour ne pas se rendre complice de cette énormité; mais il faut connaître l'Espagne pour comprendre toute la puissance de ces trois mots : *Io el Rey* sur le dévouement d'un sujet espagnol. La démission du ministre, offerte dans cette occasion, eut obtenu pour réponse un ordre d'exil dans un château fort, peut-être même les *presides*, et l'on trouve rarement un pareil héroïsme de probité, dans un homme d'état. M. Calomarde avait, d'ailleurs, plus de ménagemens à garder qu'aucun autre; ses ennemis l'accusaient depuis long-temps d'être le partisan très prononcé de l'infant don Carlos, et le roi lui-même ne fut pas à l'abri des défiances, qu'on lui inspirait sur la fidélité de son ministre. Enfin si M. Calomarde a eu dans cette occasion quelques reproches à se faire, il a noblement réparé plus tard, les torts de sa timide complaisance, par la conduite qu'il a tenue.

L'*Expediente* fut publié à Madrid, le 29 mars 1830, avec toute la solennité d'usage dans ces sortes d'occasions; cette publication consterna les royalistes amis de leur pays, et releva les espérances des révolutionnaires; on peut dire que l'immense majorité de la population, apprit cette nouvelle avec une profonde douleur. En Espagne, les royalistes composent la partie la plus brave, la plus instruite et la plus dévouée de la nation, l'armée, le clergé, la noblesse et les paysans. Le parti libéral ne se recrute que parmi les industriels, et ce qu'on appelle les *grands d'Espagne*, gens vendus et dévoués à tous les pouvoirs, depuis leur apostasie, lors de l'usurpation de Joseph. M. de Martignac, si connu par la finesse de son esprit, avait pris des grands d'Espagne, qu'il avait étudiés et vu de près en 1823, une opinion qui nous paraît en donner une idée sévère mais exacte. « Peu favorablement » traités par la nature du côté des facultés intellec- » tuelles, privés quelquefois des bienfaits de l'édu- » cation, les grands de nos jours ont éprouvé, » même sous le rapport physique, une sorte de dé- » génération dont on est frappé. Leur taille n'atteint » pas la croissance ordinaire, et leur constitution est » généralement débile et rachitique (1). »

Lors de la publication de l'*Expediente*, le roi de Naples se trouvait à Madrid, et quoique les intérêts de sa famille se trouvassent gravement compromis par ce nouveau système d'hérédité de la couronne d'Espagne, ce prince ne fut pas même consulté. Chef de la branche cadette des Bourbons d'Espagne, il perdait pour ses enfans une grande partie des éventualités de l'héritage de Philippe V, aussi s'empressa-t-il de protester contre l'*Expediente* des cortès (2). Le roi Charles X soutint aussi les droits

(1) Essai historique sur la révolution d'Espagne, par le vicomte de Martignac, page 126.

(2) François Ier, roi de Naples, était arrière petit fils de Philippe V.

de sa famille par une protestation à laquelle le duc d'Orléans s'empressa de se joindre : ce prince ne prévoyait pas que trois ans après, il soutiendrait comme roi des Français, par des subsides et des traités d'alliance, une usurpation de ces mêmes droits, contre laquelle il réclamait alors avec tant d'empressement. Le roi de Sardaigne joignit aussi sa protestation à celles de tous les membres de sa famille.[1]

L'infant don Carlos ne protesta pas alors, pour ne pas porter atteinte au droit incontestable, que la loi salique, établie en Espagne depuis 1713, lui donnait à la couronne, dans le cas où le roi, son frère, mourrait sans héritiers mâles ; mais il se réservait de faire valoir ce droit, lorsque le temps viendrait de faire exécuter cette nouvelle loi.

Les tentatives que fit la faction libérale à l'époque de la révolution de juillet, prouvèrent l'impuissance de ce parti, et fournirent au peuple espagnol une nouvelle occasion de témoigner son antipathie pour les théories révolutionnaires. Le gouvernement eut beaucoup de peine alors à empêcher le massacre général de tous ceux qui étaient signalés à la colère du peuple comme *négros*. L'entreprise téméraire de Torrijos n'eut pas un plus heureux résultat : presque toute la population de Malaga se leva en

[1] Son père, Ferdinand IV, parvint à la couronne de Naples, en sa qualité de second fils de Charles III, devenu roi d'Espagne par la mort de son frère aîné, Ferdinand VI.

masse pour demander la punition des habitans de la ville, que la voix publique accusait d'être ses complices. La révolution de France, loin de trouver des appuis en Espagne, ne servit, au contraire, qu'à désenchanter les esprits prévenus en faveur des utopies trompeuses des gouvernemens constitutionnels, et de ces améliorations séduisantes, mais toujours impraticables avec cette forme de gouvernement. Il est vrai de dire que les événemens survenus en France avaient, au lieu de la compromettre, amélioré au contraire l'opinion royaliste en Espagne, jamais le trône de Ferdinand VII n'avait été ni plus solide, ni plus fort, et l'on avait droit d'espérer, pour cette monarchie accablée, depuis 1808 jusqu'en 1823, par des calamités sans exemple, un avenir de bonheur et de paix. Une intrigue domestique, dans laquelle les grands intérêts de l'état ont été sacrifiés à de mesquines ambitions de famille, a fait évanouir l'espoir que tous les royalistes espagnols avaient conçu : voilà ce qui a précipité l'Espagne dans l'abîme des révolutions et dans tous les malheurs de la guerre civile. Cette intrigue, ainsi que je l'ai dit, fut la suite des rivalités qui existaient depuis long-temps entre les princesses de Naples et celles de Portugal ; elle affligeait d'autant plus les gens dévoués au bonheur de l'Espagne, qu'elle devait amener nécessairement une guerre de succession.

Après l'accouchement de la reine, je fis part de mes craintes sur ce sujet, à l'infant don François de Paule; dans les entretiens que j'eus avec lui, je lui représentai combien il était douloureux de voir l'inimitié régner entre les membres de la famille royale, lorsqu'un danger commun devait, au contraire, resserrer leurs liens; je lui montrai, dans un avenir peu éloigné, les conséquences funestes de cette désunion. Ce prince parut comprendre comme moi la gravité de la position; mais il se borna à la déplorer. Les efforts que firent dans le même but, auprès de la famille royale, plusieurs serviteurs fidèles, demeurèrent sans succès, à cause des intrigues incessantes de quelques courtisans étrangers, qui trouvaient leur intérêt à entretenir ces dissentions déplorables, qui amenèrent souvent entre les princesses des scènes affligeantes; les ennemis de la royauté se plaisaient à les exagérer en les publiant, afin d'arracher du cœur du peuple espagnol le respect qu'il avait toujours eu pour ses princes.

La haine de l'infante Louise-Charlotte contre les princesses de Portugal. et la persuasion où elle était que la cause de sa nièce Isabelle était la même que celle de dona Maria, la portaient à attaquer publiquement la légitimité de don Miguel, quoique cette légitimité eut été reconnue par le roi Ferdinand, qui avait un ambassadeur auprès de ce prince. J'eus à ce sujet avec S. A. R. une discussion très vive, qui me valut une disgrâce, et plus tard une invitation à ne pas me représenter dans son palais pendant plusieurs mois.

Les partisans de la reine accusaient hautement don Miguel d'avoir usurpé le trône de sa nièce ; à peine osait-on à la cour prendre la défense de ce prince ; dès ce moment on put prévoir quelle serait la conduite future du gouvernement espagnol à son égard.

J'écrivis à cette occasion plusieurs lettres à une personne attachée à madame la duchesse de Berry, afin qu'elle engageât cette princesse à employer, dans les intérêts de la cause de la légitimité, l'influence qu'elle avait sur ses sœurs, pour mettre un terme aux divisions de la famille royale, qui devaient, tôt ou tard, compromettre la sûreté du trône des Bourbons d'Espagne; mais des amis aveuglés ou maladroits, firent considérer mes démarches comme l'effet d'un zèle intempestif et d'un dévoûment mal raisonné, on parut ne pas me comprendre : l'événement a malheureusement démontré que mes prévisions n'étaient que trop fondées.

Un instant on eut l'espoir que les maux qui menaçaient l'Espagne allaient être prévenus par les scrupules qui s'emparèrent de l'esprit du roi, lors de sa maladie à Saint-Ildephonse. En effet, toutes les mesures qu'il prit à cette époque tendaient vers ce noble but, comme les événemens qui vont suivre nous en firent entrevoir un moment l'espérance.

II.

Maladie de Ferdinand VII à St-Ildephonse. — Révocation du décret qui abolissait la loi salique.

Ferdinand, dont la santé était souvent altérée, éprouva, pendant un voyage de la cour à Saint-Ildephonse, au mois de septembre 1832, une violente attaque de goutte qui mit ses jours en si grand danger, que pendant quelques momens on le crut mort; toutes les personnes attachées à son service et les médecins eux-mêmes le crurent aussi ; on avait même déjà jeté le drap sur sa figure et ouvert les croisées de son appartement, comme on les ouvre dans la chambre d'un mort. Dans le premier moment de trouble et d'effroi, la nouvelle de la mort du roi fut sur-le-champ portée à Madrid par un courrier, et elle y jeta l'épouvante, par l'imprévu de l'événement. Elle se répandit rapidement dans toute l'Espagne ; les membres du corps diplomatique expédièrent des courriers pour l'annoncer officiellement à leurs cours respectives. Une dépêche télégraphique en porta la nouvelle à Paris, et Louis-Philippe, qui en fut le premier instruit par le télégraphe de Bayonne, s'empressa d'en donner connaissance au comte d'Ofalia, ambassadeur d'Espagne (1).

(6) M. le comte d'Ofalia, ambassadeur d'Espagne à Paris, avait réuni à dîner le 20 septembre, quelques convives de haut parage. On venait de se mettre à table, lorsqu'un huissier, ouvrant les deux battans, annonça un message de S. Exc. le ministre des affaires étrangères; tout est grave dans le temps où nous vivons; l'ambassadeur pensa tout à la fois, à don Miguel, à la reconnaissance de dona Maria da Gloria, et à Mina. Il se leva pour recevoir l'envoyé du ministre. Celui-ci entre, et S. Exc. reconnaît un simple portier revêtu de la livrée et du nœud d'épaule. M. le comte d'Ofalia allait gronder ses gens de n'avoir pas reçu simplement la lettre qu'il présumait devoir lui être remise par cet homme, lorsqu'à son grand étonnement il lui vit tirer de sa poche non un paquet cacheté, mais son mouchoir qu'il porta à ses yeux déjà remplis de larmes. Tout le monde attendait le dénouement de ce drame larmoyant, lorque le portier prit la parole, et annonça à S. Exc. qu'il était chargé de la part de M. le comte Sébastiani de lui apprendre la mort du roi d'Espagne, événement malheureux, qui lui faisait plus de peine qu'à tout autre, disait-il, attendu qu'il avait eu l'honneur de servir S. M. pendant sa captivité à Valençay. Le comte d'Ofalia se remit tranquillement à table, et pensa que le ministre ou le portier avaient été atteints d'une aliénation mentale, il voulut s'en assurer, et après le dîner, il se rendit au ministère des affaires étrangères. Il y trouva M. le comte Sébastiani, qui lui confirma la nouvelle avec un air grave et composé. Ce n'était pas le moment de

Tous les ambassadeurs qui habitaient Madrid, tous les grands dignitaires de la couronne et les premiers fonctionnaires de l'état, une foule d'employés supérieurs s'empressèrent de se rendre à Saint-Ildephonse, pour être témoins des grands événemens qui s'y préparaient. Les draperies funéraires pour les obsèques du roi, étaient déjà parties du garde-meuble du Palais, et la capitale attendait à chaque instant l'arrivée de son nouveau roi, lorsque le télégraphe de Saint-Ildephonse annonça que le roi était revenu de la crise léthargique qu'il avait éprouvée. En effet, il reprit ses forces et ses facultés très-rapidement, et se trouva en peu de temps en état de s'entretenir des affaires de l'état avec sa famille et les personnes qui jouissaient de sa confiance; cependant le caractère de gravité de sa maladie n'avait pas cessé, les médecins déclarèrent même qu'ils avaient perdu tout espoir de le conserver long-temps.

La reine, éclairée par ses amis sur la situation de l'Espagne, fut la première à conseiller au roi de faire proposer un arrangement à don Carlos. Ce fut

demander des explications sur l'étrange message du ministre, l'ambassadeur se retira chez lui, et le lendemain il apprit de la bouche du roi, que la nouvelle de cette triste catastrophe n'était que trop vraie. Heureusement pour M. le comte d'Ofalia, son erreur fut de courte durée, il apprit bientôt que S. M. Ferdinand VII n'était pas mort, et que toute cette scène n'était qu'une comédie dans laquelle un portier, un ministre et un roi avaient chacun pris un rôle.

le comte de la Alcudia qu'on chargea de cette négociation. Ce royaliste consciencieux, qui n'avait jamais voulu méconnaître les droits de l'infant à la couronne, ne crut pas devoir affliger son maître à son lit de mort, en refusant une mission qui n'était pas en harmonie avec ses convictions politiques.

Ce fut le 17 septembre dans l'après-midi que le comte de la Alcudia se présenta au palais de l'infant don Carlos, pour lui donner connaissance des désirs de son auguste frère. Ferdinand VII, d'après les conseils qui lui avaient été suggérés par les hommes les plus dévoués à la cause de la reine, voulait amener le prince, son frère, à consacrer en apparence la spoliation de ses droits à la couronne, en le décidant à accepter les fonctions de *conseiller* de la reine Christine, à qui il venait de conférer la haute dignité de régente du royaume, pendant tout le temps que durerait sa maladie. La droiture d'esprit de l'infant et la justesse de sa raison, lui firent éviter le piége qu'on lui tendait; il se retrancha derrière les traditions de famille des Bourbons, qui n'ont jamais permis aux princes de cette maison de prendre part, du vivant d'un roi majeur, aux affaires de l'état. Il enveloppa son refus de toutes les formes de la soumission et du respect, assurant qu'il ne consentirait jamais, du vivant du roi son frère, à s'immiscer dans l'administration de son royaume.

Le comte de la Alcudia étant allé porter cette réponse au roi, revint une demi-heure après pour faire à l'infant don Carlos, une proposition plus explicite, et en apparence plus convenable pour la dignité du prince. Il lui fit part du désir de S. M., qu'il acceptât une part de la régence, de concert avec la reine, et que son fils épousât l'infante Isabelle. Plus vivement pressé de s'expliquer alors, don Carlos répondit, avec une grande modération dans l'expression, « qu'il ne pouvait souscrire à une pareille proposition qui ne tendait à rien moins qu'à lui faire abandonner ses droits, ceux de ses enfans et des autres membres de sa famille, à la couronne d'Espagne. »

Le comte de la Alcudia lui dit alors que son refus allait exposer le pays aux chances d'une guerre civile, dont les résultats ne pouvaient se calculer. « C'est » pour l'éviter, reprit le prince, que je suis résolu à » défendre mes droits, et à faire un appel à la nation, » qui s'empressera d'y répondre, parce qu'elle est » convaincue, comme moi, que rien ne saurait auto- » riser mon frère à détruire une loi fondamentale de » l'état, qu'il avait juré d'observer à son avénement » au trône. Tout le corps diplomatique partage cette » conviction, et dans le cas où Dieu appelerait à lui » mon frère, si on tente de faire valoir les injustes » prétentions de ma nièce, de mon côté je soutiendrai » mes droits, et la lutte ne saurait être douteuse. »

Le comte de la Alcudia, qui admirait les nobles sentimens du prince, n'insista pas davantage, et alla faire part au roi du refus de son frère. Ferdinand, qui peut-être en secret, et à part les influences que le parti de la reine exerçait sur lui, approuvait les raisons toutes loyales de don Carlos, fut effrayé des dangers que cette lutte de famille pouvait faire courir à la monarchie, et se décida à revenir sur son projet de régence et d'abolition de la loi salique. Le ministre ne lui dissimula pas qu'il les partageait, et qu'il avait de puissantes raisons de croire que les révolutionnaires, sous prétexte de défendre la loi de *partidas*, livreraient l'Espagne à toute la fureur des factions; il ajouta qu'il était difficile de prévoir où s'arrêterait l'effusion du sang. La reine, qui ne quittait pas d'un instant son époux, prit la parole, et dit avec émotion, qu'elle ne pouvait consentir à ce qu'il y eut du sang répandu pour sa cause personnelle *(no quiero sangre)*. Le roi demanda au comte de la Alcudia ce qu'il y aurait à faire pour détourner la tempête qui menaçait l'Espagne. « Le » seul moyen prompt et efficace de prévenir ce mal» heur, répondit aussitôt le ministre, serait d'annuler » le décret qui a aboli la loi salique; ce retour aux an» ciennes lois de la monarchie espagnole détruira sur» le-champ toutes les espérances des révolution» naires. »

Le roi, connaissant l'état fâcheux de sa santé,

était ramené vers les idées religieuses qui troublaient sa conscience, il entrevoyait avec terreur les malheurs qu'il préparait à l'Espagne après sa mort, et craignant qu'on ne lui reprochât le sang qui allait être versé, il se décida à rétablir la loi salique, et à annuler le testament par lequel il avait nommé la reine régente du royaume. Il répondit à son ministre, avec un véritable attendrissement : « Le bonheur de mon peuple a toujours » été le but de mes actions ; je ne puis balancer à » faire la *dérogation* que vous demandez, puisqu'elle » doit contribuer à assurer la paix à l'Espagne; fai- » tes le décret de *dérogation*. »

Le comte de la Alcudia répondit au roi, que l'expédition de ce décret, n'était pas dans les attributions de son ministère, et qu'elle regardait le ministre de grâce et de justice. Le roi chargea le comte de donner l'ordre à M. Calomarde de se rendre auprès de lui le jour suivant. En effet, ce ministre se rendit, le 18, dans la matinée, dans l'appartement du roi. Ce prince lui fit part de tout ce qui s'était passé entre lui et l'infant, son frère, et lui donna l'ordre de rédiger le décret de dérogation à la loi des *Partidas*, mais à la condition qu'il serait tenu secret jusqu'après sa mort. M. Calomarde applaudit à la détermination de S. M. ; mais il lui fit observer que si un décret de cette importance n'était pas revêtu de toutes les formalités légales, c'était fournir un prétexte aux ennemis de l'état pour révoquer en doute l'authenticité de cet acte de *dérogotion*, et les autoriser à soutenir que la volonté du roi avait été surprise et sa religion trompée ; qu'ainsi il fallait que cette nouvelle détermination de S. M. fut communiquée au conseil des ministres et sanctionnée par leur présence. Le roi, à cet effet, fixa à six heures du soir la réunion du conseil de cabinet dans son appartement. M. Calomarde alla à la secrétairie d'état où tous ses collègues étaient réunis, et leur fit part des dernières intentions de LL. MM. tous les approuvèrent hautement ; il prit alors la plume, et le rescrit royal fut rédigé par lui dans les termes suivans :

« Désirant donner à mon peuple une nouvelle » preuve de l'affection que je lui porte, j'ai jugé à » propos de déroger à la seconde loi, titre 15, *par-» tida* deuxième, sur la succession à la couronne, et » à toutes les clauses de mon testament qui pour» raient être contraires à cette dernière détermina» tion. J'ordonne que ce décret soit déposé au mi» nistère de la justice jusqu'après ma mort. Vous » l'aurez pour entendu et veillerez à son exécution. »

Moi le Roi.

Tous les ministres à l'heure indiquée se rendirent dans l'appartement du roi, et se placèrent autour de son lit. M. Calomarde fit à haute voix la lecture du décret ; cette lecture terminée, le roi en approuva la rédaction ; la reine mit alors elle-même un pupître sur le lit du roi, et lui présenta une plume pour signer. Ferdinand mit au bas du décret son paraphe, suivant l'usage ; il se retourna ensuite vers M. Calomarde, et lui demanda s'il fallait qu'il y ajoutât son nom. Ce ministre lui répondit que bien que l'apposition de son nom ne fût pas nécessaire à la validité du décret, il pensait néanmoins que vu l'importance, il ferait bien de l'y mettre. Le roi alors signa à côté de son paraphe ; après quoi il remit la minute à M. Calomarde, qui devait la garder jusqu'après la mort du roi. S. M. promena alors ses regards sur ses ministres, et ayant remarqué que M. Zambrano, ministre de la guerre, n'était pas présent, demanda où il était ; un des ministres lui répondit que depuis deux jours il était retourné à Madrid pour se mettre à la tête des troupes, et être prêt à réprimer au besoin les troubles que les circonstances difficiles où se trouvait l'Espagne pourraient faire naître.

Les amis indiscrets de la reine et ses partisans mécontens, ne manquèrent pas de répandre sourdement dans le public la nouvelle de la révocation de la pragmatique sanction du 29 mars 1830 ; ils désignèrent M. Calomarde comme l'instigateur de cette nouvelle détermination du roi, et des haines violentes s'allumèrent contre lui. Ce ministre fut instruit des sinistres complots qu'on organisait, et des avis certains lui furent donnés que quelques révolutionnaires fougueux avaient formé le projet de l'assassiner, afin de s'emparer du décret, et d'en empêcher la publication après la mort du roi. M. Calomarde en fit part au conseil des ministres, et il fut décidé à l'unanimité que l'original du décret serait adressé officiellement au doyen du conseil de Castille en lui recommandant de ne pas le faire enregistrer, avant d'en avoir reçu l'ordre exprès.

Dès cet instant le roi parut beaucoup plus calme, et le jour suivant il dit à M, Calomarde, en lui serrant affectueusement la main : « *Quel poids énorme* »*j'ai de moins sur le cœur ! je mourrai maintenant* »*tranquille.* »

Cette grande résolution, qui prévenait tous les troubles et maintenait l'ordre de successibilité tel qu'il avait été institué dès son origine, reçut l'approbation de tout le corps diplomatique ; le comte de Rayneval lui-même s'en montra le plus zélé partisan.

Le roi Ferdinand VII, dans cette circonstance, agit incontestablement dans toute la liberté de sa conscience, et dans toute la puissance de sa volonté ; il ne céda ni aux suggestions de ses courtisans, ni à la crainte des amis de son frère, comme les partisans de la reine l'on prétendu depuis ; il donna sa signature dans toute la plénitude de son libre arbitre. Ainsi, on peut assurer que tout ce qui s'est passé à Saint-Ildephouse, a été fait de bonne foi, sans violence, sans conspiration, quoiqu'en aient dit les écrivains appartenant à l'opinion révolutionnaire : toutes les personnes qui en ont été les témoins, quelle que soit leur façon de penser, joindront ici leur témoignage au mien.

Je dirai maintenant comment cet acte important a pu être dérobé à la publicité, comment il a pu être annulé avant d'être connu. Ce fut l'effet d'une perfidie du doyen du conseil de Castille, qui livra cette pièce à la reine aussitôt que le roi se trouva mieux. La place de gouverneur de ce conseil fut, plus tard, la récompense de sa complaisance coupable.

La reine était déjà résignée, et ne s'occupait plus que de ses intérêts personnels, craignant que ses mauvais procédés envers l'infante, épouse de don Carlos, n'influassent plus tard sur son avenir, elle avait fait demander à cette princesse si, lorsqu'elle serait reine, elle oublierait ses torts envers elle. L'infante Francisca répondit avec dignité, « qu'elle se garderait bien d'imiter ce qui paraissait actuellement à la reine digne de blâme, et que puisque S. M. reconnaissait avoir eu des torts, ils étaient déjà oubliés. »

L'infante Louise-Charlotte, femme de l'infant François de Paule et sœur de la reine Christine, se trouvait avec toute sa famille à Séville, lorsqu'elle reçut un courrier, expédié par le secrétaire de l'infant son mari, pour lui apprendre tout ce qui s'était passé à Saint-Ildephonse ; cette nouvelle fut un coup de foudre pour cette princesse. Désespérée du triomphe des princesses ses rivales, et aveuglée par la haine qu'elle leur portait, elle hâta son retour à Saint-Ildephonse, dans l'espoir que Ferdinand vivrait encore, et qu'elle arriverait assez à temps pour lui faire révoquer le décret qui renversait le nouvel édifice de succession au trône, élevé avec si grande peine sur la ruine de la loi salique et de l'ancienne constitution de l'état. En quarante heures, elle fit le trajet de Séville à Saint-Ildephonse, distance de cent quatre-vingts lieues, et à travers des routes difficiles dans les montagnes.

Son arrivée changea en un instant la face des choses; l'infante reprocha à sa sœur d'avoir abandonné les intérêts de ses enfans, elle fit une scène violente aux ministres, et entr'autres au comte de la Alcudia, qu'elle accusa de trahison, pour ne pas lui avoir envoyé un courrier dès les premiers symptômes de la maladie du roi, comme son devoir le lui prescrivait.

Ce ministre lui répondit avec dignité qu'il s'était conformé en tout aux ordres du roi son maître.

Elle fit lire ensuite au roi tout ce que les journaux royalistes de France avaient publié lorsque la fausse nouvelle de sa mort avait été connue à Paris, elle l'obséda avec tant de persévérance et tant d'adresse, elle exerça si habilement l'espèce de domination à laquelle elle et sa sœur avaient soumis le faible et débile Ferdinand, que ce prince se laissa entraîner à revenir sur tout ce qu'il avait fait. Le ministère fut renversé, M. Calomarde fut exilé à sa terre; ce ne fut que trois semaines après son départ que l'ordre de le conduire dans une forteresse fut transmis au capitaine-général de Valladolid; mais prévenu à temps, il se retira en France avec la minute du décret : c'est son refus de livrer cette pièce importante, qui fit prendre ces mesures de rigueur contre lui.

Le comte de la Alcudia fut nommé ambassadeur en Angleterre; mais il refusa ce poste, et se retira en Italie. Les autres membres du cabinet furent beaucoup plus favorablement traités; ils restèrent au conseil-d'état, avec leurs appointemens de ministres. Ces égards étaient naturels, puisque presque tous ces ministres appartenaient à la faction qui arrivait au pouvoir. Le ministère de la justice fut confié à M. Cafranga, membre du conseil de Castille, et attaché à la chambre du roi, charge qu'il devait à la mission (1) qu'il avait remplie, en qualité

(1) On se souvient encore dans les chancelleries d'une anecdote qui, lors de cette mission, égaya beaucoup la cour de Vienne aux dépens de M. Cafranga. A son arrivée dans cette ville, il alla mettre chez le prince de Metternich sa carte, sur laquelle il avait ajouté à son nom *chef de bourreau* (au lieu de bureau) *du ministère des grâces et justice.*

de secrétaire du marquis de Ceralbo, envoyé par le roi, en 1819, auprès des cours étrangères, afin de négocier pour lui un nouveau mariage.

M. Cafranga fut chargé, avec l'ex-ministre Balesteros et Grijalba, de recomposer un nouveau ministère. Ses collègues furent Zea-Bermudez, Monet, Uloa, par *interim*, jusqu'à l'arrivée de l'amiral Laborde, et Encima y Piedra. Un courrier fut expédié à M. Zea pour le presser de se rendre à son poste; mais celui-ci, qui voulait s'assurer de la marche qu'adopterait la nouvelle administration et éviter l'odieux des nombreuses destitutions qui devaient avoir lieu, prétexta une attaque de goutte pour différer son départ. Cette détermination fit grand plaisir aux ministres Uloa et Encima y Piedra et au parti constitutionnel, dont ils étaient les chefs; ils se servirent du temps qu'on leur laissait, pour s'emparer de l'esprit de la reine, qui venait de ressaisir la régence, qu'elle avait de nouveau obtenue de Ferdinand, pendant tout le temps que durerait sa maladie; ils s'attachèrent surtout à décider cette princesse à se jeter dans les voies révolutionnaires. Ils éprouvèrent, cependant, quelques résistances de la part du cabinet, qui n'adoptait pas aussi complètement leur système politique; mais ils furent puissam-

Cette maladresse amusa beaucoup le prince de Metternich, qui annonça à plusieurs membres du corps diplomatique qu'il avait été honoré de la visite du bourreau d'Espagne.

ment secondés par le nouveau surintendant de la police San-Martin, qui déjà avait rempli cette place pendant le gouvernement des cortès, ils furent aussi fortement appuyés par le conseil de la reine.

Ce conseil, dont l'influence fut immense dans toute cette affaire, se composait des ducs de San Fernando et de San Lorenzo, du marquis de Ceralbo, du comte de Poniarostro, grands d'Espagne, et de l'avocat Cambronero.

Ces personnages avaient joué un rôle plus ou moins important pendant la dernière révolution, et si l'on en excepte Cambronero, estimé comme le meilleur avocat de Madrid, tous les autres sont d'une portée politique fort au-dessous de la médiocrité.

Le duc de San Fernando avait fait ses preuves d'incapacité pendant son ministère de 1820. Il n'en nourrissait pas moins l'espérance de jouer en Espagne le rôle que le duc d'Orléans a joué en France; et parce qu'il avait épousé la sœur du cardinal de Bourbon, et de la princesse de la Paix, il se regardait presque comme membre de la famille royale : le métier d'usurpateur de bonne maison, lui semblait à sa convenance, sinon à sa taille. Retenu prisonnier à Bilbao par la junte carliste, il recouvra sa liberté vers la fin de novembre, et mourut peu de temps après. Le marquis de Ceralbo n'est connu que par la mission dont j'ai parlé plus haut, et quant à l'habileté qu'il y a déployée, je puis en donner une idée. Pendant le voyage diplomatique qu'il fit en 1819 pour chercher une femme pour le roi Ferdinand, il séjourna quelque temps à Turin ; ayant lu dans un vieil almanach que le roi Victor-Emmanuel avait une fille, appelée la princesse Béatrice, il en fit la demande pour son souverain. Le roi de Sardaigne en fut fort surpris, ce qui ne l'empêcha pas de répondre plaisamment : « Je suis très flatté » de l'honneur que vous me faites au nom de sa majesté catholique, et si j'avais connu ses intentions » plus tôt, je n'aurais pas disposé de ma fille en faveur du duc de Modène, dont elle est la femme » depuis sept ans. »

Ce sont de pareils hommes qui dirigèrent la reine dans tous les actes imprudens et dangereux qui signalèrent sa régence. Un autre individu, qu'il est utile de faire connaître, joua aussi un rôle important dans toutes ces déplorables intrigues politiques. Son nom est Ronchi, sa vie est un roman. Il exerçait à Tanger le métier d'empirique, le dey voulut le faire empaler pour avoir cassé une dent à son odalisque favorite ; il y épousa la veuve du consul d'Espagne, et vint avec elle à Madrid, où il fit longtemps le métier de brocanteur avec une assez mauvaise réputation. Ce genre d'industrie lui donna l'occasion de se glisser à la cour, quelque temps après l'arrivée de la reine Marie-Christine, dont il réussit à gagner les bonnes grâces ; ce fut sur la recommandation de cette princesse que M. Salmon le nomma consul honoraire. La division ayant éclaté entre les princesses de Naples et de Portugal, il fut chargé par la reine de surveiller toutes les actions de l'infante Francisca et de la princesse de Beira, et lors du mariage de l'infant don Sébastien avec une princesse de Naples, il porta à la jeune fiancée les présens de noces, dont il avait lui-même fait l'emplète : s'il faut en croire les bruits qui coururent dans cette circonstance, il n'oublia pas son ancien métier. Ronchi eut l'honneur d'accompagner la princesse jusqu'à Madrid, et son crédit auprès de la reine ne fit qu'augmenter depuis cette époque. La reine le nomma pendant sa régence, conseiller honoraire des finances et directeur de la loterie, deux des emplois les plus lucratifs du royaume. Il partageait la confiance de cette princesse avec une jeune modiste nommée Teresita, espèce d'aventurière abandonnée par son mari. Teresita était parvenue à un si haut degré de faveur, que son amitié était recherchée même par les ministres, qu'elle avait le droit d'introduire seule auprès de la reine ; fonction que remplissait ordinairement un grand d'Espagne, en qualité de gentilhomme de service. Teresita fut ensuite exilée par les conseils de M. Zea ; elle s'est retirée en France, où elle vit avec tout le luxe d'une parvenue, la reine lui fait une pension considérable, pour payer son silence sur une foule d'intrigues de tous les genres où elle a souvent joué les principaux rôles : cette aventurière connait de grands secrets, et ses révélations seraient fort curieuses. Tout ceci paraîtra aussi scandaleux que romanesque, mais ce n'est pas la faute de l'historien si l'histoire a souvent tous les caractères du libelle, il faut bien la suivre partout où elle va.

Je ne suis entré dans tous ces détails sur le compte de ces deux personnages, que parce qu'ils ont joué un rôle bien au-dessus de leur condition, pendant la régence, pénétrant à toute heure chez la reine, et étant chargés de toutes les missions les plus secrètes et les plus importantes.

Ce fut par leur influence que la reine, pour contrebalancer le parti royaliste, qui est éminemment carliste, se jeta dans les bras des constitutionnels, dont le nombre diminuait tous les jours, depuis qu'ils voyaient la tournure fâcheuse que prenait la révolution en France. De là, le remplacement de tous les capitaines généraux et de tous les gouverneurs de villes, par des généraux constitutionnels, la réouverture des universités, l'appel au conseil de Castille et aux premiers emplois, d'un grand nombre de libéraux; et de là, enfin, la fameuse ordonnance d'amnistie.

Cette fatale mesure politique rappela en Espagne environ douze cents constitutionnels exaltés, que l'exil n'avait fait que confirmer dans leurs opinions, et qui, disséminés dans toutes les provinces, y propagèrent leurs principes destructeurs. Au lieu de regarder l'amnistie comme un acte de clémence, ils l'attribuèrent à la crainte qu'avait la royauté de leur parti. Ils disaient hautement que ce n'était pas eux qui auraient dû être amnistiés, mais Ferdinand VII lui-même, pour avoir violé ses sermens en détruisant la constitution qu'il avait jurée, et avoir ensuite persécuté jusqu'à la mort tous ceux qui avaient obéi à ses ordres, et imité son exemple. Un grand nombre d'entre eux signèrent une protestation contre l'amnistie, l'adressèrent à la reine régente, et la firent publier dans les journaux. La reine prit de grandes précautions pour empêcher cette pièce séditieuse, et insultante pour la dignité royale, de tomber entre les mains de son époux, mais elles furent inutiles; un de mes amis fit parvenir à un des domestiques de sa majesté, la *Quotidienne* qui la contenait. Ce fidèle serviteur la fit lire au roi pendant l'absence de la reine, et à l'insu des espions, dont on entourait son lit de douleur. Le roi, indigné du ton insolent de cette protestation, fit venir la reine, et lui reprocha de lui avoir arraché le décret d'amnistie. « Vous avez cru, madame, lui dit-il, qu'en accordant à vos ennemis une amnistie, vous satisferiez leurs exigences, et vous vous assureriez des droits à leur reconnaissance ; cet écrit vous prouve combien vous connaissiez peu ces hommes, que ni les malheurs, ni les bienfaits ne pourront ramener à des dispositions favorables à votre gouvernement, la marche que vous suivez depuis que vous avez la régence, conduira le pays vers de grandes catastrophes. » Il alla même jusqu'à la menacer de la lui retirer. La reine parut très affectée et s'enferma dans son appartement pendant plusieurs jours; mais la paix se fit ensuite, et cette princesse continua à diriger les affaires de l'état, à la condition cependant que le conseil des ministres se réunirait dans l'appartement du roi. L'amélioration, que cet infortuné monarque éprouvait depuis quelque temps dans l'état de sa santé, fut bientôt suivie d'une rechûte, qui le priva entièrement de ses facultés intellectuelles; dès ce moment, son état ne fit qu'empirer.

Pendant tout le temps que dura cette dernière crise de la maladie du roi, le parti révolutionnaire fit de grands progrès; il obtenait chaque jour de nouvelles concessions de la régente; il parvint à faire arriver Uloa au ministère de la marine, à la place de l'amiral Laborde. En vain les ministres Cafranga et Monet luttaient avec persévérance contre les exigences, sans cesse renouvelées, des constitutionnels; leur position devint tellement difficile, qu'ils désespérèrent de pouvoir la garder, et qu'ils offrirent à plusieurs reprises leur démission, que la reine n'eut pas le courage d'accepter, de peur que le roi, revenant à la santé, ne lui fit de violens reproches de s'être séparée de ces deux ministres, dont le dévouement et la modération lui étaient connus.

Ne pouvant obtenir la majorité dans le conseil, les révolutionnaires organisèrent en dehors du gouvernement des moyens d'action qui devaient créer de nouveaux dangers pour la monarchie. Ils s'organisèrent en sociétés secrètes, et établirent dans la capitale et dans les provinces un grand nombre de loges maçonniques, auxquelles ils donnèrent le nom de *Cristinas*. Deux grands d'Espagne, jeunes gens sans capacité et sans talent, mais pleins de présomption et d'imprévoyance, furent chargés d'organiser ces clubs à Madrid. Ils essayèrent de les recruter parmi les gardes-du-corps; mais il ne purent en entraîner que trente, sur les cinq cents qui composaient les quatre escadrons. Cinq officiers seulement de la garde consentirent à se joindre à eux, sur huit régimens, et malgré les menaces qui furent faites de la part de la reine à tous ceux qui refuseraient de faire partie de ces réunions révolutionnaires. Un jeune exempt des gardes, fils du marquis d'Albudete, grand d'Espagne et capitaine de ce corps, pressé de choisir entre la loge Christine ou sa détention dans un château fort, répondit noblement qu'il préférait la prison au déshonneur. Les *Cristinos*, voyant qu'ils ne pouvaient faire un plus grand nombre de prosélytes dans les gardes-du-corps et dans la garde royale, résolurent d'obtenir le licenciement de ces deux corps, les deux ministres, leurs complices, se chargèrent d'en faire la proposition au conseil; mais elle fut si vivement combattue par leurs collègues, qui offrirent de nouveau leur démission, qu'elle fut rejetée.

Cet échec ne découragea point les ennemis de la royauté; ils essayèrent de triompher par d'autres moyens. Ils inventèrent un complot contre les jours de la reine et des infantes ses filles, dans lequel ils tentèrent de compromettre presque tous les gardes-du-corps et les officiers de la garde; ce prétendu complot devait éclater dans la nuit du 8 novembre. Les cinq officiers, membres des clubs, furent chargés d'en informer la reine. Celle-ci effrayée donna l'ordre à une division de troupes de ligne, qui depuis la maladie du roi était cantonnée dans les environs de Madrid, sous le commandement du général Pastors, favori de dona Louise-Charlotte, d'entrer dans la ville; elle convoqua au palais le conseil des ministres, qui y resta en permanence jusqu'au lendemain; tous les corps de la garnison furent consignés dans leurs quartiers; les *Cristinos* armés se réunirent chez le surintendant de la police, et sortirent à minuit organisés par sections, parcourant Madrid, et cherchant à exciter une émeute; mais personne ne répondit à leurs provocations.

Une patrouille de vingt hommes, dont ils avaient essayé de surprendre le mot d'ordre, suffit pour les dissiper.

Un déploiement de forces si extraordinaire, dans un moment où la capitale jouissait de la plus parfaite tranquillité, fit croire aux volontaires royalistes qu'on voulait les désarmer; tous accoururent à leurs quartiers, bien résolus de se défendre. Sur quatre mille hommes, pas un ne manqua à l'appel; ils établirent des postes avancés dans les environs de leurs casernes pour repousser l'ennemi, s'il se présentait. Cette dénonciation, qui compromettait l'honneur de la garde, et qui faillit allumer la guerre civile dans Madrid, décida les chefs de ce corps à en faire arrêter les auteurs; mais ayant été mis en liberté par ordre de la reine, sur la recommandation d'Uloa, ils furent obligés de se battre en duel avec plusieurs de leurs camarades. Les vainqueurs et les vaincus furent consignés dans leur quartier, mais les christinos ne tardèrent pas à recouvrer leur liberté, tandis que leurs adversaires furent renvoyés de la garde, et exilés à vingt lieues de Madrid.

Bientôt après arriva M. Zea-Bermudez, impatiemment attendu par ses deux collègues modérés. Il s'occupa sur-le-champ de la rédaction de ce fameux manifeste qui fut lu dans un conseil présidé par la reine, et approuvé sans opposition. Il parut le même jour dans la gazette officielle, fut expédié par des courriers extraordinaires dans toutes les provinces et envoyé aux différentes cours étrangères. Ce début atterra le parti libéral, et fit concevoir aux royalistes les plus flatteuses espérances ; ils crurent que les opinions de M. Zea étaient changées, qu'il se servirait de son ascendant sur l'esprit du roi, pour faire comprendre à ce prince que l'unique moyen de rendre la paix à l'Espagne et de satisfaire aux vœux du peuple, était de publier le décret qu'il avait signé sur son lit de mort ; mais ils furent bientôt rassurés quand ils virent paraître dans la gazette officielle l'ordonnance qui supprimait l'inspection générale des volontaires royalistes ; ordonnance minutée de la propre main de M. Zea ; cette suppression équivalait à un licenciement complet de ce corps, le dernier appui de la monarchie.

M. Zea ne tarda pas à remplacer le ministre Monet par son ancien collègue de 1824, le général Cruz, et Cafranga par le conseiller de Castille, Fernandez del Pino, favori de la reine et de sa sœur, homme d'un esprit médiocre, mais courtisan consommé, et prêt à tout sacrifier à son ambition. Il fit offrir au comte d'Ofalia le ministère de l'intérieur, que celui-ci accepta, après avoir tenté en vain d'obtenir celui des affaires étrangères. C'est aussi à M. Zea qu'il faut attribuer le remplacement des commandans en chef de la garde, par ses deux créatures, les généraux Quesada et Freire, connus alors comme des libéraux modérés; il laissa ensuite le soin des autres épurations à son collègue de la guerre, qui, à peine arrivé, mit en non activité presque tous les généraux, les offiiers supérieurs et environ deux cents officiers de la garde. On doit dire à la louange du brave général Freire, qu'il s'opposa à ces changemens, et qu'il offrit même sa démission, mais il fut obligé de se soumettre. Quatre cents gardes-du-corps furent aussi renvoyés dans leurs foyers à la demande de la modiste Teresita, qui s'était plainte à la reine du peu de respect qu'ils avaient pour elle. Un seul escadron, composé de christinos, resta pour faire le service. Les mêmes épurations eurent lieu dans l'armée; on raya des contrôles tous les officiers réputés royalistes, et ceux qui avaient servi dans les rangs de l'armée de la foi en 1820, 21, 22 et 23. Deux nouveaux régimens de cavalerie et d'infanterie furent aussi créés sous le nom de la jeune infante Isabelle; le commandement en fut confié, presque entièrement, à des officiers constitutionnels.

III.

Evénémens jusqu'à la mort de Ferdinand VII.

M. Zea-Bermudez, après avoir terminé le travail des épurations, s'occupa de faire rétracter au roi d'une manière solennelle, tout ce qu'il avait signé à Saint-Ildephonse. On vit alors Ferdinand VII donner à l'Europe le triste spectacle d'un souverain déclarant en assemblée générale de toute la cour, de tous les grands de son royaume et des hauts fonctionnaires de l'état, qu'il a été indignement trompé par tous ceux qui l'entouraient à son lit de mort. Cette nouvelle rétractation, qui portait une si douloureuse atteinte à la dignité royale n'obtint que le mépris de tous les partis. Les libéraux disaient hautement que c'était la cinquième représentation d'une comédie du même genre qu'on leur donnait. D'ailleurs cette assemblée avait perdu toute son autorité et toute sa valeur, par l'absence très-significative des princes du sang et du corps diplomatique, qui refusèrent d'y assister.

Il est juste de dire, pour sauver l'honneur de la mémoire de Ferdinand, que sa maladie avait à cette époque fait de tels progrès, que ce prince ne jouissait plus d'aucune de ses facultés. Ce n'était qu'un moribond sans force et sans volonté; obsédé par sa femme, par sa belle-sœur, et fatigué par les importunités des ministres, il consentit machinalement à tout ce qu'on exigeait de lui, pour mettre fin aux tortures de son agonie.

On s'empressa de publier aussitôt après, la prétendue décision des cortès, de 1789, elle fut envoyée à toutes les autorités civiles et militaires, et fut lue au peuple et aux troupes. Cette précaution prouve jusqu'à quel point on redoutait l'opinion publique, dont la répugnance à ce coup d'état n'était point équivoque.

Le parti libéral voyant qu'en dépit de toutes ces mesures il ne faisait aucun progrès, inventa de nouvelles conspirations pour obtenir l'éloignement des serviteurs les plus dévoués à la famille royale. Le surintendant de la police, le protecteur des *loges christines*, qui avait toujours à ses gages un ramas d'hommes tarés, remit à la reine, toujours selon l'usage banal des mêmes moyens révolutionnaires, *le plan d'une vaste conjuration*, dont les ramifications s'étendaient jusqu'aux provinces les plus éloignées, et dont le but était d'assassiner la reine et les deux infantes ses filles et de massacrer les ministres, pour proclamer ensuite don Carlos roi d'Espagne, à la place de Ferdinand VII, qui devait être déclaré incapable de régner.

Ce prétendu complot, qui n'avait jamais existé que dans les bureaux de la police, produisit sur l'esprit affaibli du roi l'effet qu'on en attendait. Il servit de prétexte aux mesures de rigueur dont on usa contre ses serviteurs les plus dévoués. Un grand nombre d'entr'eux fut exilé ou jeté dans les prisons. On ne respecta pas même les appartemens de l'infant don Carlos; le comte de Negri, gentilhomme de S. A. R., fut arrêté à la table de jeu du prince. Toutes ces persécutions n'eurent pour cause que l'attachement de quelques fidèles Espagnols à la cause d'un prince dont ils connaissaient trop les principes sévères de loyauté et de justice, pour oser conspirer en sa faveur contre le roi son frère. Les émeutes qui avaient eu lieu dans les provinces avaient été excitées par les rigueurs exercées contre les royalistes. L'insurrection de la ville de Léon avait eu pour motif l'arrestation du vénérable évêque de cette province. Son inviolable attachement à l'infant don Carlos, ses qualités supérieures et sa grande influence sur le clergé et les royalistes, l'avaient rendu suspect à la faction révolutionnaire, qui, quelques jours après la catastrophe politique de Saint-Ildephonse, avait exigé son renvoi du conseil d'état, dont il était le membre le plus éclairé.

Ce fut vers cette époque que le gouvernement espagnol, me fit un crime de mes relations intimes avec ce vertueux prélat, et de mes rapports politiques avec plusieurs autres personnages devenus suspects au nouveau ministère; on m'accusa de conspiration en faveur de don Carlos, et on me signifia l'ordre de quitter Madrid dans vingt-quatre heures. Je me réfugiai en Portugal vers la fin de janvier 1833.

Les déplorables événemens qui survinrent en Espagne ne tardèrent pas à forcer l'infant don Carlos à venir réclamer un asile du roi don Miguel contre les persécutions de la reine Christine.

Les révolutionnaires, enhardis par les concessions qu'ils obtenaient chaque jour, osèrent faire demander au roi, par la reine, l'exil de la princesse de Beira. La sévérité de ses principes politiques, la fermeté de son caractère et son attachement pour sa sœur dona Maria Francisca, épouse de don Carlos, l'avaient rendue depuis long-temps l'objet de la haine de la faction libérale. Cette princesse était adorée de toutes les personnes qui l'entouraient, et qui consentirent à s'exiler pour ne pas se séparer d'elle. La reine Christine arracha au roi son mari, l'ordre donné à la princesse de Beira de sortir d'Espagne et de se retirer en Portugal.

Don Carlos, voyant que ses ennemis cherchaient toutes les occasions de le perdre dans l'esprit de son frère en lui attribuant les mouvemens qui avaient lieu sur plusieurs points du royaume, se décida enfin à ôter tout prétexte de calomnie à ses ennemis, il sollicita de son frère la permission d'accompagner avec sa famille sa belle-sœur en Portugal.

Le roi Ferdinand refusa d'abord, mais M. Zea lui ayant fait comprendre combien il serait important que l'infant don Carlos ne se trouvât pas à Madrid lors de la cérémonie de la *Jura*, où une protestation de ce prince pouvait avoir les plus graves conséquences et compromettre la reconnaissance de sa fille Isabelle en vertu de la pragmatique-sanction, on n'eut pas de peine à triompher des répugnances du roi, arrivé à cette époque, au dernier degré de la débilité intellectuelle. Ferdinand donna son consentement à tout ce qu'on exigea de lui, mais il ne se sépara pas sans émotion d'un frère qui lui avait donné tant de preuves d'attachement, qui avait partagé sa captivité en France, tous ses dangers en Espagne, et qui sans la loyauté de son caractère et sa fidélité comme sujet, aurait eu vingt fois l'occasion de s'emparer de la couronne, si son ambition eût été aussi grande que l'influence dont il jouissait et la popularité dont il était environné.

Tout ce que Madrid renfermait d'honorable et de distingué s'empressa d'aller témoigner à la princesse de Beira, les regrets qu'on éprouvait de son départ, et à l'infant don Carlos le désir de tous les fidèles Espagnols de le voir revenir bientôt au milieu d'eux. Le ministre des Etats-Unis, qui avait pour ce prince une grande vénération, lui exprima ses regrets avec l'émotion la plus touchante. Ce royal cortége d'exilés, composé de huit personnes (1), se mit en route le 16 mars 1833, pour le Portugal, et il fut accueilli sur toute la route avec un douloureux enthousiasme, malgré les ordres donnés par le gouvernement de ne leur rendre aucun honneur; on avait défendu sous peine de prison, aux volontaires royalistes, de paraître en uniforme, et au clergé de sonner les cloches. On savait que le peuple se proposait de consoler par ses hommages, cette noble famille, des persécutions dont elle était l'objet. Plusieurs officiers, qui osèrent aller baiser la main du prince, sur son passage, furent mis aux arrêts et privés de leur solde; on avait échelonné sur toute la route jusqu'à Badajoz, des troupes commandées par des officiers dévoués à la reine, ayant ordre de faire

(1) Don Carlos, l'infante Maria-Francisca, sa femme; les trois infants, ses fils; la princesse de Beira, l'infant Sébastien, son fils, et l'infante Marie-Amélie, sa femme.

tirer sur le peuple dans le cas d'un rassemblement.

L'arrivée des infantes en Portugal excita les plus vifs transports de joie ; le bon peuple portugais revoyait avec attendrissement deux de ses princesses, sœurs de son roi, qui, depuis tant d'années, étaient éloignées de leur patrie. L'infante Maria-Francisca avait quitté le Portugal en 1816, et la princesse de Beira, sa sœur, en 1822. Le peuple n'avait pas oublié leur dévoûment à leur pays, ni les services qu'elles avaient rendus à l'armée du marquis de Chavès, en fournissant pendant plusieurs mois à tous ses besoins, et en lui facilitant, plus tard, les moyens de rentrer en Portugal : aussi, leur voyage depuis Elvas jusqu'à Lisbonne ne fut qu'une suite non-interrompue de fêtes populaires.

Quelques jours après le départ de cette famille, des armes furent délivrées par ordre de la reine et à l'insu du roi, aux christinos, qui n'attendaient que le moment favorable pour proclamer la constitution. Ils firent venir à Madrid plusieurs anciens chefs de guérillas constitutionnels, hommes des plus déterminés, et ils ne rougirent pas de s'associer les fameux chefs de voleurs Jose-Maria, et les deux frères Bodega. Le 19, ils firent une tentative qui n'échoua que par l'énergie du brave général Freire, qui, comme capitaine général de Madrid, avait toutes troupes de la province sous son commandement; leurs agens mirent le feu au palais du duc d'Albe, qui se trouve à une des extrémités de la ville, afin de faire une diversion; mais contre leur attente, l'incendie ne se déclara que lorsque leur mouvement était déjà réprimé.

M. Zea se voyant débordé par le parti révolutionnaire, alla avec ses deux collègues, de l'intérieur et de la guerre, faire part au roi des derniers attentats commis contre son autorité, accusant les autres ministres de complicité avec les révoltés; il demanda leur remplacement, l'exil du surintendant de police, et celui de tous les chefs de l'insurrection. Le roi, effrayé, s'empressa de souscrire à cette demande, et le cabinet fut composé des amis aussi inconnus qu'insignifians de M. Zea, qui voulut seul diriger les affaires.

Il travailla d'abord à se réconcilier avec la reine, qui avait été vivement offensée de l'éloignement de ses créatures; elle gardait ses appartemens et refusait de recevoir le ministre, qui redoutait qu'elle ne reprît bientôt son empire sur l'esprit du roi. Pour lui être agréable, il alla au devant des désirs de cette princesse, il s'empressa de convoquer les cortès pour la cérémonie puérile et ridicule de la *Jura* (1), pour la reconnaissance de l'infante Marie-Louise-Isabelle, appelée au trône en vertu de la pragmatique sanction du 29 mars 1830.

(1) La *Jura*, acte solennel par lequel les états et les villes du royaume reconnaissent un prince pour leur souverain, et font en sa pré-

Ce ministre envoya en même temps à l'ambassadeur espagnol Cordova, l'ordre de se rendre auprès de l'infant don Carlos, et de lui demander, au nom de son roi, de déclarer s'il consentait à reconnaître publiquement sa nièce dona Maria-Isabella comme princesse des Asturies, et à lui jurer obéissance lors de la réunion des cortès. Le 29 avril 1833, ce ministre se présenta au palais de Ramalhaô (1), où se trouvait alors don Carlos et sa famille, il lui fit part de sa mission et des ordres du roi; ce fut à cette occasion que l'infant écrivit cette lettre historique, qui accompagnait sa protestation contre la cérémonie de la *Jura*, et dans laquelle il se place si noblement comme frère et comme sujet, et où l'on admire le sentiment avec lequel il allie ses devoirs politiques avec ses intérêts de famille (2).

Don Carlos répondit dignement à l'attente du peuple espagnol, et il prouva à l'Europe qu'il ne se considérait que comme le premier sujet de son frère; mais que par cela même qu'il s'inclinait avec vénération devant le droit qui résidait en lui, il montrerait autant d'énergie à défendre ce droit, si la mort du roi son frère, sans héritiers mâles, le faisait passer sur sa tête: don Carlos soutint la royauté

sence leur serment de fidélité. *Publicum fidelitatis juramentum.*

(1) Ramalhaô, maison de plaisance royale, à cinq lieues de Lisbonne, près Cintra.

(2) Voir les pièces justificatives à la fin du volume.

dans son principe en contestant au détenteur viager de la couronne, le droit d'en modifier la transmission.

Don Carlos me chargea, dans les premiers jours du mois de mai, de l'honorable mission de porter ces documens d'une si haute importance en Angleterre et en France. Cette lettre fut publiée dans les journaux de toutes les opinions; et elle excita partout où elle fut connue, l'intérêt le plus puissant. Je fus aussi chargé de faire imprimer et de répandre en Espagne et en France plusieurs brochures politiques très remarquables, et un examen aussi savant qu'incontestable des droits imprescriptibles de don Carlos au trône de Philippe V; ces pièces concluantes, étaient une œuvre de conscience des plus célèbres publicistes et jurisconsultes espagnols. L'impression achevée, je me rendis à Bayonne pour introduire les exemplaires en Espagne; c'était là la partie la plus délicate de ma mission; aucun contrebandier ne voulait s'en charger, dans la crainte des peines sévères infligées par le gouvernement espagnol à ce qu'il appelait un crime de *lèse-majesté*. Cependant, malgré les difficultés que j'éprouvai, je parvins, à force de zèle et de soins, à introduire ces documens historiques, en très grand nombre, dans toute la Péninsule, après plusieurs voyages aussi pénibles que dangereux, depuis Fontarabie jusqu'à Jaca.

J'appris pendant mon séjour à Bayonne, que le 20 juin, avait eu lieu la cérémonie de la *Jura*, pour la reconnaissance de la princesse des Asturies. Cette cérémonie, malgré tout l'éclat dont on essaya de l'environner, fut remarquable par le morne et universel silence du peuple, silence qui produisit une vive impression sur tout le corps diplomatique. Jamais le peuple espagnol n'avait témoigné d'une manière plus significative ses répugnances pour les innovations introduites dans les lois fondamentales de la monarchie. Ce peuple qui avait accueilli son roi Ferdinand au retour de sa captivité en France, avec un enthousiasme qui tenait du délire, et qui depuis lui avait donné tant de preuves d'amour et de dévouement, était devenu pour lui d'une indifférence affligeante; il saisissait toutes les occasions de lui prouver que ses sentimens n'étaient plus les mêmes. Aussi, ces signes non équivoques dûrent l'avertir qu'il avait perdu toute sa popularité, et lui portèrent un coup si terrible, que dès ce moment, sa maladie prit le caractère le plus alarmant. Le vénérable archevêque de Tolède, don Pedro Inguanzo (1) refusa d'assister à cette cérémonie; selon les anciens usages de la monarchie, c'est toujours entre les

(1) Don Pedro de Juguanzo Ribera, ancien évêque de Zamora, promu au cardinalat en 1824, par Léon XII, a succédé au cardinal de Luis-Marie de Bourbon, dans l'archevêché de Tolède. Ce vénérable prélat est né à Slanes, dans les Asturies, en 1764.

mains de l'archevêque de Tolède, en sa qualité de primat de l'église espagnole, que les princes, les grands, les archevêques, les titrés de Castille, et les autres députés, sont obligés de prêter serment. C'est la première fois qu'on ait vu en Espagne, ces hautes fonctions déléguées à un autre grand de l'état. Le noble exemple donné par l'archevêque de Tolède fut imité par un grand nombre de membres distingués du clergé, qui protestèrent par leur absence contre cette illégale assemblée.

Quelque temps après, on voulut donner dans les provinces une seconde représentation de la comédie politique de la *Jura*; celle qui se célébra à Saint-Sébastien, fut honorée de la présence de l'infant don François de Paule et de sa femme l'infante Louise-Charlotte. Ce fut le 17 août qu'on célébra cette fête allégorique en l'honneur de la princesse Isabelle. On plaça une royauté au maillot au milieu d'une troupe de comédiens revêtus des costumes de toutes les provinces de l'Espagne, portant des bannières aux devises de leur pays, et chantant dans leur idiome local, des hymnes analogues à la circonstance qui vinrent prêter serment entre les mains d'un enfant. La petite fille qui était censée représenter la petite *reine Isabelle*, était assise entre deux jeunes femmes, dont l'une figurait la Justice, ses balances à la main, et l'autre, Bellonne le glaive au poing. Le peuple prit en pitié cette parade allégorique, et témoigna son mépris par le silence le plus significatif.

Je profitai de cette bonne disposition des esprits pour faire distribuer avec profusion les écrits dont j'étais porteur. Un grand nombre d'exemplaires fut transporté à Madrid dans les malles même de la princesse Louise-Charlotte, qui était loin de se douter du service qu'elle rendait, à son insu, à la cause de Charles V.

Je ne pus prolonger mon séjour à Saint-Sébastien, rencontrant à chaque instant la princesse ou quelques personnes de sa suite, dont j'étais parfaitement connu. Je pris, sous un nom supposé, un passeport pour Ciudad-Rodrigo.

J'appris en même temps que la plupart de mes brochures était restée dans différens dépôts, et que les personnes qui s'étaient chargées de les mettre en circulation, avaient été effrayées des dangers qu'elles couraient en remplissant les promesses qu'elles m'avaient faites. Je ranimai leur courage, en leur donnant l'exemple; j'en pris un grand nombre que je distribuai sur la route, depuis Saint-Sébastien jusqu'en Portugal.

Je me concertai avec les principaux royalistes d'Astigarraja, de Villafranca, de Villa-Réal et d'Onate; je fus parfaitement accueilli par le commandant des volontaires royalistes de cette ville, dont toute la population est dévouée à S. M. Charles V, comme celles de Vittoria, de Burgos, de Palencia, de Valladolid, de Tordesillas, de Torro et de Zamora.

Les partisans de la reine avaient fait courir le bruit que l'infant don Carlos s'était embarqué avec toute sa famille pour Rome, et qu'un courrier avait apporté la nouvelle de son arrivée dans cette ville. Je m'empressai de démentir ce bruit généralement répandu et qui avait jeté le découragement parmi les populations royalistes.

Les différentes juntes me chargèrent de supplier le prince de ne pas quitter le Portugal, dans un moment où tout Madrid regardait la mort de son frère comme très prochaine, et de se mettre en correspondance avec elles après avoir désigné les chefs auxquels elles devaient obéir, lors de la mort du roi son frère.

Le 22 août, je passai la frontière à une heure du matin. Je rejoignis à Thomar la famille royale; elle arrivait de Coimbre, où elle avait eu une entrevue avec don Miguel; ce prince était ensuite parti pour aller rejoindre ses troupes, qui faisaient le siége de Lisbonne; les deux infantes de Portugal étaient restées avec don Carlos et sa famille.

Le lendemain de mon arrivée, j'accompagnai la famille royale à Abrantès, où j'eus plusieurs conférences avec don Carlos. Je lui fis part des craintes des royalistes que j'avais vus; ils redoutaient que le prince, qui n'avait pu communiquer avec eux, les eût abandonnés.

Don Carlos me répondit que sa protestation et son séjour en Portugal prouvaient qu'au contraire il était déterminé à se mettre à leur tête aussitôt après la mort de son frère, pour faire valoir ses droits au trône. Je lui fis observer qu'il devait avant tout s'occuper d'une organisation royaliste, afin de n'être pas pris au dépourvu au moment de l'événement, où chacun se croirait en droit de prendre le commandement, s'il ne désignait pas d'avance les chefs investis de sa confiance. Mais il me répondit, avec cette loyauté qui a toujours dirigé ses actions, que *sa conscience s'opposait à une démarche qui pourrait faire supposer chez lui un désir coupable d'usurper le gouvernement de l'état, du vivant du roi son frère.*

Dans cette entrevue, don Carlos me communiqua la lettre qu'il avait reçue du roi Ferdinand, en réponse à celle qu'il lui avait écrite en lui adressant sa protestation. La lecture de cette lettre suffit pour faire juger que les sentimens qui y sont exprimés ne sont pas ceux du roi; on n'y reconnaît que les opinions des ministres qui l'écrivirent au nom de Ferdinand et peut-être à son insu; car l'état de souffrance du roi ne lui permettait pas d'apprécier la portée de ce qu'on l'obligeait à signer. Ferdinand, dans cette lettre, ordonnait à son frère de se rendre sur-le-champ dans les états pontificaux, et lui annonçait en même temps qu'il lui envoyait un de ses bâtimens de guerre pour l'y transporter. Cet ordre d'exil avait été provoqué par la crainte qu'inspirait aux partisans de la reine, la présence de don Carlos dans un pays si voisin de l'Espagne, et d'où il lui était si facile d'entretenir des relations continuelles avec ses nombreux partisans. Après la mort de son frère, il n'avait que quelques pas à faire pour se trouver dans ses états, où tant de sympathies l'attendaient.

Don Carlos voulant se montrer fidèle sujet jusqu'au dernier moment, résolut d'obéir aux ordres du roi, tout injustes et tyranniques qu'ils étaient; il s'empressa de faire ses préparatifs de départ; il n'hésita pas à confier sa personne, celles de l'infante son épouse et de ses trois fils à un capitaine de vaisseau, proche parent de Louis de Cordova son ennemi personnel, désigné par un ministère, qu'il était en droit de regarder comme intéressé à sa perte.

Il fit fréter un bâtiment de commerce anglais pour le transport de sa suite et de ses équipages. Mais avant de quitter le Portugal, il voulut faire ses adieux à don Miguel et aux infantes ses sœurs (1), qu'il n'avait pas vus depuis son arrivée dans ce

(1) Isabelle-Marie, née en 1801, fut régente du Portugal depuis le 10 mars 1826, jusqu'au 26 février 1828.

Marie de l'Assomption, née le 25 juillet 1825, morte en mars 1834.

royaume. C'est à Coïmbre (1) qu'eut lieu leur entrevue où les infantes furent si heureuses de se revoir et de s'embrasser après une si longue séparation. Don Carlos avait laissé toute sa suite à Lisbonne avec une grande partie de ses équipages, qui étaient déjà embarqués sur le bâtiment anglais frêté par ses ordres, il n'avait emmené avec lui qu'un très petit nombre de domestiques. Il y avait à peine quinze jours qu'il était à Coïmbre, lorsqu'il apprit le funeste événement de la prise de Lisbonne par les troupes pédristes. Cette ville avait été évacuée par les troupes de don Miguel sans la moindre résistance. Le vertueux duc de Cadaval (2), qui était commandant en chef de toutes les forces réunies dans cette ville et dans les environs, avait rassemblé les commandans des différens corps en conseil de guerre afin d'arrêter un plan de défense, mais ceux-ci déclarèrent, à l'exception d'un seul, *qu'ils ne pouvaient répondre de leurs troupes*. Le duc de Ca-

(1) Ville de Portugal, capitale de la province de Beira, sur la rive droite du Mondego; elle fut jadis la résidence des rois de Portugal, dont elle conserve encore les tombeaux. Son évêché et son université sont remarquables. Sa population est de 18,000 habitans; elle est située à vingt-quatre lieues d'Oporto, et à quarante lieues de Lisbonne.

(2) Les généraux qui commandaient sous les ordres du duc de Cadaval, étaient le maréchal-de-camp Joachim-Jose-Maria de Souza-Tavares, et ses chefs d'état-major étaient le major Aureliano-Jose de Mathos et Pinto Machado. Ces chefs ne surent tirer aucun parti des troupes sous leurs ordres, et surtout de la belle garde royale de police, si brave et si dévouée à la cause de son roi.

daval se vit donc forcé, quoique à regret, d'ordonner la retraite sur Coïmbre. Les équipages de don Carlos et de sa suite furent déposés chez le consul d'Espagne. Le gouvernement pédriste, poussé secrètement par les partisans de la reine Christine, s'opposa à leur sortie de la ville. Peu s'en fallut que les diamans des princesses ne tombassent entre les mains des soldats de don Pedro; ils furent sauvés par un fidèle serviteur de l'infant don José Terreu, huissier de la chambre de S. A. R. Les personnes de la suite de don Carlos coururent les plus grands dangers au moment de l'évacuation de Lisbonne et eurent beaucoup de peine à rejoindre leur maître; je me félicitai que cet incident eut empêché don Carlos de s'embarquer pour l'Italie, et j'insistai pour qu'il renonçât entièrement à quitter le Portugal.

Je partis le 5 septembre pour le camp de don Miguel, et j'allai y attendre la prise de Lisbonne, où je devais remplir une mission dont les princesses m'avaient chargé. J'arrivai le 6 au quartier-général du comte de Larochejaquelein. Ce brave général avait perdu la veille son neveu et aide-de-camp, Louis de Larochejaquelein, qui avait péri sous les murs de Lisbonne après avoir fait à la tête d'un détachement de cavalerie, des prodiges de valeur. Il fut frappé mortellement de deux balles. Le comte de Larochejaquelein avait aussi un bras en écharpe. Il avait été blessé au poignet gauche le 25 juillet, devant Oporto, après avoir eu deux chevaux tués sous lui. La valeur qu'il avait déployée dans cette journée lui avait mérité des Portugais le surnom de l'*Ange des combats* (1).

J'attendis en vain pendant quatorze jours la prise de Lisbonne, et j'assistai comme volontaire, en première ligne, à l'affaire du 14 septembre, qui eut lieu sur la droite des positions ennemies. Les généraux de don Miguel avaient formé le projet de surprendre l'ennemi avant le jour; ils ne purent réaliser ce projet, car il était grand jour lorsque l'action commença ; la formidable artillerie ennemie nous obligea à nous retirer après quatre heures de combat. Le jour suivant, arriva madame de Larochejaquelein au quartier-général de son mari ; elle s'était échappée en sautant par-dessus le mur du jardin de la maison du marquis de Bellune, que les troupes pédristes avaient entourée. Son arrivée causa une joie générale dans le camp. La police des pédristes ne fut pas plus heureuse que celle du juste-milieu; son désappointement fut complet de n'avoir pu saisir une si belle proie. Madame de Larocheja-

(1) Le général comte Auguste de La Rochejaquelein avait reçu dix blessures à la bataille de la Moscowa, en chargeant avec son régiment le 1er de carabiniers sur des redoutes vaillamment défendues. Fait prisonnier, il refusa de prendre du service en Russie, et fut blessé dans la Vendée, au combat de Mathes, en 1815. où son frère, Louis de La Rochejaquelein, fut tué d'une balle dans la poitrine.

quelein est une de ces femmes héroïques dont l'énergie est toujours à la hauteur des dangers; le bruit et les alarmes des camps ne l'effraient pas, et dans toutes les circonstances de sa vie où il a fallu du courage et du dévouement, elle s'est montrée digne du nom qu'elle porte.

La ville de Lisbonne étant devenue imprenable par les fortifications que l'ennemi avait eu le temps d'achever, je retournai à Abrantès porter cette triste nouvelle à la famille royale. Je représentai en même temps à l'infant combien il était urgent que je retournasse en Espagne pour faire connaître aux royalistes ses intentions, en établissant une correspondance avec Madrid par Coria, Palencia et Tolède, et avec la France par Salamanque, Valladolid et Burgos. Je fis alors de nouvelles tentatives pour vaincre les scrupules du prince et le décider à écrire les lettres de service dont je lui avais donné le modèle, offrant de les porter moi-même à leur destination; mais ce fut en vain, je trouvai chez don Carlos une volonté fortement arrêtée de ne se mêler ni directement ni indirectement aux affaires de l'Espagne. Sa délicatesse et sa loyauté lui faisaient considérer comme un crime de lèze-majesté toutes les mesures politiques qu'il aurait pu prendre même dans l'intérêt de ses droits contre le gouvernement de son frère. Les princesses s'affligèrent autant que moi de cette détermination, et pour tâcher de réparer le tort que les scrupules du prince pouvaient faire à sa cause, l'infante dona Maria Francisca me donna par écrit des pouvoirs qui m'autorisaient à faire connaître leurs intentions aux royalistes, et par lesquels elle leur annonçait que je possédais toute leur confiance : don Carlos consentit seulement à donner son approbation tacite à cette lettre.

Je pris, le 23 septembre, congé de la famille royale, et je me dirigeai vers l'Estramadure ; après avoir établi sur ce point une correspondance avec Madrid, je parcourus la frontière jusqu'à Bragance. Je recueillis dans ce voyage de cent lieues des documens très importans.

Le 5 octobre, je passai la frontière à Alcanizas, province de Zamora. La nouvelle de la mort de Ferdinand VII y était arrivée officiellement la veille (1).

(1) Le roi Ferdinand succomba le 29 septembre, à trois heures de l'après-midi ; lorsqu'on se présenta pour le réveiller, on le trouva mort ; il n'avait pu recevoir les sacremens. Il était né à San-Lorenzo, le 4 octobre 1784.

Il se maria comme prince des Asturies, en 1802, avec l'infante de Naples, dona Antonia de Bourbon, qui mourut en 1806.

Charles IV ayant abdiqué la couronne le 19 mars 1808, Ferdinand fut proclamé roi, et conduit prisonnier quelque temps après à Valençay, où il resta jusqu'en 1814, époque où il recouvra sa couronne.

Il se maria en seconde noces, en 1817, avec l'infante de Portugal, dona Isabelle de Bragance ; cette princesse mourut des suites d'une fausse couche, à la fin de l'année 1818. Sa troisième femme fut José-

IV.

—

Mort de Ferdinand VII. — Coup-d'œil sur l'état des provinces.

—

Aussitôt après que la mort de Ferdinand fut connue, la reine appela auprès d'elle tous les ministres, les généraux et les partisans les plus dévoués de sa fille. Le conseil resta en permanence bien avant dans la nuit: on s'attendait à un soulèvement des volontaires royalistes et de la

phine-Amélie, princesse de Saxe, qui mourut à Aranjuez, en 1829, au mois de novembre, Il épousa dans le courant de décembre, même année, dona Christina de Bourbon, infante de Naples, dont il eut deux filles; la première, dona Maria-Isabela, naquit en 1830, c'est cette princesse à qui son père a cru pouvoir léguer sa couronne, en foulant aux pieds les lois fondamentales de l'état.

Le testament du roi en date du 12 juin 1830 avait été publié dans la gazette officielle de Madrid; il y confirmait le changement apporté population entière de Madrid. Tout le monde était dans la plus vive anxiété dans le palais. Jamais une plus belle occasion ne s'offrit aux royalistes de la capitale pour proclamer Carlos V. La reine et ses ministres se fussent empressés de le reconnaître, pourvu qu'on eût voulu leur faire grâce de la vie ; mais un homme de cœur manqua pour diriger le mouvement. Enfin, après quatre jours d'inquiétude, la reine voyant que le peuple restàit tranquille, reprit courage, et fit venir des troupes autour de la capitale, afin de réprimer toute tentative en faveur de don Carlos. C'est alors que fut publié ce fameux manifeste dans lequel la reine promettait de conserver intactes les lois fondamentales de l'état, et de s'opposer à toute innovation dangereuse ; enfin elle annonçait qu'elle serait plus royaliste que Charles V. Ce manifeste, qui ne rassura pas les royalistes, exaspéra les libéraux.

La nouvelle de la mort de Ferdinand me causa un chagrin d'autant plus vif, que je savais que les royalistes espagnols n'avaient aucun plan ar-

arbitrairement dans l'ordre de succession, et attribuait la régence à la reine Marie-Christine pendant la minorité de sa fille, en lui adjoignant un conseil composé de cinq personnes. Savoir : L'évêque de Séville, les ducs de l'Infantado et de Baylen, le marquis de Las Amirillas, et le comte d'Ofalia. La reine, conformément á ces dispositions, avait pris les rênes du gouvernement, et avait confirmé les ministres dans leurs emplois. (Voir à la fin de cet ouvrage les différens décrets rendus par elle à cette occasion.)

rêté, et qu'ils n'avaient pris aucune mesure. J'étais indécis si je ne retournerais pas auprès du roi Charles V, pour prendre ses ordres; mais je réfléchis que ce voyage me ferait perdre plus de trois semaines. Ce temps me parut trop précieux pour hésiter plus long-temps; j'avais d'ailleurs des pouvoirs suffisans pour faire proclamer Charles V dans la Vieille-Castille, connaissant la personne que S. M. avait désignée pour prendre en son nom le commandement de cette province, l'une des plus importantes de l'Espagne.

Je partis sur le champ pour Valladolid. A mon arrivée à Zamora, je prévins les commandans des volontaires royalistes de cette ville de se tenir prêts à opérer leur mouvement aussitôt qu'ils en recevraient l'ordre du général ***, que S. M. Charles V avait nommé capitaine-général de leur province. Je fis la même recommandation sur toute ma route.

Mon arrivée à Valladolid eut lieu le 8. Le général*** que je vis le même jour, me parut bien démoralisé; il était, au reste, assez souffrant. Je lui annonçai que le Roi lui ordonnait de prendre en son nom le commandement de cette province, et de l'y faire reconnaître, j'ajoutai que s'il croyait le mouvement impossible à Valladolid, il pouvait se transporter sur le point qui lui offrirait le plus de chances de succès, par exemple, à Zamora; cette ville offrait par sa proximité du Portugal, dont elle n'était éloignée que de neuf lieues, une retraite assurée en cas de revers; sa garnison se composait seulement de cent cinquante hommes, tandis que les volontaires royalistes y formaient un bataillon de plus de cinq cents. Je lui offris de l'accompagner, et de rester avec lui aussi long-temps qu'il le voudrait, m'engageant à aller chercher le roi et à le faire entrer par le point qu'il me désignerait lui-même. Il me répondit qu'il ne pouvait prendre aucune détermination avant de connaître les intentions de Sarsfield. « Mais si ce général ne fait pas son devoir, » lui repliquai-je, vous resterez donc dans l'inac» tion? » Cette réflexion parut l'embarrasser. Il me répondit : « Ma vie est toute entière à don Carlos. » — « Ce ne sont pas des protestations qu'il faut à » S. M., lui dis-je vivement, mais bien des actions. » Vous assumez sur votre tête une grande responsa» bilité; car je suis convaincu que d'ici à un mois » tous les volontaires royalistes seront désarmés. » L'événement a prouvé que je voyais juste.

Ce général me demanda alors si le roi avait écrit à Sarsfield; je l'ignorais, mais je lui dis que s'il voulait annoncer que S. M. l'avait confirmé dans son commandement et nommé son premier aide-de-camp, je porterais moi-même sa lettre, et resterais auprès de ce général jusqu'à ce que le roi eût envoyé son approbation. Je n'obtins que les mêmes excuses et le même refus, accompagnés cependant de grandes protestations de dévouement : je m'éloignai fort mécontent de lui.

Je fus un peu consolé de ce contre-temps par les nouvelles que je reçus des provinces du nord, qui s'étaient soulevées en masse contre les troupes de la reine régente, et avaient proclamé Charles V. Le mouvement avait commencé le 5 à Bilbao, et avait été dirigé par le marquis de Valdès Pina, le brigadier Zavala et Xavier Batis, qui furent nommés peu de temps après députés de la seigneurie de Biscaye. Le mouvement se propagea rapidement dans les provinces d'Alava, de Guipuscoa et de la Navarre. A Vittoria, Charles V avait été proclamé le 6 par les royalistes de cette ville, commandés par leur colonel, député de Berasteguy et le brigadier Uranga ; les nouvelles autorités remplacèrent les anciennes qui prirent la fuite.

La province de Guipuscoa s'empressa aussi de reconnaître Charles V ; le mouvement commença à Onate ; les volontaires royalistes de cette ville, sous les ordres de leur commandant don Jose Alsaa et du brigadier Lardizabal se mirent en campagne aussitôt qu'ils eurent connaissance de la mort de Ferdinand, et firent proclamer Charles V dans toutes les villes et villages de cette province. Le beau-frère de M. Alsaa, avocat distingué et officier dans le bataillon des volontaires royalistes d'Onate, fut tué dans la première affaire contre les christinos.

Le maréchal-de-camp Santos-Ladron s'étant échappé de Valladolid où il était consigné, le jour même que la nouvelle de la mort du roi parvint dans cette ville, se transporta en Navarre, son pays natal. Il y était adoré de tous les habitans, qui avaient eu l'occasion d'admirer sa bravoure pendant les guerres de l'indépendance et de la constitution. Il jouissait dans cette province de la plus grande autorité; il se rendit d'abord à Los-Arcos, où il fut reçu avec enthousiasme par toute la population de cette ville. Le jour même de son arrivée, on y proclama Charles V au son de toutes les cloches; le prêtre don Juan Echeveria, qui fut nommé plus tard président de la junte de Navarre, le seconda vivement; il eut réuni en peu de temps deux mille volontaires.

Le général Antoine de Sola, vice-roi de Navarre, mit la tête de ce général à prix, et envoya contre lui le brigadier Lorenzo avec deux bataillons et environ soixante hommes de cavalerie. Ils rencontrèrent à quelque distance de Los-Arcos, Santos-Ladron qui se trouvait séparé de sa troupe. Il lui eut été facile de leur échapper par la fuite, et c'était même le parti que la prudence lui dictait; mais ne prenant conseil que de son courage, il chargea sur eux avec quelques-uns de ses hommes; enveloppé de toutes parts, il fut fait prisonnier, et conduit sur le champ à Pampelune.

L'ordre de sa mort, vivement sollicité par le parti révolutionnaire, fut arraché au vice-roi de Navarre : Santos-Ladron fut fusillé le 14 octobre avec un de ses compagnons. Cet assassinat obligea les volontaires royalistes, qui jusqu'alors avaient fait preuve d'une grande modération après la victoire, à user de représailles. Santos-Ladron avait quarante-cinq ans ; il avait débuté dans la carrière du barreau ; mais il avait quitté la robe, pour faire avec Mina la guerre de l'indépendance. Sa mort a dignement couronné sa vie.

Cette exécution irrita à un tel point la population de Pampelune, qu'elle produisit un soulèvement général. Dès le lendemain, sept cents jeunes gens sortirent de la ville pour aller se réunir aux nombreuses guerillas qui avaient déjà proclamé don Carlos.

Cet événement répandit la consternation parmi ses partisans, et ranima le courage abattu des christinos. Une telle perte, dès le début de la campagne, était en effet susceptible d'avoir de fatales conséquences, si un chef habile ne se fut présenté pour le remplacer ; ce chef se trouva dans la personne d'Ituralde, qui servait sous les ordres de Santos-Ladron en qualité de commandant en second. Il prit le commandement en chef, et organisa en peu de temps les deux premiers bataillons de volontaires royalistes de Navarre, qui se sont acquis depuis une si brillante réputation dans toutes les affaires où ils se sont trouvés.

Peu de temps après parut le brave colonel Zumalacarregui. Il s'était échappé de Pampelune, où il était l'objet d'une surveillance particulière depuis la révolution de Saint-Ildephonse, époque à laquelle on lui ôta son régiment. Il fut nommé sur le champ commandant en chef en remplacement d'Ituralde. Dès ce moment, le soulèvement prit un immense développement; deux autres bataillons furent organisés, et en peu de temps l'autorité de Charles V fut reconnue dans toute la Navarre, à l'exception des places fortes, gardées par l'élite des troupes de Christine.

Ce chef habile fut dignement secondé par le colonel don Benito Eraso, qui avait aussi proclamé Charles V.

Le brigadier Cuevillas, ex-gouverneur de Sarragosse, avait, de son côté, réuni un nombre considérable de partisans à la Rioja, près de Logrono; mais le curé Mérino et Burgos n'avaient pas encore fait leur mouvement. Je ne pouvais en deviner le motif, car la junte de ce pays m'avait chargé d'annoncer à l'infant qu'elle ferait proclamer Charles V aussitôt qu'elle recevrait la nouvelle officielle de la mort de Ferdinand.

J'expédiai sur le champ à cette junte un *proprio* (courrier) pour lui demander pourquoi elle était restée dans l'inaction, et je la sommai de remplir la promesse qu'elle m'avait faite. Elle me fit répondre que des discussions survenues parmi les chefs avaient tout paralysé jusqu'alors, mais que le mouvement se ferait le jour suivant. En effet, Mérino (1), qui depuis plusieurs jours avait réuni ses anciens lieutenans, se mit en campagne le 13, et le commandant des volontaires royalistes de Burgos, don Jose Hilarion, suivit son mouvement; fait prisonnier quelque temps après, ce chef fut fusillé.

(1) Don Geronimo Merino, plus connu dans la Vieille-Castille sous le nom de *el cura de Villaviado* (le curé de Villaviado), est issu d'une famille des plus obscures. Ses parens l'envoyèrent apprendre la langue latine dans le collége de Lerma; mais à peine avait-il commencé sa quatrième, qu'ils le firent revenir chez eux, et le chargèrent de mener paître un troupeau de chèvres qui leur appartenait. Merino continua le métier de pâtre jusqu'à la mort du curé de Villaviado. Comme il ne se trouvait personne pour remplacer ce prêtre, on lui conseilla de se mettre chez un vieux desservant de Cubasrubias. Au bout de six mois de leçons, et par la protection de son précepteur, Merino entra dans les ordres.

Merino n'a pas plus de cinquante-huit ans. C'est un homme de cinq pieds deux pouces, mais doué d'une robuste santé, malgré sa frêle organisation; ses traits sont profondément caractérisés, ses yeux grands et caves. Jamais homme ne supporta mieux ni plus long-temps la fatigue. Il ne fume pas, ne boit pas de vin, mange très peu et ne prend, toutes les vingt-quatre heures, que quinze minutes de sommeil. Tant qu'il est en campagne, il ne dort jamais ailleurs que sur son cheval, ou à côté de son cheval, qui reste toujours sellé. Ceux qui sont sous ses ordres n'ont jamais vu Merino passer une nuit avec eux. Dès que le soleil se couche, il fait arrêter sa troupe, lui ordonne de camper dans l'endroit qu'il désigne, et suivi d'un seul domestique, il s'éloigne des

Le général Castagnon, capitaine général de la province de Guipuscoa, à la tête des troupes qu'il avait retirées de la garnison de Saint-Sébastien, et Jauregui, dit El Pastor, qui avait formé un corps de partisans, composé en partie de réfugiés espagnols et de déserteurs français, voulurent en vain arrêter les progrès de l'insurrection ; ils furent battus à Tolosa et obligés de rentrer à Saint-Sébastien.

Le gouvernement français effrayé des progrès que faisaient les royalistes dans toute l'Espagne, et par-

siens, s'enfonce dans les forêts à trois ou quatre lieues, et ne reparaît que le lendemain au soleil levant.

Merino ne tient pas à ce que sa troupe soit revêtue d'uniformes. Il laisse à chacun la faculté de s'habiller à sa guise ; et quant à lui, il couvre son corps de méchantes hardes, et sa tête d'un mauvais chapeau. Lorsqu'il entre dans les villes, on ne le reconnaît qu'à la beauté de son cheval. Ses armes pour la guerre sont le sabre, une paire de pistolets qu'il porte dans ses poches, et une espingole très courte. Il y met à la fois seize ou vingt balles ; la poudre est ordinairement dans les fontes de sa selle. Quand il veut se battre, il prend une poignée de poudre qu'il met dans le canon de son espingole, et pour la décharger, il est obligé de la placer sous le bras droit, et de tenir le bout du canon avec la main gauche, pour résister à la secousse produite par l'explosion de cette arme terrible.

Merino est personnellement très brave ; il est aussi très heureux : et s'il n'est pas impossible de s'emparer de sa personne, c'est au moins une chose fort difficile. Il mène toujours deux chevaux avec lui, les plus beaux peut-être, et les mieux dressés de la Castille. Il les a tellement habitués à suivre un pas égal, que, quelle que soit la rapidité de sa course, ils vont toujours de front et galopent comme s'ils ne faisaient qu'un. Lorsque Merino sent que celui qu'il monte est fatigué, il saute sur l'autre sans avoir besoin de ralentir sa course ticulièrement dans les provinces voisines de la France, voulut relever les espérances des partisans de la prétendue reine d'Espagne, en la reconnaissant et en accréditant auprès de sa mère comme régente, son ambassadeur le comte de Rayneval. Il voulut aussi se mettre en mesure d'intervenir au besoin dans les affaires de ce royaume ; et, à cet effet, il fit avancer un corps d'armée de 25,000 hommes sur la frontière d'Espagne, sous le commandement des lieutenans-généraux Harispe et comte de Castelane. La reconnaissance de la reine

d'une demi-seconde. C'est ainsi qu'il échappa aux Lusitanos qui le battirent à Palenzuela, au commencement de 1823, sous les ordres d'Aymar.

Cet espace de quarante lieues qui sépare Burgos de Madrid, est pour lui un lieu de sûreté. Il peut parcourir toutes les villes, tous les villages qui y sont compris, avec quatre hommes seulement, sans avoir à redouter le moindre danger, sans y trouver d'autres ennemis que les troupes envoyées à sa poursuite, et l'on sait avec quelle facilité il leur échappe.

Quand Merino fait la guerre, il s'empare des courriers, des effets, de tout ce qu'il croit appartenir au gouvernement contre lequel il combat; mais si quelqu'un de ses gens se permet le moindre vol dans la maison d'un propriétaire inoffensif quelle que soit d'ailleurs son opinion politique, il est sûr d'expier son crime par une mort exemplaire. Le vol et le pillage sont sévèrement défendus à ses soldats. Merino est de tous les hommes le moins ambitieux. A l'époque de l'indépendance, il se vit maître à Quintanapalla, d'immenses richesses appartenant aux Français ; il s'était emparé d'un convoi porteur de plusieurs millions et de riches effets. Il distribua tout cet or à ses soldats, qui en furent gorgés ; il se contenta de garder pour lui quelques douzaines de bas de soie.

Isabelle, par la France, s'était faite d'accord avec le gouvernement anglais, qui s'empressa de suivre cet exemple.

Pendant les dix jours que je restai à Valladolid je changeai de logement tous les soirs afin de dérouter la police, qui était à ma poursuite. Le duc de Castro-Terreno, capitaine-général de la province avait mis ses nombreux agens à ma recherche. Des perquisitions avaient été faites dans toutes les auberges et dans plusieurs maisons suspectes; il avait fait défendre de sortir à cheval de la ville, et donné l'ordre de fermer les portes à sept heures du soir.

En dépit de ces mesures de précaution, j'allai dans la prison passer près de deux heures avec un personnage distingué, qui prétendait avoir des communications importantes à me faire. En y entrant, je l'avouerai, je ne pus me défendre d'un mouvement de frayeur, lorsque j'entendis les lourdes portes de cette prison se refermer sur moi. Je réfléchis que si on venait à me reconnaître pendant le temps que j'allais passer avec mon prisonnier, ces portes ne s'ouvriraient plus pour moi.

Les dernières nouvelles des provinces du Nord et de la province de Burgos étaient extrêmement favorables. Les forces des différens chefs royalistes s'élevaient déjà à 35,000 hommes, tous armés et équipés. Je m'empressai d'aller porter ces bonnes nouvelles à S. M. Charles V.

Après avoir fait en vain de nouvelles tentatives auprès du général ***, je partis le 20 octobre pour retourner en Portugal. A mon passage à Zamora, je vis les chefs des volontaires royalistes de cette place et leur proposai de m'en emparer, s'ils voulaient me donner quarante hommes déterminés; mais ils n'osèrent souscrire à ma demande, me promettant cependant, si le roi se présentait dans leur province, de prendre tous les armes et d'aller se ranger sous ses drapeaux : quinze jours après ils étaient désarmés.

Ce désarmement ne surprendra personne lorsqu'on saura qu'il se fit partiellement et sur tous les points en même temps. Les volontaires royalistes n'y auraient jamais consenti, s'ils avaient eu des chefs pour les diriger ; mais la plupart des commandans, dont le caractère et les sentimens honorables inspiraient des craintes au gouvernement, avaient été exilés de leurs provinces.

Les volontaires royalistes de Madrid opposèrent une vive résistance, ils se retranchèrent dans leur caserne et se battirent avec beaucoup d'acharnement. S'ils avaient eu un chef hardi pour les commander, nul doute que leur lutte n'eût eu de grands résultats, car plusieurs régimens de la garde se seraient réunis à eux, don Carlos eut été proclamé sans nul doute à Madrid, et la régente obligée de fuir; mais sans direction et sans munitions, ils furent obligés de céder et de se laisser désarmer. Ce qui contribua le plus à ce triste événement, c'est que le gouvernement était parvenu à s'emparer de leur artillerie. Plus de cent d'entr'eux furent jetés dans les prisons de la capitale ; là, ces fidèles royalistes avaient réussi à se procurer un portait de Charles V et chantaient tous les jours devant lui des hymnes carlistes; deux bougies brûlaient jour et nuit devant ce symbole révéré de la légitimité. Ces malheureux furent, six mois plus tard, condamnés à la déportation ; on n'osa pas les condamner à mort.

Ce désarmement fit un tort incalculable à la cause de don Carlos, mais il n'aurait eu aucun effet dans la Vieille-Castille, si le général dont j'ai déjà parlé, avait consenti à en prendre le commandement.

Je passai la frontière de Portugal le 22 octobre et voyageant jour et nuit à travers des chemins horribles, je rejoignis le roi à Castello-Blanco, chef-lieu de la province de Beira-Baxa.

CHARLES V.

UN CHAPITRE

DE

L'HISTOIRE DE CHARLES V.

I.

Mort de Ferdinand VII. — Avènement de don Carlos au trône, sous le nom de Charles V

Un événement douloureux que don Carlos n'avait jamais désiré, événement qu'il avait toujours redouté, parce qu'il en prévoyait les funestes conséquences, vint affliger son cœur fraternel. Si la mort de

Ferdinand VII fût arrivée un an plus tôt, elle aurait été un bienfait pour l'Espagne; les mesures prises alors par ce roi pour éviter la guerre civile après lui, en assurant la couronne à son frère, auraient prévenu les malheurs sans nombre qui désolent aujourd'hui ce pays.

Don Carlos reçut la nouvelle de son avénement au trône, plutôt avec résignation qu'avec joie; il savait que les changemens survenus depuis la régence de Christine, avaient fait revivre les espérances des révolutionnaires, et que la reine, bien convaincue que sa fille ne trouverait d'appui que parmi eux, avait appelé à la plupart des emplois, les hommes les plus influens de ce parti. Le roi ne doutait pas de tous les excès auxquels ils se porteraient pour faire triompher leur cause, et l'avenir sanglant qu'il prévoyait pour l'Espagne pendant ces luttes, lui eût fait renoncer à la couronne, si l'amour qu'il portait à son peuple, sa conscience de roi et sa haute piété, ne lui eussent fait considérer comme un crime de déserter un poste, que Dieu lui avait confié en le faisant naître l'héritier légitime du trône d'Espagne.

Le roi était à Santarem (1) lorsque Cordova vint

(1) Santarem est une ville du Portugal, située sur la rive droite du Tage, agréablement placée dans une prairie fertile; son antiquité remonte au temps des Romains qui l'appelaient *Præsidium-Julium*; les premiers rois de Portugal y ont fait leur résidence. On y compte dix mille habitans. Santarem est à vingt lieues de la frontière d'Espagne.

le 4 octobre lui annoncer la mort de son frère, et lui signifier, au nom de la reine régente, l'ordre de se rendre sur-le-champ en Italie.

Le prince, oubliant ses griefs contre ce ministre, lui donna sa main à baiser, et lui demanda avec bonté s'il le reconnaissait comme roi. Cordova eut l'insolence de lui répondre que non. L'homme qui reniait ainsi son roi, était le même qui avait payé de la plus noire ingratitude les bienfaits de ce prince, et surtout ceux de la reine, alors infante, qui lui sauva la vie le 7 juillet 1822, en le recueillant dans ses appartemens avec dix de ses camarades; Cordova était alors cadet dans les gardes espagnoles. Dès l'arrivée de la famille de don Carlos en Portugal, il se déclara son plus implacable ennemi; il tint à son égard une conduite lâche et perfide, employa contre elle le plus odieux espionage, et en provoquant le gouvernement pédriste de Lisbonne à saisir ses équipages, il la priva des choses les plus nécessaires : la grand' croix d'Isabelle la catholique, fut la digne récompense de tant de honteux services.

Le jour même où il fut instruit de la mort de son frère, Charles V voulant à tout prix éviter la guerre civile dans ses états, écrivit à la reine douairière une lettre affectueuse, dans laquelle il lui donnait l'assurance qu'elle serait traitée avec tous les égards dûs à son rang; et afin que les affaires de l'état n'éprouvassent aucun retard, il confirma dans leurs emplois les ministres d'alors et le président de son conseil royal. Les décrets qu'il rendit à cette occasion furent adressés au président du conseil des ministres avec ordre de le faire reconnaître sur le champ comme roi d'Espagne. Il envoya en même temps des copies de sa protestation, signées de sa main, au président de son conseil royal, à tous les hauts fonctionnaires de l'état, aux évêques de son royaume et aux membres du corps diplomatique; mais ces copies officielles, ayant été interceptées par les ministres, ne purent parvenir à leur destination. La réponse de M. Zea fut un nouvel outrage pour le roi, qu'il eut l'audace de qualifier de *prince déloyal et de perturbateur du repos des Espagnols*. Il le menaça en même temps de toute la rigueur des lois s'il rentrait en Espagne, et lui annonça qu'on allait sur le champ procéder au sequestre de ses biens, comme à celui des biens de sa famille.

Le 5 octobre, Charles V, accompagné seulement de la reine et de quelques serviteurs, se transporta à Marvao, place forte de l'Alentejo, située à l'extrême frontière de l'Espagne, du côté de l'Estramadure, pour se mettre à la tête des troupes qui se présenteraient, et marcher sur Madrid; la reine voyageait à cheval à ses côtés. Ce point avait été fort mal choisi; car, le cholera-morbus régnait sur la frontière et inspirait de vives inquiétudes aux villages espagnols, qui s'étaient armés pour empêcher toute communication avec tout ce qui arrivait des lieux infestés ; en outre de cela, la population de cette frontière est en général très mauvaise, et Rodil, dont les opinions révolutionnaires étaient bien connues, commandait alors cette province.

Le roi autorisa le capitaine Arroya à aller trouver ce général, dont il était l'ami, afin de lui communiquer ses intentions royales et l'engager à le faire reconnaître par les troupes qui étaient sous son commandement. Rodil répondit à cet officier qu'il ne doutait pas plus que lui des droits de don Carlos à la couronne; mais que son honneur était engagé dans la cause de la reine Isabelle. Il le fit dîner amicalement avec lui, et le congédia, après lui avoir dit que s'il se présentait de nouveau, il le ferait fusiller : ce général a prouvé depuis qu'il était homme à mettre à exécution ses menaces. On ne pouvait tomber plus mal, aussi le roi, après avoir passé inutilement onze jours à Marvao, convaincu que la présence de Rodil paralyserait tout mouvement en sa faveur, se décida à aller à Castello-Blanco, où sa famille vint le rejoindre.

Si, au lieu de se rendre à Marvao, le Roi s'était transporté sur la frontière de la province de Zamora, il n'est pas douteux qu'il eut pu faire son entrée de ce côté. Cette province, dont la population entière est dévouée à la cause royale, renfermait de nombreux bataillons de volontaires royalistes, parfaitement organisés, à qui la présence du roi eut suffi pour faire prendre les armes.

En arrivant auprès de Charles V, je lui demandai s'il avait écrit à Sarsfield : il me répondit que non. Je lui fis sentir de quelle importance il eut été de se mettre en rapport avec ce général, qui se trouvait à la tête d'un corps d'armée de 25,000 hommes, formant le cordon sur la frontière de Portugal. Il me demanda s'il en était encore temps, et sur ma réponse affirmative, il voulut savoir qui oserait porter cette lettre. — *Yo si no hay otro*, lui répondis-je, (*moi s'il n'y en a pas d'autres.*)

A cette offre, le roi répondit que l'ordre de me faire fusiller ayant été envoyé sur tous les points de la frontière, je m'exposais à une mort certaine. Sa majesté me remit alors une lettre pour ce général, dans laquelle il lui annonçait qu'il l'avait nommé commandant en chef de son armée d'opération, et son premier aide-de-camp, et lui signifiait en même temps qu'il eut à le faire reconnaître comme roi d'Espagne par les troupes qu'il avait sous ses ordres. Il m'en donna une seconde pour le général de Valladolid, dont j'ai déjà parlé; il lui donnait l'ordre de venir le rejoindre. Je pris congé de S. M. le 10 novembre, et je me rendis d'abord à Salva-Tierra, espérant y trouver un contrebandier pour me conduire à Salamanque, où l'on m'avait dit qu'était le général Sarsfield.

Je n'y trouvai pas le guide que je cherchais, et je me déterminai à partir seul pour Almeida. Ce parti pris me sauva la vie, car le lendemain de mon départ, les contrebandiers espagnols, qui se trouvaient dans cette ville frontière du Portugal, saisirent tous les réfugiés carlistes à Salva-Tierra, et les livrèrent au général Rodil. Pour prix de cette infâmie, ils obtinrent la permission de rentrer dans leur patrie, dont ils avaient été obligés de sortir pour se soustraire au supplice qui les y attendait.

A mon arrivée à Almeida, place forte située à trois lieues de Ciudad-Rodrigo, j'appris que Sarsfield avait quitté Salamanque pour se rendre à Madrid.

Le gouvernement de Christine voyant que l'insurrection des provinces du Nord était beaucoup plus sérieuse qu'elle ne lui avait paru dans le principe, résolut d'employer de grands moyens pour l'étouffer. Il s'agissait de trouver un général dont la réputation militaire offrît des garanties suffisantes aux troupes et à la nation. Le général Sarsfield était le seul qui remplît ces conditions. Mais depuis plusieurs jours, il avait reçu la nouvelle officielle de la mort de Ferdinand VII, et l'ordre de faire reconnaître sa fille comme reine d'Espagne par ses troupes. Cette reconnaissance n'avait pas encore eu lieu, et l'hésitation du général à obéir aux ordres de la reine régente, avait causé une vive anxiété au gouvernement ; le bruit avait même couru que Sarsfield s'était déclaré en faveur de Charles V. Si cette nouvelle eut été vraie, la détermination de ce général eut épargné bien du sang à l'Espagne ; Charles V eut été proclamé dans toute la Péninsule, et cette guerre de partisans, qui lui coûte tant d'hommes et tant d'efforts, était dès ce moment terminée. Il est hors de doute que si le message dont j'étais chargé lui fut parvenu à temps, Sarsfield n'eut pas hésité à prendre le parti que l'honneur lui prescrivait ; malheureusement, il n'en fut pas ainsi. Après avoir hésité entre son devoir et l'ordre de la reine Christine, il se décida à lui obéir. La reine s'empressa de lui envoyer l'ordre de diriger en toute hâte la plus grande partie de ses troupes sur Burgos et de se rendre en personne à Madrid. A son arrivée dans cette capitale, il reçut des mains de la Reine le grand cordon de Charles III et sa nomination à la vice-royauté de Navarre et au commandement en chef de toutes les troupes destinées à opérer contre les provinces du nord. Sarsfield partit quelques jours après pour Burgos, lieu du rendez-vous général ; mais la plupart des routes étant occupées par des volontaires royalistes, ce ne fut qu'après de nombreux détours qu'il parvint dans cette ville.

Entouré de tous côtés par les troupes carlistes, Sarsfield resta enfermé dans Burgos pendant plus de quinze jours. La crainte d'être enveloppé l'empêchait de sortir. Déjà les partisans de la reine, suspectant cette inaction, l'accusaient de trahison, lorsqu'enfin il parvint à opérer une sortie sur la route de Vittoria, à disperser les différens corps royalistes qui se trouvaient autour de Burgos, et qui n'opposèrent qu'une faible résistance : il avait fait son entrée dans Bibriesca et s'avançait sur Vittoria.

Cette mauvaise nouvelle ne me fit pas renoncer à ma mission, quoique j'eusse presque perdu l'espoir de réussir.

Je ne fus pas plus heureux à Almeida qu'à Salvatierra, personne n'osait m'accompagner ; tout le monde était effrayé des mesures violentes employées contre tous ceux qui favorisaient les agens de Charles V. Ce ne fut qu'à trente lieues de là, près d'Alcanices, que je rencontrai un guide. On vint me prévenir que ce guide était un libéral, et que je devais craindre d'être livré par lui au gouvernement espagnol ; mais fatigué des longs retards apportés dans une mission dont la célérité pouvait faire le succès : puisqu'enfin le ciel m'envoie un guide, répondis-je, je l'accepte, quelles que soient ses opinions.

Le lendemain, arrivé à la frontière où il devait venir me rejoindre, je jugeai prudent, lorsqu'il parut, de faire un appel à sa loyauté : « On m'a assuré, lui dis-je, que vous êtes un constitutionnel ;

» je ne vous demande pas compte de vos opinions, » parce qu'avant tout, je vous crois honnête homme; » mais je suis condamné à mort en Espagne, et de » plus, je n'ai pas de passeport. Voulez-vous m'ac- » compagner? » Sur sa réponse affirmative, je n'hésitai pas à entrer, en me confiant à sa foi.

Je n'eus pas lieu de m'en repentir; avant d'arriver à Valladolid, il fallait passer la rivière de la Tormès. Circonstance singulière! ce fut un carabinier (douanier et gendarme d'Espagne) qui, en l'absence du batelier, me fit traverser cette rivière, menant lui-même la barque; il ne songea pas même à me demander mon passeport.

Je rencontrai sur la route plusieurs chefs royalistes à qui je remis des ordres du roi et des proclamations adressées à l'armée. Le 16 novembre, j'arrivai à Valladolid.

Le général *** répondit par écrit au roi que sa mauvaise santé le mettait dans l'impossibilité de se conformer à ses ordres. J'appris en même temps que le général Sarsfield était déjà au-delà de Vittoria. Les nombreux corps de volontaires royalistes, commandés par Cuevillas, Berasteguy et le curé Merino s'étant dispersés à son approche.

Zumalacarreguy, qui, comme nous l'avons dit, était commandant général de la Navarre, avait proposé à ces généraux un plan de campagne excellent; mais il ne fut pas adopté. C'est à ce refus qu'il faut attribuer les progrès de Sarsfield, qui continua sa route sur Bilbao, où il entra plus tard sans coup férir. Il se dirigea ensuite sur Pampelune, où il parvint aussi à pénétrer; mais là se terminèrent ses opérations, comme on le verra dans la suite; le colonel Zumalacarreguy lui prouva qu'il avait alors à combattre un adversaire plus habile et plus redoutable.

Comme il était impossible de voyager sans passeport sur une route encombrée de soldats christinos, je fus obligé de renoncer à porter moi-même la lettre du roi au général Sarsfield. Je la lui envoyai par une personne de confiance. Je fus d'autant plus affecté de la dispersion des royalistes, que je devais espérer que s'ils n'avaient pas marché sur Madrid, ils auraient au moins cherché à se rapprocher du roi. Mais le défaut d'organisation et de plan arrêté, la désunion qui existait parmi les chefs, et les embarras d'une insurrection naissante, les empêchèrent sans doute d'opérer ce mouvement qui, cependant, aurait eu lieu, si le général de Valladolid avait pris le commandement de la Vieille-Castille, comme je lui en avais porté l'ordre. Ancien général, tous les autres chefs se fussent empressés de lui obéir, et le soulèvement eut été unanime dans cette province, la plus considérable de l'Espagne. Elle renfermait plus de trente-huit bataillons de volontaires royalistes, armés et équipés. C'est à cette indécision fatale du général *** qu'il faut attribuer la prolongation de la guerre civile.

Pendant mon séjour à Valladolid, plusieurs personnes vinrent m'annoncer que le capitaine-général Quesada, qui avait remplacé le duc Castro-Terreno, ayant appris que j'étais rentré en Espagne, avait mis ma tête à prix, et fait partir des détachemens de cavalerie et d'infanterie pour me traquer sur toutes les routes. Elles me supplièrent de retourner sans délai auprès du roi ; l'une d'elles s'engagea à lui porter la réponse de Sarsfield aussitôt qu'il l'aurait reçue. Je ne cédai qu'à regret; mais je me gardai bien d'annoncer à mon guide, déjà effrayé, ces mauvaises nouvelles. Je quittai Valladolid le 19 novembre à neuf heures du soir, et me dirigeai vers le Portugal.

Le 21, à dix heures du matin, j'étais près de Castro, village situé sur le bord de la Neva. Mon guide, dont l'avis était d'attendre la nuit pour passer la rivière, me proposa d'entrer, pendant cette journée, dans un couvent de Bernardins. J'appris plus tard que l'évêque de Léon, déguisé en moine, y était caché depuis plusieurs jours, et qu'il y attendait une occasion favorable pour passer en Portugal. J'insistai auprès de mon guide pour aller en avant, et nous passâmes l'eau une demi heure après. J'eus à me féliciter de cette résolution, car, quatre heures plus tard, chacune des trois barques était occupée par cinquante hommes de l'armée de Quesada.

Le couvent dont j'ai parlé n'était qu'à dix minutes de la rivière. Le commandant des trois détachemens alla se loger dans ce couvent ; il fut invité à diner avec les moines ; pendant le repas, l'évêque de Léon lui demanda à quel propos on prenait toutes ces précautions ; c'est afin, répondit le commandant, d'arrêter un colonel français, agent de don Carlos, qui est déjà venu plusieurs fois en Espagne, et qui doit s'y trouver dans ce moment ; mais il n'en sortira pas cette fois, ajouta-t-il, car nous avons l'ordre de le livrer mort ou vif au général Quesada.

A mon arrivée à la frontière, j'appris que le roi était à Miranda del Duero. Je m'empressai de m'y rendre pour lui faire connaître le résultat de ma mission. Je lui témoignai ma surprise de le trouver dans une ville ouverte et si proche de l'Espagne, lorsque toute la garnison ne se composait que de quarante vétérans, et la suite du roi d'environ soixante-dix officiers espagnols, non armés. J'étais d'avis que le roi devait se tenir à une certaine distance de la frontière pour ne pas attirer l'attention du gouvernement de Christine, et ne s'en rapprocher qu'au moment de faire son entrée dans son royaume.

J'appris alors que ce voyage avait été motivé sur l'annonce que douze cents hommes, sur le dévoûment desquels le roi pouvait compter, se réunissaient à Astorga, et que S. M. pouvait en toute sécurité s'y rendre. Le jeudi, 28 novembre, je reçus une lettre de Zamora, par laquelle on m'apprenait que Rodil était entré dans cette ville, et se proposait d'aller enlever le roi et la reine à Miranda; j'en fis part à Charles V, qui se décida enfin à quitter cette ville : son départ fut fixé au 1er décembre.

Il allait monter à cheval, lorsqu'il reçut l'avis que l'évêque de Léon venait d'entrer en Portugal. Il m'envoya le recevoir, et lui apprendre qu'il se rendait à Bragance. Je le rencontrai à Constantine. Notre joie fut grande de nous retrouver après une année de séparation, et je m'estimais heureux de revoir un ami, dont la présence auprès du roi pouvait être si utile pour la cause et exercer une si grande influence sur les événemens.

Quelques heures après notre départ de ce village, Rodil y arriva avec deux mille hommes. Il se rendait à Miranda où il entra dans la nuit; heureusement il était trop tard !...

Dans la soirée du lendemain, nous rejoignîmes le roi à Bragance. Il nous attendait pour se remettre en route, parce qu'une réunion de soldats christinos avait eu lieu sur la frontière, sous le commandement de San Juanela, pour faire, le jour suivant, son entrée à Bragance.

LL. MM. après les premiers momens donnés au

plaisir de revoir le vertueux évêque, ce respectable ami qui leur avait donné tant de preuves d'attachement, partirent de cette ville à pied et ne montèrent à cheval qu'à un quart de lieue sur la route. L'évêque de Léon était trop fatigué pour les accompagner; je ne voulus pas me séparer de lui, nous couchâmes à Bragance, lui au séminaire, et moi, avec nos équipages, dans une maison particulière.

Le lendemain, à sept heures du matin, comme j'allais prévenir l'évêque de Léon qu'il était temps de se mettre en route, je rencontrai près du séminaire l'avant-garde des christinos; je courus en donner avis à l'évêque, en l'engageant à quitter en toute hâte le séminaire, que les christinos ne manqueraient pas de fouiller. Les troupes ennemies, après avoir fait dans Bragance des recherches infructueuses pendant plusieurs heures, et désespérant de nous trouver, se consolèrent en s'emparant de nos chevaux et de nos équipages; elles emmenèrent prisonnier notre domestique, qu'elles fusillèrent sans doute à leur arrivée en Espagne.

Nous reçûmes après leur départ la visite des autorités de la ville, qui vinrent nous féliciter d'avoir échappé à un danger si imminent. Nous nous dirigeâmes vers Villaréal, et sur la route nous fûmes exposés pendant deux jours, au péril sans cesse renouvelé de tomber dans quelque parti de christinos. Nous rejoignîmes le roi dans cette ville, le 9 décembre.

Le roi, par un décret, en date du même jour, nomma l'évêque de Léon son ministre de la justice, et le chargea provisoirement de la signature des autres portefeuilles. Il me nomma, peu de temps après son secrétaire, et officier de la secrétairerie-d'état; je travaillai avec l'évêque de Léon jusqu'au 1er janvier, époque à laquelle le roi me chargea d'une nouvelle mission. Mais avant d'en faire connaître les détails, le lecteur me saura gré de l'instruire de la position du roi.

En France et dans les autres pays de l'Europe, la situation de Charles V, était mal comprise; on est depuis long-temps tellement habitué à voir les rois s'abandonner eux-mêmes, qu'ils n'est pas étonnant qu'on fût disposé à mal juger l'apparente inaction de Charles V. J'ai déjà raconté ses efforts constans pour effectuer son entrée dans ses états, et que, dès le lendemain même du jour où il apprit la mort de son frère, il avait, accompagné de la reine et de quelques domestiques, parcouru à cheval toute la frontière jusqu'à Bragance, s'exposant ainsi à être pris ou assassiné par les nombreux agens du parti de Christine. Charles V était déterminé à entrer en Espagne avec une force quelconque, et le gouvernement usurpateur, parfaitement instruit de ses projets, craignant le contact des troupes avec lui, fit retirer celles qui se trouvaient détachées sur la frontière du Portugal, et les concentra à plusieurs lieues de là. Toutes ces forces, sous les ordres de Morillo et de Rodil, formaient à peine un total de quinze mille hommes, pour garder les côtes des trois plus grandes provinces de l'Espagne, la Galice, la Vieille-Castille et l'Estramadure; elles étaient néanmoins plus que suffisantes pour empêcher le roi d'aller se réunir à ses fidèles provinces, éloignées de près de cent lieues, du point où il se trouvait.

Le roi ne pouvait disposer que d'environ cent cinquante officiers, que lui avaient amenés les généraux Moreno, Merino et Cuevillas, qui vinrent successivement le rejoindre à Villa-Real dans le courant du mois de décembre, et d'un bataillon qu'il forma avec les volontaires royalistes Galiciens et Castillans. Il aurait organisé d'autres bataillons s'il avait pu leur donner une solde si faible qu'elle fut, et pourvoir à leur équipement; mais le dénuement de la famille royale, depuis le séquestre de ses biens, était extrême (1): Elle se serait en vain adressée à don Miguel, qui ne se trouvait pas en position de la secourir. Le peu de numéraire qui existait encore en Portugal était caché. La Reine et son auguste sœur ne purent obte-

(1) Don Carlos, qui fut toujours cité pour son économie et sa fidélité à remplir ses engagemens, avait plus d'un million à Madrid, dans sa caisse, et se trouvait sans aucunes dettes lorsque le sequestre de ses biens fut ordonné; toute son argenterie fut aussi saisie.

nir que cent mille francs en échange de leurs diamans, et les croisières de don Pedro empêchaient l'arrivage des secours de l'étranger. Le Roi se vit donc obligé de s'adresser à don Miguel pour lui demander trois mille hommes, et ce prince, après quelques difficultés, promit de lui fournir les troupes qu'il demandait. Le Roi avec les trois mille Portugais promis et les huit cents Espagnols qu'il avait déjà organisés, pouvait, par une marche hardie et rapide, se rendre en Biscaye avant qu'une force ennemie suffisante pour l'arrêter, eut eu le temps de se réunir. D'ailleurs, le bon esprit des troupes, qui n'était comprimé que par la rigueur de la discipline et la mauvaise disposition de quelques chefs, faisait espérer qu'il y aurait de nombreuses désertions, dès que le roi se présenterait avec des forces respectables. La position des royalistes est aujourd'hui bien différente de ce qu'elle était alors : à cette époque, ils avaient à leur tête un roi timide et faible, qui reculait sans cesse devant la révolution, et se laissait arracher son pouvoir par lambeaux ; aujourd'hui leur espérance et leur avenir reposent sur un prince qui connait toute l'étendue de ses devoirs, et qui a pris la ferme résolution de les remplir. Charles V est soutenu, dans cette noble résolution qu'il accomplira avec toute la puissance d'une volonté ferme et d'un courage raisonné, par la justice de sa cause et la bonté de son droit, et par les sympathies de la nation espagnole, qui a placé dans le succès de ses armes son avenir et sa prospérité.

Les malheurs de l'Espagne ne seraient ni aussi longs, ni aussi déplorables, si les souverains de l'Europe eussent compris leurs devoirs aussi bien que Charles V a compris les siens. Ce prince a trop le sentiment de sa dignité, pour appeler au secours de sa cause l'appui des baïonnettes étrangères contre ses sujets égarés. Il lui eut suffi, pour que son succès fut rapide et général, que la révolte contre ses droits n'eut pas été consacrée, en quelque sorte, par la présence des ambassadeurs à Madrid.

Le roi n'attendait plus que l'arrivée du renfort portugais pour effectuer son entrée en Espagne. Le général Cuevillas, à la tête d'un corps d'élite, armé de lances, s'était déjà jeté dans la Vieille-Castille, le curé Merino devait l'y suivre de près; plusieurs de ses lieutenans l'avaient précédé, afin de rassembler ses soldats, qui n'attendaient que ses ordres pour se remettre en campagne.

Le roi, au moment de rentrer dans ses états, jugea à propos d'envoyer à tous les souverains des lettres autographes; elles étaient accompagnées d'un second envoi de sa protestation, le premier n'étant pas arrivé à sa destination. Ces lettres furent inspirées au roi par le sentiment de sa position. Sa majesté devait aux rois de l'Europe une notification officielle de son avènement au trône, et un exposé de la situation, où les prétentions de sa nièce et les progrès des idées révolutionnaires avaient placé son royaume. S. M. daigna me confier cette mission.

Je ne balançai pas à l'accepter, bien que les croisières de don Pedro et le mauvais état de la mer, au milieu de l'hiver, dussent la rendre fort périlleuse. Je pris congé de la famille royale le 1er janvier 1834, et le 5, je m'embarquai à Caminha, petit port de la province de Minho, sur un bâtiment de cinquante tonneaux, frêté par le comte de V***, aide-de-camp de don Miguel, et le baron de B***, officier supérieur français (1). Poursuivis par la croisière pédriste, nous eussions été atteints, sans une tempête horrible qui nous força de mettre à la cape pendant trente-deux heures. Notre situation était désespérée, et notre perte certaine, si le vent eut tenu plus long-temps, car nous ne pouvions plus lutter contre la fureur de la mer. Le chagrin du comte V*** était des plus touchans ; à peine âgé de 23 ans, époux et père et possesseur d'une brillante fortune, il lui était permis de redouter les périls d'un naufrage. M. le baron B*** montra pendant cette tempête un courage digne d'un Vendéen. Le désespoir était dans le cœur de

(1) M. Tassin de Messilly, chargé par le roi de négocier un emprunt, devait s'embarquer avec moi, mais une chute de cheval qu'il fit quelques jours avant notre départ, le mit dans l'impossibilité de faire ce voyage.

tout l'équipage; seul je me confiai dans la justice de Dieu, qui devait sa protection à une mission d'où pouvait dépendre le salut d'un peuple entier.

Mon pressentiment ne me trompait pas. Le ciel eut pitié de nous; les vents diminuèrent et la mer, devenue plus calme, nous permit de continuer notre route.

Le 10, nous débarquâmes à Falmouth; en entrant dans le port, notre capitaine voulait arborer le pavillon de dona Maria; nous nous y opposâmes et le pavillon portugais fut maintenu: ce fut la dernière fois que les couleurs de la légitimité portugaise se montrèrent dans un port d'Angleterre!.... Cet événement causa une telle sensation, que les fonds pédristes éprouvèrent à Londres une baisse considérable; on crût quelques instans à la Bourse que le blocus du Portugal avait cessé.

A mon arrivée en Angleterre, je reçus des nouvelles des provinces espagnoles qui avaient proclamé Charles V. J'appris avec joie que Zumalacarreguy y avait remporté des avantages signalés sur les troupes rebelles, que son nom seul épouvantait. Ce chef était parvenu à discipliner les guerillas, comme les meilleures troupes de ligne; en quelques mois, il avait usé les trois généraux les plus renommés du parti de Christine: Sarsfield, Valdès et Quesada.

Le fanfaron Quesada, transfuge des rangs de la légitimité, qui avait promis à la reine de terminer en quelques jours la guerre de Navarre, n'osait déjà plus tenir devant son redoutable adversaire, qui l'avait battu dans toutes les rencontres. Quesada faillit même tomber entre les mains de Zumalacarreguy, et ne dut son salut qu'à la bravoure de Léopold O'Donnel, qui, avec une compagnie de la garde, dont il était commandant, arrêta la marche de l'ennemi, et donna à son général le temps de s'échapper. Ce brave officier fut fait ensuite prisonnier avec toute sa compagnie.

Les lieutenans de S. M. en Biscaye avaient aussi remporté une victoire éclatante à Guernica. Ces nouvelles, que j'appris à Londres, me furent d'autant plus agréables, que nous n'en n'avions pas reçu du théâtre de la guerre depuis près de deux mois; je m'empressai de les faire parvenir au roi, en lui adressant le journal anglais qui en contenait les détails; par un heureux hasard, ces dépêches échappèrent à la vigilance du blocus.

La lecture des journaux, à laquelle j'étais demeuré étranger depuis si long-temps, me prouva qu'on jugeait mal de la prétendue inaction de Charles V, et que sa situation était mal comprise. Je m'empressai de détromper l'opinion publique, en rétablissant les faits.

Je déclarai en même temps apocryphes les proclamations que plusieurs journaux avaient publiées comme émanées de Charles V ou de son conseil. Le

Roi n'avait publié que deux proclamations, l'une, adressée à l'armée, promettait aux officiers et sous-officiers qui viendraient se réunir à lui ou aux différens chefs qui défendraient ses droits, le grade supérieur, et aux soldats une année de grâce, la haute solde et les autres avantages qui leur avaient été accordés par le réglement de 1820, et dont le ministre de la guerre Zambrano les avait privés. L'autre proclamation était adressée aux Espagnols; Charles V leur promettait une amnistie pour tous les délits politiques jusqu'à son avénement au trône. La prétendue proclamation attribuée à l'évêque de Léon, dans laquelle il est question du rétablissement de l'inquisition, n'est qu'une pièce apocryphe; un faux matériel, fabriqué dans les bureaux de la police de Christine.

De Paris, j'adressai par une voie sûre les dépêches du roi à plusieurs généraux espagnols et au président de la junte de Biscaye. Les lettres autographes pour les souverains furent remises avec les notes diplomatiques relatives à cette importante communication, aux agens accrédités auprès des puissances, et désignés par le Roi.

Nous devons déclarer, pour l'honneur des diplomates espagnols, que le plus grand nombre d'entre eux est resté attaché à la cause de don Carlos, en refusant de servir le gouvernement usurpateur. Mais nous citerons particulièrement parmi ceux qui se distinguèrent le plus par leur fidélité, le chevalier Alvares de Toledo, le marquis de Labrador, le comte de la Alcudia, les chevaliers de Vallego et de Los Rios.

Le chevalier Alvares de Toledo se trouvait en congé à Naples lorsqu'il apprit la mort de Ferdinand VII, il s'empressa d'envoyer au ministre des affaires étrangères de la reine Christine, la démission de tous ses grades et dignités, déclarant qu'il ne reconnaissait que Charles V pour roi d'Espagne. Sa majesté catholique, pour récompenser une si noble conduite, lui envoya le grand cordon de Charles III.

Le comte de la Alcudia, l'un de ces royalistes qui ne transigèrent jamais avec leurs principes, et le chevalier de Vallego reçurent la même récompense.

Quant au marquis de Labrador, c'est un de ces hommes dont tous les pays s'honoreraient, un de ces caractères empreints de toute la noblesse et de toute la loyauté castillanne· Chargé, en 1808, des pleins pouvoirs de Ferdinand VII, pour traiter avec l'empereur des Français, au sujet de sa renonciation à la couronne d'Espagne exigée par Napoléon, il résista avec courage aux séductions et aux menaces d'un homme à qui personne ne résistait alors en Europe, et sauva, par sa fermeté, sinon la couronne, du moins l'honneur de son maître; une captivité longue et dure fut la récompense de cette conduite héroïque.

Les souverains du Nord, trompés par la correspondance de M. Zea, qui avait pris l'engagement de comprimer l'élan révolutionnaire dont l'Espagne était menacée, allaient reconnaître le gouvernement usurpateur de ce pays, lorsque ce ministre tomba, et tout son système avec lui.

En vain M. Zea voulut lutter contre l'opinion publique en créant une opinion mixte, un juste-milieu espagnol, qui ne pourra jamais obtenir aucune chance de succès dans un pays où les haines comme les sympathies sont tranchées, puissantes et inaltérables, et ne se prêtent à aucune transaction. M. Zea ne put se soutenir parce qu'il n'avait pas pour appui le parti national. Ce fut en vain qu'il déclara aussi haut qu'il le put, dans son fameux manifeste publié lors de son entrée au ministère, qu'il s'opposerait à toute innovation dangereuse, et qu'il promit de conserver intactes les lois fondamentales du royaume, il lui fut impossible de tenir ses promesses. D'ailleurs, comment pouvait-il prendre un tel engagement dans le moment où il travaillait à la destruction d'une loi, à laquelle le peuple espagnol attache les garanties de son bonheur et de sa prospérité. On vit bien qu'il était aveuglé par la haine qu'il portait à l'un des princes les plus vertueux de l'Europe. Cette haine était déjà ancienne; en 1824, il prouva jusqu'où elle pouvait aller. Le peuple voulait en faire justice, et il en eut été victime ainsi que le général Crux, son collègue, sans la générosité de ceux qu'il avait persécutés. Il fut trop heureux d'aller se faire oublier, en qualité de ministre, dans une petite cour d'Allemagne.

La note diplomatique que M. Zea adressa aux envoyés près des cours étrangères après la mort de Ferdinand VII, démontre assez son ignorance de la situation de l'Espagne et du caractère des Espagnols; ceux qui connaissaient M. Zea n'en furent pas étonnés. on savait que ce ministre qui avait toujours été absent de son pays depuis la guerre de l'Indépendance, n'y était rentré que fort peu au courant des affaires, et de la position des partis.

Les persécutions qu'il exerça contre ce qu'il y avait de plus honorable en Espagne, prouvèrent que le temps ne l'avait pas changé; ses amis prétendent qu'elles lui furent imposées; tous les gens sages pensèrent que s'il n'avait pas eu le courage de les empêcher, il aurait dû avoir la loyauté de se retirer : sa chute ministérielle fut décidée dès que les chefs du parti constitutionnel furent assez forts pour se passer de lui.

Son successeur fut M. Martinez de la Rosa, auteur dramatique fort spirituel, mais homme d'état assez médiocre; il avait déjà été ministre du temps des cortès (1).

(1) Ses collègues furent Nicolas-Maria Garreli, Joseph Vazquez-Fi-

Les premiers actes de son ministère furent le rappel des députés des cortès qui avaient voté la déchéance de Ferdinand VII, et la création de la milice urbaine. Cette milice fut composée des Espagnols qui avaient donné des garanties au gouvernement constitutionnel; les armes enlevées par son prédécesseur aux volontaires royaux, furent délivrées aux *Urbanos*.

M. Martinez de la Rosa, admirateur passionné de la forme du gouvernement français, voulut la transplanter en Espagne, sans calculer que les besoins et les mœurs de son pays n'étaient pas les mêmes qu'en France. C'est par son influence que la reine publia, le 10 avril 1834, le *statut royal*. Il crut que cette concession arrêterait les exigences de son parti.

Il appela aux premiers emplois de l'administration civile et militaire un grand nombre de ses amis qui avaient été ses compagnons d'exil. C'est entouré de tels hommes, et vivement harcelé par des chambres souvent factieuses, qu'il a cru pouvoir continuer le système de M. Zea.

gueros, Joseph Imaz, Zarco-del-Valle, et Xavier Burgos. Ces deux derniers ministres survécurent au ministère Zea; M. Burgos fut quelque temps après obligé de céder sa place à M. Moscoso de Altamira. La chambre des pairs le repoussa plus tard de son sein pour avoir sacrifié, dans une mission de finances, les intérêts du gouvernement à ses intérêts particuliers.

Les massacres de Madrid et de Sarragosse, les mouvemens révolutionnaires de Séville, de Malaga et de plusieurs autres points du royaume, ont dû lui prouver qu'il lui sera impossible d'atteindre le but qu'il se propose, et qu'il se verra bientôt forcé de céder sa place aux San Miguel ou aux Galiano (1).

Une fois ce premier pas fait, une constitution demi-républicaine placera la couronne sur la tête de l'infant don François-de-Paule, ou la république sera proclamée. Les révolutionnaires auraient déjà obtenu ce résultat, si don Carlos avait été vaincu; alors la chute d'Isabelle aurait suivi de près sa défaite.

(1) Le renvoi de M. Martinez de la Rosa ne s'est pas fait attendre. Pendant l'impression de cet ouvrage, on a reçu à Paris la nouvelle de son remplacement à la présidence du conseil et au ministère des affaires étrangères, par le comte Toreno. Le décret de la reine est daté d'Aranjuez, le 7 juin.

II.

Retour en Portugal. — Détention à Vigo. — Situation des affaires de Charles V

Ma mission terminée, j'allai à Portsmouth, où je pris passage pour le Portugal sur le cutter *Express-packet*, dont le chargement consistait en armes, munitions et objets d'équipement militaire; n'ayant pas trouvé de place dans la cabine, je fus obligé de me réfugier dans le magasin, et de disposer mon lit entre deux barils de poudre. Nous mîmes à la voile le 12 mars.

Je crois utile de rendre compte des épisodes de ce voyage, pour prouver avec quelle déloyauté était faite la police maritime des côtes du Portugal, et de quelle manière le gouvernement pédriste respectait le droit des gens.

Nous allions dépasser les côtes d'Espagne et atteindre celles du Portugal, lorsqu'un brick de guerre espagnol nous captura et nous conduisit prisonniers à Vigo, sous prétexte que notre chargement était destiné à Charles V.

Les deux bâtimens furent remorqués par un bateau à vapeur pédriste qui arriva presque en même temps que le brick espagnol. Je réclamai ma liberté, attendu que le passeport qu'on m'avait donné en Angleterre sous un nom supposé, avait été visé par l'ambassadeur pédriste à Londres, qu'il était en règle et que j'étais porté sur le registre du capitaine comme passager allant à Lisbonne pour affaires de commerce. Mes réclamations furent inutiles, on me garda prisonnier à bord, ainsi qu'un autre passager anglais qui était dans le même cas que moi, avec défense de communiquer avec qui que ce fût, même avec nos consuls respectifs. On mit dans notre bâtiment une garde nombreuse ayant ses armes chargées, et l'ordre de tirer sur nous à la moindre tentative d'évasion. Notre bâtiment était sous le feu des batteries du brick qui nous avait capturés et de celles des forts de la ville.

Le gouverneur de Vigo vint le lendemain, accompagné de toutes les autorités de la ville, faire l'inventaire de notre bâtiment. On fit les recherches les plus minutieuses pour découvrir quelque document qui pût faire connaître qui nous étions et à qui étaient destinées les armes que renfermait notre bâtiment, mais ce fut sans résultat, car nous avions tout détruit. Nous avions jeté à la mer une caisse contenant plus de six cents lettres, un grand nombre d'uniformes, brevets, boutons avec le chiffre de Charles V, en un mot tout ce qui pouvait nous compromettre; nous avions mis nous-mêmes tous ces objets dans un grand sac, auquel nous avions attaché un morceau de plomb pesant plus de quarante livres; j'avais eu même la précaution d'enlever la marque de mon linge. On procéda ensuite à l'ouverture de plusieurs caisses qui renfermaient un grand nombre de brochures, entre autres un petit écrit que je publiai en 1833 sous le titre de : *La vérité sur les évènemens qui ont eu lieu en Espagne depuis la maladie du roi à Saint-Ildephonse.* Comme ces messieurs n'entendaient pas le français, je réclamai l'honneur de leur traduire plusieurs passages, et je choisis ceux où se trouvaient des éloges de Charles V. Plusieurs d'entre eux attribuèrent cet opuscule à quelque carliste qui l'aurait envoyé en France pour le faire traduire, personne ne se douta que le coupable était l'interprète. Je leur lus aussi la noble protestation de S. M. Charles V et leur fis observer les beaux sentimens que renfermait la lettre qui l'accompagnait. Ils ne purent s'empêcher de convenir que le roi était un homme consciencieux.

Le capitaine de notre bâtiment déclara que les caisses de son chargement qui ne portaient pas de marques, lui avaient été remises à Porstmouth, à la destination pour Gibraltar.

Il est inutile de remarquer que je fis au général des représentations énergiques contre la détention arbitraire dont j'étais l'objet: je le rendis responsable des préjudices qu'elle devait causer à mon commerce. Je lui fis observer que mon passeport était en règle, et que lorsqu'on prenait passage à bord d'un bâtiment, on n'était pas tenu d'en vérifier le chargement; que d'ailleurs nous avions été arrêtés en pleine mer, qu'ainsi notre arrestation était illégale et contre le droit des gens.

Après avoir interrogé tous les hommes de l'équipage et visité leurs effets, ils emmenèrent trois d'entre eux, sous prétexte qu'ils les soupçonnaient d'être des officiers espagnols, et les enfermèrent dans les cachots de la citadelle.

La conduite du général espagnol à l'égard de ces trois malheureux me parut si barbare que je m'en plaignis vivement dans une de mes lettres à un de mes correspondans de Londres qui était dans mon secret; cette lettre qui, d'après l'ordre que nous en avions reçu, fut remise ouverte à ce général, fut traduite en espagnol pour être jointe, comme renseignement, au procès-verbal de la prise de notre bâtiment. Les leçons sévères qu'elle renfermait furent généralement approuvées par toutes les personnes qui en prirent connaissance, et contribuèrent à adoucir les mesures de rigueur employées contre nous.

Huit jours après notre arrivée dans la baie de Vigo, le bateau à vapeur qui reconduisait à Londres lord Russell, ex-ministre plénipotentiaire britannique à Lisbonne, vint jeter l'ancre à deux cents brasses de nous. J'écrivis à Sa Grâce pour lui faire part de ma position et la prier de me recevoir à son bord, je lui déclinai en même temps mon nom. Aussitôt qu'il sut qui j'étais, il me fit dire qu'il serait enchanté de m'être agréable, et qu'il m'écrirait le lendemain pour me dire de quelle manière je pourrais me rendre auprès de lui : il eut bien vite oublié sa promesse, et partit sans penser à moi. J'ai su depuis qu'il avait eu peur de la police espagnole, qui alla faire la visite de son bâtiment au moment de son départ.

Je ne fus pas plus heureux dans la démarche que je fis auprès du capitaine Lockyer, commandant la frégate anglaise *le Stag*; ce fut ce même bâtiment qui conduisit plus tard don Miguel à Gênes. Ainsi, ces deux Anglais sacrifièrent à la peur un acte de générosité qui pouvait me sauver la vie : ils n'étaient pas si difficiles lorsqu'il s'agissait de donner asile aux pédristes fuyant ce qu'ils appelaient les *persécutions du monstre don Miguel.*

Ce double refus ne me fit pas perdre courage, j'attendis une autre occasion, bien décidé à ne pas la laisser échapper. Vingt-cinq jours s'étaient déjà écoulés et aucun bâtiment n'arrivait. Je continuai à écrire à mon consul pour l'engager à sommer le général de faire cesser ma détention arbitraire et de me diriger vers le lieu de ma destination; je menaçai en même temps le consul, dans le cas où il me refuserait la protection à laquelle j'avais droit, d'en instruire le gouvernement français et les chambres. Je n'en reçus aucune réponse; mais cela ne doit pas étonner, car, depuis la mort du consul français, c'était un Espagnol qui en remplissait les fonctions.

Alors, je m'adressai au général, et lui fis sentir combien sa conduite à mon égard était contraire au droit des gens; que je ne doutais pas que mon gouvernement n'en demandât satisfaction à celui d'Espagne, qui s'empresserait de le destituer en déclarant qu'il avait agi sans ordres.

Le général eut peur; il me permit ainsi qu'au passager anglais, de débarquer, nous assignant la ville pour prison, sous la garantie de nos consuls. Il continua à donner avis au général Morillo que nous étions au secret à bord de notre bâtiment, conformément aux ordres qu'il en avait reçus : on voulait à toute force savoir qui nous étions, et pour cela on attendait de nouveaux renseignemens de Madrid.

Pour moi, j'étais bien décidé à ne pas les attendre; je m'empressai donc de chercher un guide qui me conduisit jusqu'à la frontière de Portugal, distante de dix lieues. Mais cette recherche offrit de nombreuses difficultés dans une ville dont la population était en général très mauvaise, et où je ne connaissais personne. Enfin j'en découvris un qui, moyennant quelques onces d'or, consentit à nous accompagner.

Il fut convenu que nous partirions le lendemain 17 avril, à huit heures du soir. Nous donnâmes le même jour à dîner aux autorités de la ville, et, afin de mieux cacher nos projets, nous ne quittâmes nos convives qu'à sept heures. Le passager anglais se dirigea, avec un de nos guides, vers le lieu du rendez-vous général, où devaient se trouver des chevaux. Quant à moi, j'allais à bord de *l'Express-Packet* chercher mes porte-manteaux et mes autres effets, qui consistaient en selles militaires et armes. Je les y avais laissés, parce qu'en les introduisant dans la ville, je n'aurais pu les en faire sortir sans attirer l'attention de la police.

Je me rendis ensuite au point du rivage où devait se trouver mon guide; je l'attendis en vain près de deux heures; mon inquiétude était extrême; je craignais que notre projet n'eut été découvert. Et malgré la distance où j'étais de Vigo, je me décidai à y retourner ; cette démarche indispensable faillit causer ma perte. Mon compagnon d'infortune avait par son imprudence donné à la police des soupçons sur notre projet de fuite ; c'est ce que la femme du guide m'apprit à la hâte, en m'assurant en même temps que son mari était depuis long-temps parti avec mon compagnon de voyage. Pendant que je causais avec elle, l'alcade, suivi de plusieurs alguazils, se présenta, je n'eus que le temps de m'esquiver par une porte de derrière, et de me rendre précipitamment à l'endroit où m'attendait la chaloupe.

J'y pris un porte-manteau avec mes armes, et j'abandonnai tout le reste, ne pensant plus qu'à courir au lieu du rendez-vous. L'embarras était de le trouver. Je me rappelai heureusement que c'était le *Campo de Grenada*. Je m'y fis conduire par un jeune homme que je rencontrai par hasard, et qui, pour une forte récompense, consentit à m'y accompagner.

Après une demi-heure de marche à travers des chemins impraticables, je rencontrai enfin mon compagnon de voyage, qui était au rendez-vous depuis huit heures, il en était onze. Nous montâmes à cheval, et nous étions le lendemain matin à huit heures près du Minho, qui sépare les deux frontières. Le batelier, prévenu à l'avance, nous attendait. En un instant nous fûmes sur la rive gauche et sur les terres de Portugal. J'ai su depuis que ce pauvre batelier avait été arrêté et fusillé.

De nouveaux dangers nous étaient réservés en Portugal. Nous fîmes quatre-vingts lieues à travers des provinces qui étaient déjà occupées par les troupes pédristes, et nous fûmes obligés de rentrer une fois en Espagne, pour éviter les colonnes de don Pedro.

En effet, une expédition composée d'environ sept cents marins, commandés par l'amiral Napier, était débarquée sans résistance quinze jours auparavant dans les ports de Caninha et de Viana. La plus grande partie de la garnison de ces deux places passa aux pédristes; le reste se dirigea vers Braga, capitale de la province de Minho, l'expédition pédriste l'y suivit. Ce mouvement avait été combiné avec celui d'une division commandée par le duc de Terceire (Villaflor) qui était sorti de Porto pour attaquer l'armée miguéliste dans ses lignes de Santo-Tyrso. Le comte d'Almer n'était plus à la tête de ce corps d'armée dont il avait gagné la confiance pendant les neuf mois qu'il l'avait commandé, et qui avait battu l'ennemi toutes les fois qu'il avait franchi ses remparts. On l'avait envoyé dans l'Alentejo où ses services étaient beaucoup moins utiles. Son successeur, le général Remundo, gouverneur de Braga, prit la fuite à l'approche de l'ennemi. Le brigadier

Cardosa prit alors le commandement, et après un combat meurtrier, opéra sa retraite sur Vizeu, abandonnant ainsi les trois plus belles provinces du Portugal à l'ennemi. Le duc de Terceire s'empressa de remplacer toutes les autorités miguélistes et de faire proclamer dona Maria. Rodil, qui avait fait son entrée en Portugal du côté de Almeida, suivait le mouvement de Terceire.

Ainsi pendant près de huit jours nous voyageâmes entre les troupes du duc de Terceire et celles de Rodil; quant à celles de don Miguel, elles étaient dans une désorganisation complète ; nous rencontrions sur toute la route des débris des garnisons d'Almeida et des autres places fortes qui avaient ouvert leurs portes aux pédristes.

Nous rencontrâmes près de Vizeu la division du général miguéliste Cardosa ; ses troupes étaient démoralisées et marchaient dans le plus grand désordre. Ce triste résultat ne surprendra personne lorsqu'on saura que ce général était un homme sans capacité militaire, et qui n'inspirait aucune confiance à ses soldats ; nous entendîmes plusieurs fois les officiers dire hautement que le général Almer seul pouvait réparer ces désastres, et que son renvoi avait été l'effet d'une trahison.

J'eus l'occasion de voir dans ce corps d'armée le jeune Martin de Puiseux, officier du plus grand mérite, qui avait reçu à Santo-Thyrso, en travers de la figure, une blessure fort honorable. Il commandait un régiment de cavalerie dont il ne restait que deux escadrons. Le tableau qu'il me fit de l'état de l'armée miguéliste n'était guère consolant. Ce brave officier fut blessé mortellement peu de temps après, atteint de plusieurs balles, dans le dernier combat que livra la ligitimité à l'usurpation. Il y commandait en qualité de brigadier toute la cavalerie; et fit des prodiges de valeur; voyant que la victoire lui échappait, il ne voulut pas survivre aux désastres de cette malheureuse armée, et s'ensevélit avec elle. Cette perte fut vivement sentie par tous ceux qui l'avaient connu.

Nous n'avions de tous côtés que le spectacle de la désolation. Les habitans nous disaient les larmes aux yeux: « Nous sommes tous perdus, notre bon » roi a été vendu par les traîtres qui l'entourent; » notre pays est envahi par les hordes étrangères; » nous cédons à la force, mais nos cœurs sont tou» jours à don Miguel. » Nous ne pouvions entendre sans attendrissement ces tristes lamentations.

Nous eûmes beaucoup de peine à connaître le lieu de retraite de la famille royale d'Espagne; cependant, après quinze jours de marche, nous la rencontrâmes à Zumusca, petite ville située sur le Tage, entre Abrantès et Santarem.

Le Roi eut la bonté de me faire connaître les motifs qui l'avaient empêché d'effectuer son entrée en

Espagne. Don Miguel avait été dans l'impossibilité de lui envoyer les troupes qu'il lui avait promises, et les nouveaux désastres de son armée, qui défendait avec peine les provinces de Tras-os-Montes et du Minho, l'avaient forcé à s'interner.

Le roi se retira d'abord à Lamégo ; mais les progrès de l'armée pédriste et le mouvement de Rodil l'obligèrent à se rendre à Vizeu, capitale de la province de la Beira basse. Quelques jours après son arrivée dans cette ville, il fut rejoint par une douzaine d'officiers espagnols que j'avais laissés à Plymouth, prêts à s'embarquer pour le Portugal. Plus heureux que le nôtre, leur bâtiment, qui au reste n'avait point de chargement suspect, arriva à Viana la veille de l'entrée de l'amiral Napier dans ce port; parmi eux se trouvaient trois officiers qui venaient des provinces du nord de l'Espagne ; les détails qu'ils donnèrent sur les succès de Zumalacarregui remplirent de joie la famille royale, qui n'avait pas encore reçu des nouvelles directes de ce pays. Le roi avait envoyé plusieurs personnes dans les provinces du nord, mais aucune n'avait pu parvenir jusqu'à Zumalacarregui. La police de Christine déployait une grande rigueur; plusieurs agens dévoués furent arrêtés ou obligés de rentrer en Portugal. Les mêmes obstacles existaient sur les frontières des provinces insurgées ; ce qui empêcha aussi les personnes envoyées par Zumalacarregui d'arriver jusqu'au Roi.

Plusieurs de ses affidés furent fusillés sur la frontière de Portugal. La junte de Navarre avait envoyé auprès du roi, don Crisostomo Vidaondo, un de ses membres, qui alla s'embarquer à Bordeaux, et qui ne put pas trouver le moyen d'échapper au blocus.

S. M. s'empressa d'envoyer à Zumalacarreguy sa nomination à la vice-royauté de Navarre, avec le grade de maréchal-de-camp ; elle confirma dans les commandemens des autres provinces, les généraux qui y avaient été appelés par le choix de leurs concitoyens ; il leur envoya des pouvoirs très-étendus, ainsi qu'aux différentes juntes, dont les membres furent confirmés. Un grade supérieur fut aussi accordé à tous les chefs ; un des officiers nouvellement arrivés fut chargé de porter ces dépêches ; il partit de Vizeu au commencement d'avril, et arriva heureusement à sa destination.

S. M., voulant se rapprocher de la frontière d'Espagne, afin de pouvoir communiquer plus facilement avec les provinces insurgées, partit pour la Guarda, ville forte de la Beira haute, située à huit lieues de la frontière.

Le roi, désespéré de l'état d'inaction forcée où le réduisait le manque total de troupes et d'argent, cherchait tous les moyens de pouvoir passer promptement en Espagne pour se mettre à la tête de tant de fidèles sujets, qui soutenaient si glorieusement ses droits dans la Navarre, la Biscaye, l'Alava et le Guipuscoa; il suivit, dans l'état d'exaltation où il était, un conseil qui faillit le perdre.

Deux des généraux, qui étaient venus rejoindre S. M. quelque temps après mon départ pour Londres, lui conseillèrent de se présenter aux avant-postes de l'armée de Rodil, persuadés qu'ils étaient que la vue du roi suffirait pour décider les troupes à passer sous ses étendards, conseil d'autant plus imprudent que Rodil avait déjà, comme nous l'avons dit plus haut, refusé obstinément d'obéir aux ordres du roi.

Charles V était loin de partager leur illusion, mais voulant leur prouver qu'il ne craignait pas d'exposer sa vie pour le service de sa cause, il se rendit à leurs désirs, et désigna lui-même cinquante officiers les mieux montés, pour l'accompagner à un petit village qui n'était qu'à un quart de lieue des avant-postes de Rodil. La famille royale resta à Guarda, attendant avec la plus vive inquiétude le résultat de cette périlleuse expédition.

La vue du roi produisit un mouvement d'hésitation parmi les troupes, mais Rodil s'en étant aperçu fit faire un mouvement à deux escadrons de sa cavalerie pour envelopper l'escorte du roi. S. M. se retira à Almeida, ville fortifiée ayant garnison miguéliste, qui n'était qu'à une lieue de là. Rodil suivit son mouvement, investit la ville, et somma le gouverneur de lui en ouvrir les portes. Celui-ci lui répondit par quelques coups de canon, qui mirent en désordre un escadron de cavalerie. Le roi consulta alors ses officiers d'artillerie sur la question de savoir si la place était en état de défense; ceux-ci répondirent qu'elle ne pourrait pas tenir pendant trois heures en cas d'attaque. D'ailleurs l'esprit de la garnison n'inspirait aucune confiance : le jour suivant, elle proclama dona Maria. Le roi se vit donc forcé d'ordonner la retraite, qui se fit par un point que l'ennemi n'avait pas eu la précaution d'occuper. Le roi alla rejoindre la famille royale à Guarda; il faillit, durant ce trajet de huit lieues, tomber dans une embuscade. Le chemin que lui avaient indiqué ses guides, était déjà au pouvoir d'un détachement ennemi, mais par une de ces inspirations qui lui sauvèrent plusieurs fois la vie dans ses courses, il prit un chemin de traverse, contre l'avis de ses guides, et c'est à cette détermination qu'il dut son salut. Rodil le suivit de près. Le roi, vivement harcelé par ce général, fut forcé d'abandonner cette ville, qui n'offrait plus de sûreté à sa famille, il se rendit à Zamusca.

C'est pendant cette retraite que Rodil s'empara de la plus grande partie des équipages de la famille royale et de ceux de sa suite; ils étaient accompagnés par quatorze domestiques sans armes qui furent tous fusillés.

Ainsi, cette expédition, qui pensa coûter la vie

au roi, n'eut pour résultat que la perte de tout ce que possédait alors la famille royale, qui fut réduite au dénuement le plus complet; à tel point qu'elle se vit privée des objets les plus indispensables, n'ayant pas même de linge pour changer. La reine me dit avec sa gaîté ordinaire et sa résignation angélique : *Il ne me reste absolument que ce que j'ai sur le corps.*

III.

—

Evénemens qui eurent lieu en Portugal jusques à la capitulation d'Evora.

—

Je rendis compte au roi de ma mission et lui fis un tableau fidèle de la situation des provinces qui avaient reconnu son autorité, je lui appris les résultats qu'avaient déjà obtenus ses lieutenans; résultats qui auraient été beaucoup plus grands s'ils eussent été dirigés par un même chef.

Les succès de Zumalacarreguy avaient fixé sur lui les regards de l'Europe; ce soldat intrépide s'annonçait dès sa première campagne comme l'homme de guerre le plus étonnant de l'époque; joignant à la bravoure et aux connaissances militaires d'un grand capitaine, le génie d'un habile tacticien; tout à la fois général et administrateur, il créait les ressources avec lesquelles il triomphait de l'ennemi partout où il le rencontrait. Ces éminentes qualités n'avaient pas échappé à Charles V, et pour satisfaire aux vœux de ces fidèles provinces, il confia le commandement général de ses troupes à cet excellent officier. Cette réunion de tous les pouvoirs dans les mains d'un homme si habile, devait mettre dans les opérations de l'armée royale, un ensemble qui avait manqué jusqu'alors. L'impulsion donnée par un même chef ne pouvoit qu'amener d'heureux résultats, et les rivalités devaient disparaître devant la volonté royale, à laquelle chacun s'empresserait d'obéir. Sa majesté sentit la nécessité de centraliser l'action de son administration, elle nomma une junte générale, dont le marquis de Valdespina devait être le président, et dans laquelle entraient tous les présidens des autres juntes, afin de régulariser l'administration civile; et peu de temps après, il envoya à Zumalacarreguy sa nomination de commandant en chef de toutes les forces dans les quatre provinces où son autorité était reconnue (1); l'autorisant, par un autre décret, à organiser une junte centrale. Ces dépê-

(1) C'est ici le moment de faire connaître, par des détails authentiques la carrière militaire de Zumalacarreguy; nous nous sommes bornés aux seuls faits qui se rattachent à ses services sous le règne de Ferdinand VII; les hauts faits de sa vie depuis l'avènement au trône

ches, ainsi que plusieurs autres non moins importantes, furent confiées à un jeune diplomate portugais, qui partit quinze jours avant nous d'Evora, et qui fut assez malheureux pour ne pouvoir arriver en Angleterre que quinze jours après nous; elles ne purent ainsi parvenir à leur destination.

de Charles V. sont assez connus de l'Europe, et occuperont d'ailleurs une assez grande place dans ces Mémoires.

Don Thomas Zumalacarreguy naquit à Ormaistegui, province de Guipuscoa, le 29 décembre 1788. Il entra au service comme *Cadet*, à l'époque de la guerre de l'indépendance en 1808, et parvint bientôt au grade de capitaine. En 1815, on lui donna le commandement d'une des compagnies du régiment d'infanterie de Bourbon, et en 1818, ce régiment ayant été licencié, Zumalacarreguy fut d'abord placé dans le régiment de Vittoria, et peu après dans celui des ordres militaires. Lorsqu'on proclama la constitution, en 1820, cet officier fut dénoncé par ses camarades et par ses chefs, à cause de ses opinions monarchiques et de ses répugnances pour les idées révolutionnaires; la haine que lui vouèrent les constitutionnels alla jusqu'à déclarer qu'on ne servirait pas dans les mêmes rangs que lui, et des pétitions furent adressées au général commandant la division, pour demander sa radiation des contrôles de l'armée : le général eut la faiblesse d'accorder provisoirement, en attendant les ordres du gouvernement. Ces ordres n'arrivèrent pas, on reconnut l'injustice d'une pareille exigence, et l'ordre fut donné au général de remettre immédiatement le capitaine Zumalacarreguy en jouissance de son grade.

Son régiment fut envoyé en garnison à Ciudad-Rodrigo, en mai 1822, et de là en Navarre, où l'on avait tenté contre la constitution cette première insurrection, qui resta sans effet, quoique quelques bandes royalistes se fussent déjà montrées avec courage. Le régi-

Je confirmai Charles V dans l'opinion qu'il avait déjà que les autres souverains ne le reconnaîtraient que lorsqu'il serait rentré en Espagne. S. M. daigna alors me faire connaître que, depuis son arrivée à Zamusca, elle avait fait en vain de nouvelles instances auprès de son neveu, don Miguel, pour obtenir des troupes qu'il lui avait promises, mais que, privé

ment resta à Pampelune jusqu'au mois de juin, époque du second soulèvement, qui eut des résultats plus heureux que celui de Navarre. Peu de jours après son arrivée, Zumalacarreguy reçut l'ordre de se rendre à Vittoria, où était le capitaine général. Il partit, laissant sa femme et un jeune enfant; à peine était-il arrivé au village d'Huarte-Araquil, qu'il rencontra un parti de gens armés, se qualifiant de bande royaliste. Zumalacarreguy, pour les éviter, se retira dans une maison, où ils vinrent bientôt le chercher; il se livra sans opposer de résistance. Les chefs de cette bande étaient des brigands échappés depuis peu des prisons de Pampelune, où ils allaient être jugés comme assassins d'une dame de Tolosa. Quoiqu'ils connussent parfaitement les opinions de Zumalacarreguy et de deux officiers, ses compagnons, que les mêmes ordres appelaient à Vittoria, ces brigands les dépouillèrent de tout ce qu'ils possédaient, et les retinrent quinze jours prisonniers dans les montagnes d'Analar, les menaçant à chaque instant de les fusiller sans pitié. Quesada, alors commandant royaliste de la Navarre, ayant appris les violences exercées contre ces trois officiers, marcha immédiatement avec sa division vers la vallée de Roncal, délivra les prisonniers : les brigands avaient pris la fuite à son arrivée, et l'on ne put découvrir leur retraite. Quesada traita Zumalacarreguy avec les plus grands égards, et voyant qu'il était blessé et exténué de fatigue, il l'envoya prendre quelque repos à Pampelune. Il profita de son séjour dans cette ville pour déterminer plusieurs officiers qui partageaient ses opinions, à se réunir aux troupes royalistes armées contre la constitution, et le 22 août, accompagné de deux autres offide ce secours, il lui était impossible d'entrer en Espagne par terre, n'ayant pas auprès de lui mille Espagnols. C'était à peine si sa petite armée s'élevait à ce nombre, y compris même les officiers des divers corps qui étaient venus le rejoindre, encore la plupart manquaient-ils d'armes et de chevaux. Dans ce cas, lui répliquai-je, il faut songer à s'em-

ciers, il se présenta à Quesada, qui lui donna le commandement de deux bataillons de sa division. Il resta dans ce poste jusqu'en 1824, époque du licenciement.

A la dissolution de la division de la Navarre, le marquis de Laran, vice-roi de Pampelune, *ad interim*, ayant ordonné de former un bataillon, sous le nom de *Provisional*, où devaient être incorporés les volontaires qui témoigneraient le désir de continuer le service, Zumalacarreguy fut chargé de l'organisation de ce corps, et d'en prendre le commandement; en septembre et octobre 1824, il avait rejoint l'armée avec ce second régiment d'infanterie légère, composé des volontaires d'Aragon. Les chefs ayant été nommés par le roi, Zumalacarreguy n'en fit pas partie, et fut renvoyé à Pampelune en congé illimité; il y reçut son brevet royal de lieutenant-colonel effectif, avec le grade de colonel, prenant rang d'ancienneté au 22 août 1822, jour où il avait rejoint l'armée de Navarre.

Le marquis de Laran le nomma membre de la commission militaire de Pampelune, et à la fin de 1825, le roi lui envoya le brevet de lieutenant-colonel du régiment des volontaires du roi, n° 1er, alors en garnison à Huesca. Ce régiment n'ayant pas de colonel, il en remplit les fonctions pendant quatorze mois. Il passa de ce poste au commandement du régiment du *Prince*, 3e de ligne, avec les mêmes fonctions et le même grade, jusqu'en avril ou mai 1829, époque à laquelle il fut promu au grade de colonel en activité du 3e léger, volontaires de Girona; il y resta jusqu'en juin 1831, et passa de là au commandement du régiment d'Estramadure, 14e de ligne. Le 20 octobre barquer le plus promptement possible, car si V. M. attend encore, elle tombera infailliblement, ainsi que toute sa famille, au pouvoir de Rodil, qui n'est qu'à six lieues d'ici.

La reine, qui se trouvait présente, se récria avec dignité contre cette proposition. « Jamais, dit-elle,

1832, Llander, inspecteur d'infanterie, le fit arrêter en l'accusant d'être l'ennemi du gouvernement, que pendant sa maladie, le roi Ferdinand avait confié à la reine Christine. Offensé de cette accusation contre laquelle il ne lui fut pas difficile de se défendre, il demanda à être envoyé en congé illimité à Pampelune, où habitait sa famille, trois fois il renouvela sa demande, et trois fois elle lui fut refusée; ce ne fut qu'après une quatrième instance qu'elle lui fut accordée.

Il arriva à Pampelune vers le milieu d'août 1833. Ferdinand mourut le 29 septembre, Zumalacarreguy quitta alors sa famille, et le 30 octobre, il était au milieu des royalistes. A cette nouvelle, Valdès fit arrêter sa femme et ses filles, le 24 janvier 1834, et les fit enfermer dans le couvent des religieuses Récolettes; elles y restèrent jusqu'au 27 février; alors Quesada les rendit à la liberté, et leur donna des passeports pour Elisondo et Ordas, où elles eurent beaucoup de peine à parvenir, poursuivies sans cesse par les troupes de Christine. Enfin, le 8 août, étant entrée sur le territoire français, pour voir ses enfans transférés à Anoa, afin d'éviter Rodil dont elle connaissait la cruauté, madame Zumalacarreguy fut arrêtée et conduite sous escorte à Bayonne.

Une petite fille de quatorze mois que Zumalacarreguy avait en nourrice à Villava, à une demi-lieue de Pampelune, fut enlevée et conduite dans cette ville avec sa nourrice, le 10 de juillet, Rodil les fit enfermer à la maison des Enfans trouvés; elles y restèrent pendant sept mois; et ce ne fut qu'à l'arrivée de Mina que cet enfant fut rendu à sa mère.

» je ne me confierai aux Anglais, qui pourraient seuls » nous donner des vaisseaux pour sortir de Portu- » gal, et qui d'ailleurs ne consentiraient à nous en » fournir qu'à des conditions que le roi ne pourrait » pas accepter. »

Le roi avait les mêmes préventions que la reine. J'eus beau leur représenter que si les Anglais prenaient un tel engagement, l'Europe entière en serait le garant, je ne pus vaincre leurs scrupules. D'ailleurs, la famille royale s'abusait sur sa véritable position, qui m'inspirait à moi les plus vives inquiétudes; l'évêque de Léon les partageait, surtout depuis les nouveaux désastres de don Miguel.

Les troupes de don Pedro et de Rodil étaient déjà aux environs de Zamusca; ainsi il n'y avait pas de temps à perdre. J'allai trouver de nouveau le roi, je le suppliai de songer à la position critique dans laquelle il se trouvait, lui et toute sa famille; et pour le déterminer, je me fis fort d'obtenir de l'amiral anglais tous les bâtimens dont il aurait besoin pour se rendre en Angleterre, avec la faculté, une fois arrivé dans ce pays, d'aller où bon lui semblerait. Enfin j'ajoutai que je n'insistais, pour lui faire embrasser ce parti, qu'en prenant l'engagement de le conduire ensuite dans ses fidèles provinces d'Espagne, en passant par la France. Je lui soumis le plan que je m'étais tracé, et qui est exactement le même que celui que S. M. a suivi depuis, avec tant de succès. Cette dernière considération enleva le consentement du roi, qui me donna aussitôt une lettre pour l'amiral anglais, en me chargeant de traiter avec lui de son départ.

J'attachais le plus grand prix à ce que cette importante mission fut tenue secrète, parce que si Rodil en avait eu connaissance, il l'eut environnée de tant d'obstacles, qu'il aurait fini par la rendre impossible; il n'aurait pas manqué de manœuvrer autour de Zamusca, de manière à envelopper la famille royale et à lui ôter tout moyen de salut.

Pour arriver à bord du vaisseau amiral, je me vis obligé de traverser le Tage, où se trouvaient plusieurs bâtimens de guerre de don Pedro. Je couchai la première nuit à Villa-Franca, dans une maison où vint loger l'adjudant-général de don Pedro, qui le rejoignit le jour suivant, deux heures après mon départ. Je descendis le Tage pour me rendre de Villa-Franca au vaisseau amiral, qui était presqu'à l'entrée du port. Il me fallut ainsi traverser toute l'escadre de don Pedro, qui me prit sans doute pour un Anglais.

Avant de remettre à l'amiral Parker la lettre du roi, je lui fis donner sa parole d'honneur qu'il garderait le plus profond silence sur cette communication, et que son gouvernement même ne serait pas instruit de ma mission, dans le cas où lui ne se croirait pas autorisé à traiter avec moi, et que dans le cas contraire cette négociation resterait secrète entre Charles V et le ministère anglais. J'attachais la plus grande importance à ce que cette démarche restât ignorée, n'ayant pas entièrement perdu l'espoir que don Miguel se décidât enfin à accompagner son oncle en Espagne.

L'amiral ayant pris connaissance de la lettre du Roi, me répondit qu'il ne pouvait rien décider sans consulter l'ambassadeur anglais ; il alla donc le chercher, et arriva peu de temps aprés avec lui. Nous nous enfermâmes pendant plusieurs heures ; on me parla d'abord du traité de la quadruple alliance, qui venait d'être ratifié. Je répondis que je n'étais pas venu pour discuter les articles de ce traité, et que mes pouvoirs ne s'étendaient pas jusque là, que ma mission se bornait à demander des vaisseaux pour transporter la famille royale en Angleterre, mais sans aucune condition.

Après un grand nombre d'objections, l'amiral et l'ambassadeur consentirent à m'accorder les vaisseaux que je demandais ; mais ils refusèrent de répondre *par écrit* à la lettre du Roi. Je me récriai alors contre ce refus, que je regardais comme un outrage à la dignité du Roi d'Espagne, leur faisant observer qu'il était sans exemple que la lettre d'un souverain restât sans réponse ; j'ajoutai que je ne doutais pas qu'ils ne fussent fidèles à leurs engagemens ; mais qu'une réponse verbale ne suffisait ni à la garantie, ni à la dignité de Charles V, et qu'enfin, s'ils persistaient à ne pas vouloir répondre par écrit, j'exigeais que la lettre du Roi me fut rendue, et que je les priais de regarder comme non avenu l'objet de ma mission. Après avoir réfléchi quelque temps, ils consentirent à ma demande, et me prièrent de formuler moi-même la lettre que je demandais. Je leur soumis un projet de réponse, qu'ils examinèrent avec la plus grande attention, et finirent par m'annoncer qu'ils la feraient dans les termes que j'avais indiqués. L'ambassadeur m'offrit avec beaucoup d'obligeance un passeport *sous un nom anglais et la qualité d'une personne attachée à son ambassade.* J'acceptai avec reconnaissance cette offre aimable, qu'il réalisa dès le lendemein matin. Je fus l'objet de son côté et de la part de l'amiral Parker, des attentions les plus délicates pendant les douze heures que je restai à son bord.

Je profitai de mon séjour sur le vaisseau amiral pour écrire au marquis de Valdespina, et lui faire l'envoi d'une lettre de l'évêque de Léon, dans laquelle il lui annonçait, que dans le cas où le Roi se verrait forcé de s'embarquer, ses serviteurs se gardassent bien d'attribuer cette détermination à sa renonciation à ses droits, mais au seul désir de se rapprocher d'eux. Je l'engageai en même temps à répandre la nouvelle que le Roi serait bientôt au milieu de ses fidèles provinces. Je fis partir ces lettres et d'autres papiers tout aussi importans, sous le couvert de l'amiral, qui ne se doutait pas de ce qu'ils contenaient, et qui poussa l'obligeance jusqu'à les adresser à sa femme, avec la recommandation expresse de les faire parvenir sans le moindre retard à une personne de Londres, à qui je les avais adressés.

L'amiral venait de me remettre sa lettre, lorsque nous reçumes la nouvelle officielle de la trahison du général Urbano, qui avait livré à l'ennemi le plus beau régiment de cavalerie de don Miguel, fort de cinq escadrons, parfaitement montés (régiment de Chavès), et celle de l'entrée des pédristes dans Santarem, qui avait eu lieu le 17 au matin; ces nouvelles me mirent le désespoir au cœur.

Il avait été convenu avec le Roi que j'attendrais à bord du vaisseau amiral le départ du premier paquebot pour me rendre en Angleterre, où ses affaires m'appelaient, et que je lui enverrai par un exprès la réponse de l'amiral; mais les nouveaux dangers que courait la famille royale, me firent renoncer à mon voyage, dans la crainte qu'une lettre de cette importance ne tombât au pouvoir de don Pedro ou de Rodil. Je fis avec le même cheval, et dans le même jour, près de trente lieues; je rejoignis le Roi à Evora, après avoir traversé les colonnes pédristes.

La défaite du général Guedez par le duc de Terceire, à Asseiceira, village qui n'était qu'à quelques lieues de Zamusca, et le mouvement de Rodil, qui conformément aux ordres de la régente, voulait, à tout prix, s'emparer de la personne de Charles V, de sa famille et de sa petite armée, forcèrent le Roi à aller se réfugier sous les murs de Santarem. Il se rendit d'abord à Almérim, village situé à demi-lieue de cette ville. Il eut pendant les deux jours qu'il y séjourna, plusieurs entrevues avec son neveu, dans lesquelles il chercha à ranimer son courage abattu, par tant de revers imprévus et de trahisons affligeantes; il l'engagea surtout à ne pas abandonner Santarem, ville que sa position et ses fortifications rendaient imprenable. Mais ce prince, dirigé par des conseillers perfides qui le trompaient sur ses véritables intérêts, n'osait pas prendre une détermination énergique. Il pouvait, en laissant de fortes garnisons dans Santarem et dans Elvas, s'enfermer dans cette dernière place, et donner à Charles V le reste de ses troupes, suffisantes pour le conduire triomphant à Séville, qui n'est qu'à environ quarante lieues de la province où il se trouvait. Toute la population de l'Andalousie se fut empressée de proclamer Charles V et de le ramener à Madrid. Rodil n'aurait pas pu atteindre le Roi, et aurait éprouvé le sort qu'il a éprouvé en Navarre, où il a toujours été battu par des forces inférieures.

Les conseils timides l'emportèrent auprès de don Miguel. L'évacuation de Santarem fut décidée; elle eut lieu dans la nuit du 16 au 17, et les troupes furent dirigées sur Evora. Don Carlos et sa famille se rendirent dans cette ville, où j'arrivai quelques jours après eux.

Le roi éprouva la plus vive satisfaction quand il connut le résultat de ma mission. L'amiral lui écrivait « qu'il était heureux de pouvoir faire quelque » chose d'agréable pour lui, et qu'il mettait dès ce » moment à sa disposition ceux des bâtimens de son » escadre dont il croirait avoir besoin, pour le transporter en Angleterre ou dans tout autre pays qu'il » désignerait, pourvu cependant que ce ne fût pas » dans un des ports de l'Espagne. » Il me chargea en même temps d'offrir à S. M. des troupes anglaises pour protéger son arrivée jusqu'au port qu'il désignerait pour son embarquement. Le roi différa son départ jusqu'à l'arrivée de son neveu, dans l'espoir que les circonstances difficiles où il se trouvait le décideraient enfin à adopter le plan qu'il lui avait proposé. Don Miguel ne fit son entrée à Evora qu'avec le dernier bataillon de son armée. Nous devons dire à l'honneur de ce prince, dont la bravoure ne s'est jamais démentie, qu'il resta constamment à l'arrière-garde de son armée, et qu'il sortit un des derniers de Santarem. Je le rencontrai dans la ville de

Cruche ; il était une heure du matin. J'allai dans la maison qu'il occupait, m'informer du lieu où s'était retiré Charles V et la famille royale ; je pénétrai dans sa chambre à coucher, il dormait profondément, et l'ennemi n'était qu'à une demi-lieue de lui.

Les habitans d'Evora accueillirent don Miguel avec le plus vif enthousiasme ; on eût dit que ses malheurs avaient encore augmenté leur attachement à sa personne. Il passa le lendemain de son arrivée une revue à laquelle se trouvèrent réunis plus de 12,000 hommes d'infanterie, cinq escadrons de cavalerie (1), et 30 pièces d'artillerie. Le général Cabreira se trouvait dans les Algarves, à la tête de 5,000 hommes, et avait reçu l'ordre de se rapprocher d'Evora. Ainsi l'armée de don Miguel se composait encore de plus de 15,000 hommes, sans compter les garnisons des places d'Elvas, qui avaient été augmentées des garnisons d'Abrantès et d'Extremos. Il pouvait donc disposer en faveur de son oncle, de 12,000 hommes d'infanterie, 4 escadrons de cavalerie, de 3 batteries de campagne, et se renfermer avec le reste de ses troupes dans Elvas, place bien fortifiée, située à trois lieues de Badajoz. Il aurait pu y attendre facilement les troupes espagnoles que lui aurait en-

(1) Le reste de la cavalerie avait péri dans l'affaire d'Asseiceira. Avant cette action et la trahison du général Urbano, don Miguel avait plus de 1,400 hommes de cavalerie.

voyées plus tard Charles V, après son entrée à Madrid. De nombreuses guérillas se seraient formées dans toute l'étendue du royaume, et auraient donné assez d'occupation aux généraux pédristes, pour leur ôter les moyens d'envoyer des secours à la reine d'Espagne.

Telles étaient les propositions que fit Charles V à son neveu. La reine et sa sœur la princesse de Beira joignirent leurs supplications à celles du roi pour décider leur frère à embrasser un parti qui pouvait encore le sauver. Ce prince était déjà ébranlé, mais des conseillers timides ou perfides, profitèrent de l'influence qu'ils avaient sur son esprit, pour le faire renoncer à ce projet. Ils lui persuadèrent que Charles V n'avait pas de partisans en Espagne, et qu'en outre de l'armée de Rodil, il se trouvait sur la frontière de nombreux corps de troupes christinos, qui auraient bientôt anéanti l'armée portugaise destinée à le protéger; que cette armée d'ailleurs était commandée par des officiers peu disposés à le suivre en Espagne: on persuada enfin à ce malheureux prince qu'il ne lui restait plus d'autre ressource que de solliciter un armistice. Don Miguel fit part à son oncle de cette funeste résolution, et lui demanda de m'autoriser à aller négocier avec l'ambassadeur anglais les conditions de cet armistice.

Le roi Charles V lui fit répondre par l'évêque de

Léon, qu'il ne pouvait charger d'une telle mission un colonel de ses armées, un officier de sa secrétairerie-d'état, sans faire croire qu'il approuvait la résolution de son neveu de traiter avec ses ennemis. *Mais, Sire*, dit le vénérable évêque de Léon à don Miguel, *votre majesté peut encore relever sa couronne; qu'elle vienne avec nous la chercher à Madrid, c'est là qu'elle se trouve.* Don Miguel, vivement ému, lui répondit : *Je prendrais avec empressement cette résolution, si je n'étais malheureusement convaincu que personne ne me suivrait.*

Ce fatal aveuglement fut cause de sa perte.

Le brigadier Guedez fut envoyé au quartier-général du duc de Terceire, qui ne voulut accorder qu'un armistice de quarante-huit heures.

Le secrétaire de l'ambassade anglaise, M. Grant, arriva deux jours après, et à la suite d'une conférence de quelques heures avec les conseillers de don Miguel, il fut convenu que ce prince se résignerait à subir la loi d'un frère dénaturé, venu en Portugal pour le priver de ses états, avec l'appui d'une horde de révolutionnaires de tous les pays.

Le général Lemos fut chargé en qualité de commandant en chef de l'armée miguéliste, d'aller régler les conditions de la capitulation, et à cet effet, il se rendit au quartier-général du duc de Terceire. Le négociateur consentit à tout, même à ce qu'on privât son maître du titre d'infant dans le traité de capitulation! Don Miguel ratifia, les larmes aux yeux et la rage au cœur, ce traité honteux, se réservant cependant de protester plus tard contre cet abus de la force contre le droit (1).

Ce fut le 26 au matin que la fatale signature fut donnée. Quand la nouvelle s'en répandit parmi les troupes, personne ne voulait y ajouter foi, mais bientôt on en eut la triste certitude par la publication du manifeste dans lequel don Miguel faisait ses adieux à sa brave et fidèle armée (2).

Alors le désespoir s'empara de tous les esprits, la tristesse était peinte sur toutes les figures; un cri général de rage et d'indignation s'éleva contre les conseillers perfides du roi. Un grand nombre d'officiers et de soldats vinrent offrir leurs services à Charles V et se disposaient déjà à aller rejoindre le général Moreno, parti la veille pour aller prendre le commandement des troupes espagnoles, qui se trouvaient à trois lieues d'Evora; mais l'ordre fut donné de consigner les troupes à toutes les portes et de désarmer les soldats qui tenteraient de les forcer.

Tous les officiers français qui servaient en Portugal, allèrent offrir leurs épées à Charles V. S. M., qui avait été à même d'apprécier leur bravoure et les services qu'ils avaient tous rendus à sa cause

(1) Voir les pièces justificatives à la date du 26 mai 1834.

(2) Voir les pièces justificatives.

en Portugal, leur promit de les appeler auprès d'elle aussitôt qu'elle serait dans ses états.

Ces nobles défenseurs de toutes les légitimités se signalèrent dans cette campagne par une conduite brillante et une bravoure sans exemple, dans tous les combats où ils se montrèrent toujours au premier rang; et les noms des La Rochejacquelein, des Bourmont, des d'Almer, des Feriet, des Puiseux, des Rocheline, des Dubreuil, des Bordigné, des Tannegui Duchâtel, des Grival, des La Houssaye, des Clacy, des Brassaget, des Kerveno (1), des Grenier, des Mounier, des Kersabiec, des Saint-Pardoux, des Rubichon, des Diot, des Cathelineau, des Dion, des d'Orgoni, des Delahaye, des d'Argy, des Bournonville et de tant d'autres illustrations, qui ont trouvé une mort glorieuse sur les champs de bataille, ou arrosé de leur sang la terre du Portugal, sont dignes d'être conservés comme une des gloires de la France monarchique.

(1) Kerveno, connu en France sous le nom du baron du Chillou, a été depuis lâchement assassiné à la Corogne, par ordre de Marie-Christine, qui a fait exécuter en Espagne la sentence de mort rendue contre lui en France, pour avoir noblement combattu à côté de Madame la duchesse de Berry, sœur de cette reine, dans les champs de la Vendée. Sa mort noble et courageuse a excité l'intérêt de tous les habitans, et celui même de Morillo, qui, tout en se soumettant aux ordres barbares de son gouvernement, lui donna une preuve d'estime en lui offrant son bras jusqu'au lieu de l'exécution.

IV.

—

Départ de Charles V du Portugal.

—

La détermination prise par don Miguel d'abandonner sa patrie mit Charles V dans la position la plus critique. Il ne pouvait faire son entrée en Espagne avec le peu de troupes qu'il avait à sa disposition. Quelques-uns de ses généraux lui conseillèrent de faire une tentative sur la frontière de l'Andalousie, du côté de Serpa ; mais il y aurait eu folie à suivre un tel conseil, puisque ce prince se serait mis entre deux feux ; Rodil, avec ses dix mille hommes, se fut empressé de suivre son mouvement, et il aurait trouvé sur la frontière trois mille hommes qui l'eussent empêché d'aller plus loin.

Je crus de mon devoir d'exposer respectueusement au roi que cette expédition serait encore plus téméraire que celle d'Almeida, et aurait un bien plus triste résultat. « D'ailleurs, ajoutai-je, que V. M. » réfléchisse que toute sa famille est avec elle, et » que cette détermination l'exposerait à un péril » certain. Quel malheur ne serait-ce pas pour l'Es- » pagne si un attentat venait à être commis contre » elle, ou si vous et vos enfans veniez à tomber entre » les mains de vos ennemis ! Il y aurait moins de » danger pour V. M. à tenter, avec deux officiers » seulement, de vous réunir à vos fidèles provin- » ces du Nord; et encore, dans ce cas, que fe- » rait V. M. de sa famille ? Il ne vous reste, Sire, » qu'à vous embarquer sur les bâtimens que l'a- » miral anglais a mis à votre disposition. » Le roi craignait que les généraux pédristes, d'accord avec Rodil, ne s'opposassent à son embarquement ; je le rassurai sur ce point, en lui faisant observer que les généraux de don Pedro se garderaient bien de porter le moindre obstacle à cet arrangement, fait au nom du roi d'Angleterre par un amiral et un ambassadeur anglais.

L'évêque de Léon était aussi de mon avis, et réunit ses efforts aux miens pour déterminer S. M. à s'embarquer ; mais ce qui eut le plus d'influence sur la détermination du roi, fut l'engagement que je pris de nouveau, sur l'honneur, de le conduire en Navarre, aussitôt après notre arrivée en Angleterre.

Charles V, déterminé à quitter le Portugal, ne s'occupa plus que de ses compagnons d'*infortune*. J'étais d'avis de diviser les sept cents soldats en petits détachemens, qui, sous le commandement d'officiers Andalous, se jeteraient dans les montagnes de l'Andalousie, afin d'y faire une guerre de partisans. Tous les autres officiers devaient s'embarquer en même temps que le roi; l'amiral m'avait promis de mettre à sa disposition tous les bâtimens nécessaires à ce transport. Un autre avis prévalut, et il fut décidé qu'on laisserait les soldats dans un dépôt, sous la protection du gouvernement anglais, jusqu'à ce qu'ils eussent pu obtenir des passeports pour la destination qu'ils choisiraient.

A cet effet, l'évêque de Léon alla se concerter avec M. Grant, secrétaire de l'ambassade anglaise; ce digne ministre de Charles V, qui connaissait le cœur et les nobles pensées de son maître, savait bien qu'il eut préféré s'ensevelir sous les débris de la légitimité portugaise, plutôt que de signer un acte contraire à ses devoirs de roi, et que rien au monde n'aurait pu le décider à faire la moindre concession aux intérêts de Christine et aux prétentions d'Isabelle. Mais au reste, il n'avait pas à craindre une semblable exigence de la part du gouvernement anglais, puisqu'il avait déjà reçu l'assurance écrite, qu'il pouvait s'embarquer sans condition; aussi l'évêque de Léon, dans sa conférence avec M. Grant, n'eut besoin que de lui montrer la réponse de l'amiral Parker au roi. M. Grant, après en avoir pris connaissance, dit que les engagemens qu'elle renfermait étaient trop sacrés pour qu'on ne les tint pas, et il ne fut plus question alors dans cette conférence, que des mesures de sûreté que les généraux pédristes prendraient pourprotéger le voyage de la famille royale d'Espagne jusqu'à Aldea-Gallega, port désigné par l'amiral pour l'embarquement du roi (1).

L'évêque de Lèon réclama aussi la protection du gouvernement anglais pour les sept cents soldats que le roi se voyait forcé de laisser en Portugal. M. Grant prit cet engagement au nom de son gouvernement, et se rendit ensuite au quartier-général du duc de Terceire. Il envoya le même jour par un courrier, signée et ratifiée, la convention faite entre lui et les maréchaux pédristes (2).

Le départ fut fixé au 30 mai. Le même jour, don Miguel devait se rendre à Sines, et s'embarquer ensuite pour Gênes.

(1) Aldea-Gallega est un petit port situé sur la rive gauche du Tage, à trois lieues de Lisbonne, sur la route de Madrid, dans la province d'Estramadure portugaise.

(2) Voir les pièces justificatives.

C'est sur ces entrefaites que le roi reçut une lettre de Zumalacarreguy. Ce général suppliait don Carlos au nom de tous ses fidèles sujets, de faire tous ses efforts pour venir se mettre à leur tête; il lui témoignait ses craintes, que son éloignement, s'il se prolongeait plus long-temps, ne portât le découragement parmi les populations de la Navarre. Le roi répondit à ce général, que les événemens malheureux du Portugal le forçaient à s'embarquer pour l'Angleterre, mais qu'il n'avait accepté aucune condition, et qu'une fois arrivé dans ce pays, il serait libre de se diriger où bon lui semblerait. Il lui promettait en même temps qu'avant six semaines, il serait au milieu de ses braves Navarrois (1). On verra plus tard qu'il leur a tenu parole.

La lettre du roi fut portée à Zumalacarreguy par le même homme qui s'était si bien acquitté, quelque temps auparavant, de la mission que ce général lui avait confiée.

La reine avait voulu donner à ce fidèle envoyé une preuve de sa satisfaction personnelle, et lui procurer les moyens d'arriver plus promptement auprès de Zumalacarreguy; elle lui avait donné une mule qui l'avait portée pendant les courses qu'elle avait faites en Portugal. Cette mule, d'une rare beauté, pouvait faire vingt lieues par jour, aussi ce fidèle

(1) Voir les pièces justificatives.

courrier arriva-t-il en peu de temps auprès de Zumalacarreguy.

Son retour en Navarre avait été un grand événement; le peuple se pressait sur les pas d'un homme qui avait été assez heureux pour voir le roi, la reine et toute la famille royale; il fut accablé de questions et entouré d'hommages; les cloches sonnèrent sur son passage, et la nouvelle qui se répandit partout de l'arrivée d'un agent du roi, porta la joie dans toute la Navarre: c'étaient les premières nouvelles que recevaient directement de Charles V ses fidèles et dévoués sujets; la mule de la reine eut aussi part à la joie publique, les soldats la promenèrent dans tous leurs cantonnemens, couverte de fleurs.

Je partis en poste le 29 du même mois pour faire les préparatifs du départ du roi. A mon arrivée à Aldea-Gallega, je rencontrai, par une coïncidence bien singulière, le colonel Teijeira, aide-de-camp de Rodil, accompagné d'un courrier de cabinet. Nous fîmes tous les trois dans le même bateau le trajet d'Aldea-Gallega à Lisbonne. Ils me prirent pour une personne attachée à l'ambassade anglaise. Je rencontrai ce colonel le jour suivant chez l'ambassadeur anglais, qui me fit part de l'objet de sa mission. Il venait réclamer au nom du gouvernement espagnol la remise de don Carlos, de sa famille et de ses troupes; mais il était trop tard, sa demande, quoique fortement appuyée par don Pedro, fut refusée.

Il m'apprit ensuite que M. Grant lui avait envoyé une liste qui renfermait les noms des cinquante personnes qui devaient s'embarquer dans le même bâtiment que la famille royale; cette liste avait été faite par ordre du roi. Je fus étonné qu'on eut ainsi réduit le nombre des officiers qui devaient l'accompagner, car j'avais obtenu que tous ceux que leur attachement à Charles V avait gravement compromis, s'embarqueraient avec lui, et l'amiral anglais avait, comme je l'ai déjà dit, promis d'accorder les bâtimens nécessaires à leur transport. La personne qui se chargea de ces derniers arrangemens ne se montra pas aussi exigeante que moi, et cette faiblesse fut cause qu'un grand nombre d'officiers furent obligés de rester à Aldea-Gallega, jusqu'à ce qu'on eut eu le temps de frêter deux bâtimens pour les transporter à Hambourg. Ils y furent exposés aux insultes de la plus vile populace, plusieurs même, reçurent des blessures très graves; je reviendrai plus tard sur ce déplorable événement.

Les adieux de la famille royale d'Espagne à don Miguel furent déchirans; tant de si grandes et de si nobles infortunes étaient accumulées sur ces deux têtes couronnées!

Ce fut le 30, à trois heures du matin, que la séparation eut lieu; don Miguel alla s'embarquer à Sines, et le roi, accompagné de sa famille, monta dans une voiture escortée par un escadron de lanciers miguélistes. Il fut suivi de tous les officiers espagnols, qui dès la veille bivouaquaient sur la place d'Evora, où était située la maison qu'il occupait, attendant l'heure du départ de leur roi. Les uns le suivirent à pied et les autres à cheval, aucun de ses fidèles sujets ne voulant abandonner son roi au moment où il allait se trouver au milieu de ses ennemis.

A Montemor, l'escorte du roi fut changée, et remplacée par des troupes pédristes, qui l'accompagnèrent jusqu'à Aldea-Gallega, où le suivirent encore ses braves compagnons d'infortune. Le colonel anglais Wilde fut chargé par l'ambassadeur anglais de lui donner au besoin aide et protection. Ce brave officier s'acquitta avec honneur et loyauté de sa mission; il eut pour la famille royale les plus grands égards, et protégea les officiers de sa suite, qui, sans lui, eussent été massacrés après le départ du roi.

Lorsque la famille royale arriva à Aldea-Gallega, personne ne vint au-devant d'elle de la part de don Pedro pour la recevoir, aucun logement ne lui avait été préparé; elle fut obligée de prendre un logement dans une maison presque démeublée. Cette réception était bien différente de celle qui avait été faite quatorze mois auparavant à cette auguste famille; mais depuis ce temps, de graves événemens s'étaient passés, et de grandes catastrophes avaient frappé ces deux royautés.

Le 1er juin, à dix heures du matin, le roi admit à lui baiser la main tous ses compagnons d'infortune, et prit congé d'eux en leur adressant ces touchantes paroles :

« Mes braves amis, il m'est bien pénible de » me séparer de vous ; je vous laisse sous la pro- » tection du gouvernement anglais, qui a pris en- » vers moi l'engagement de vous protéger contre » les insultes de la populace. Avant la fin de la se- » maine, vous vous embarquerez à bord du bâti- » ment que j'ai fait fréter, afin que vous vous réu- » nissiez de nouveau à moi, je suis convaincu que » la Providence ne nous abandonnera pas, et que » nous aurons un jour le bonheur de revoir ensem- » ble notre chère et belle patrie. » Le roi prononça ce peu de mots d'une voix altérée par une émotion douloureuse ; sa figure était empreinte d'une noble tristesse, ses regards se promenaient, humides de larmes, sur ces braves officiers rassemblés autour de lui, qui n'eurent que la force de se précipiter à ses genoux et de baiser ses mains. Ils accompagnèrent silencieusement ces augustes infortunés jusqu'au pont, où ils adressèrent un dernier adieu à ce roi qui cédait dans ce moment à l'empire de la nécessité, pour avoir le droit de réclamer de l'avenir de nouvelles et de plus heureuses destinées.

V.

Embarquement du roi et arrivée en Angleterre.

Le 1er juin, à onze heures du matin, Charles V avec sa famille et sa suite s'embarquèrent dans douze chaloupes, dont deux appartenaient à la *Cybèle*, frégate française. Charles V était dans la première avec la reine, la princesse de Beira et M. Grant; les jeunes princes et la suite du roi, qui se composait de soixante personnes, occupaient les autres embarcations. Une salve de vingt-un coups de canons annonça leur arrivée près du *Donegal*, vaisseau de soixante-quatorze canons, à bord duquel le roi et sa famille devaient s'embarquer. Le capitaine Fanshawe descendit jusqu'au bord de l'eau pour recevoir LL. MM., à qui on rendit tous les honneurs dûs à un prince de *sang royal*.

Le capitaine Le Mercier, commandant la frégate française la *Cybèle*, qui, sans doute, dans cette circonstance n'a agi que d'après les ordres de son gouvernement, s'était rendu à bord du *Donegal*, afin de présenter un des premiers au roi et à la famille royale ses respectueux hommages. L'amiral, entouré de son état-major, était aussi venu pour recevoir Charles V et s'excuser de n'avoir pas eu le temps de disposer le *Donegal* d'une manière plus digne de lui.

Les pédristes furieux de ces témoignages de respect, rendus à un Bourbon d'Espagne à bord d'un vaisseau de guerre anglais, ne firent aucun salut ni de leurs batteries ni de leurs forts. Le Régent, qui n'avait eu aucune attention pour ses sœurs, à leur arrivée à Aldea-Gallega, ne daigna pas leur faire une visite à bord, quoiqu'il ne les eut pas vues depuis douze ans. Mauvais fils, et mauvais frère, don Pedro n'eut que l'art de déguiser son avarice et son ambition, sous les apparences d'une tendresse paternelle, où la politique avait plus de part que le cœur (1).

(1) L'infante dona Anna, marquise de Loulé, fut la seule princesse de la famille de don Pedro qui alla rendre visite à ses sœurs et à son oncle, elle se rendit deux fois à bord, pour voir ses augustes parens; elle dîna, ainsi que ses deux enfans, avec la famille royale. La suite du roi lui fut présentée et fut admise à lui baiser la main.

Il invita l'amiral anglais à ne pas laisser séjourner la famille royale dans le port, et à l'obliger à prendre la mer le plus tôt possible. L'amiral Parker ne tint aucun compte de cette inconvenante invitation, et laissa à la famille royale deux jours pour se procurer les vêtemens qui leur étaient nécessaires, et dont elle était privée depuis le vol de ses bagages par les soldats de Rodil.

Le départ eut lieu le 3, à midi. Au moment où nous sortions du Tage, nous rencontrâmes le *Stag*, frégate de quarante-six canons, capitaine Lockyer, ayant à bord don Miguel et soixante-six personnes de sa suite, se rendant à Gênes. Ils s'étaient embarqués à Sines, mais le *Stag* manquant de provisions, devait rester dans la baie de Cascaes jusqu'à ce que l'amiral Parker lui en eut envoyé.

La famille royale fut violemment incommodée de la mer, pendant les premiers jours du voyage; le capitaine et tous les officiers rivalisèrent de soins et d'attentions auprès d'elle; ils eurent aussi les mêmes égards pour les personnes de sa suite.

Ils témoignaient hautement leur indignation, de la conduite si peu militaire de Rodil, dont les exploits s'étaient bornés à enlever, à la tête de dix mille hommes, les équipages des augustes proscrits, défendus par quatorze domestiques sans armes. Cette glorieuse expédition valut cependant à Rodil l'honneur de siéger à la *chambre haute* et les cordons de plusieurs ordres. Les officiers anglais ne craignaient pas de dire tout haut, que sans l'assistance des étrangers, jamais don Pedro n'aurait pu réussir. Ils avaient été à portée de voir par eux-mêmes que les sympathies de l'immense majorité de la nation portugaise, étaient pour don Miguel. Un tel aveu doit avoir quelque poids dans la bouche d'officiers qui avaient séjourné pendant plusieurs années en Portugal, et avaient eu le temps de connaître l'esprit du pays : c'était aussi l'opinion de l'amiral Parker.

Tous les jours, pendant le dîner du Roi, la musique jouait des symphonies qui commençaient toujours par le *God save the king*. Le soir, les officiers et les élèves faisaient de la musique dans le salon de LL. MM. Notre passage fut des plus heureux, le 12 nous étions en rade de Porstmouth. Les ordres pour le débarquement de la famille royale n'étaient pas encore arrivés.

Charles V demanda pour moi l'autorisation de débarquer, afin que je pusse me rendre à Londres, où ses affaires m'appelaient. Je partis sur-le-champ et je revins le jour suivant à Porstmouth, presque en même temps que M. John Backhouse, sous-secrétaire d'état des affaires étrangères; il était accompagné du marquis de Florida-Blanca, ambassadeur du gouvernement usurpateur d'Espagne.

M. Backhouse demanda à me voir, et me dit

que ce qu'il avait appris de moi dans la correspondance du ministre plénipotentiaire anglais à Lisbonne, lui avait donné un grand désir de me connaître. Nous nous rendîmes ensemble à bord du *Donegal;* il était chargé de complimenter, au nom de son gouvernement, le roi, et de lui remettre une lettre de lord Palmerston. J'allai l'annoncer au roi, et lui traduire cette dépêche, dans laquelle le ministre commençait par s'excuser de ce que les ordres n'avaient pas été envoyés plus tôt pour le débarquement de la famille royale; il en attribuait la cause à la longueur de la traversée du bâtiment chargé d'apporter la nouvelle de l'arrivée de S. M.; il la prévenait que M. Backhouse possédait toute sa confiance, et qu'il pouvait considérer les propositions qu'il lui ferait, comme émanant de lui; le roi s'empressa d'admettre M. Backhouse auprès de lui, et le reçut avec son affabilité ordinaire. Ce ministre était chargé de faire à Charles V la singulière proposition de renoncer à ses droits à la couronne d'Espagne; et lui offrait, dans le cas où il consentirait à cette renonciation, une somme considérable, et une forte pension, qui lui serait payée par le gouvernement espagnol, et que lui garantirait le gouvernement anglais.

Le roi répondit avec beaucoup de noblesse « que » ses droits à la couronne d'Espagne étaient inhérens » à sa personne, et qu'il ne pourrait y renoncer sans

» manquer à ses obligations envers ses peuples et à » ses devoirs envers Dieu, de qui il les avait reçus, que » d'ailleurs ni comme père, ni comme roi, il ne pour- » rait porter atteinte aux droits de ses fils ni à ceux » des autres princes intéressés à ce qu'il les conservât, » qu'enfin il ne dérogerait en rien à ce qu'il devait à » sa naissance et à son pays, et qu'il ne déserterait » jamais, quel que fût son intérêt personnel, la cause » de ses fidèles sujets. »

M. Backhouse, en sortant de chez le roi, entra dans le cabinet du capitaine, pour écrire cette réponse, et se retira plein d'admiration pour le beau caractère de don Carlos. L'esprit de parti chercha à insinuer que ces nobles paroles avaient été dictées au roi; un journal tory prétendit même qu'un diplomate portugais, attaché à la suite de la princesse de Beira, avait formulé cette réponse. Je puis donner l'assurance qu'il ne fut pas même consulté; il n'eut connaissance de cette démarche que par les journaux, et si d'ailleurs il eût été consulté, je doute qu'il l'eût approuvée. J'ai pour garans de cette opinion les conseils qu'il donna à don Miguel, lorsqu'il fut question d'accéder aux propositions de ses ennemis. Ce diplomate fut un des premiers à lui conseiller de consentir aux arrangemens qu'on lui proposait. Si ce journal se fut renseigné auprès des personnes qui avaient vécu dans l'intimité du roi, il aurait appris que jamais prince ne montra, dans toutes les circonstances de sa vie, un caractère plus noble et plus élevé, ni plus digne de sa naissance dans la bonne comme dans la mauvaise fortune. Charles V fut toujours admirable, par cette touchante résignation qui ne se trouve qu'avec une conscience pure et la conviction profonde d'avoir bien rempli ses devoirs: au reste, si ce prince avait eu besoin d'inspirations honorables et généreuses, il les aurait trouvées facilement autour de lui. Toute l'Europe a connu le caractère noble et ferme de la reine, dont l'âme et les sentimens étaient si virils et si royaux, et celui de cette princesse de Beira, qui unit aux avantages d'une tête fortement organisée, un cœur doué de toute l'énergie du dévouement. L'évêque de Léon, si connu par l'élévation de son esprit, par la ferveur de ses vertus religieuses et par la probité de ses opinions politiques, a toujours montré une droiture de conduite et une noblesse de sentimens qui ne se sont jamais démenties ni à la cour, ni dans l'exil; il a préféré la croix de bois à la croix d'or, pour rester fidèle à la cause de la religion, inséparable en Espagne de celle de Charles V, et il n'aurait jamais donné à son roi que des conseils dignes de lui.

Le comte de Florida Blanca fit offrir au roi ses respects et demanda à lui être présenté. Le roi lui fit répondre que s'il voulait être admis auprès de lui comme grand d'Espagne, il pouvait venir à son bord, et qu'il le verrait avec le plus grand plaisir, mais qu'il ne le recevrait pas en qualité d'ambassadeur de Marie-Christine, qu'il ne considérait que comme reine-douairière d'Espagne. Le comte de Florida-Blanca s'empressa de quitter Portsmouth, dès qu'il connut la réponse du roi.

La mer, fort houleuse depuis deux jours, empêcha le roi de débarquer avant le 18 juin. Ce même jour, à six heures du matin, le yacht du surintendant de la marine vint en rade pour chercher le roi et sa famille; à sept heures, les soldats de la marine se rangèrent en bataille sur le pont, et une salve de vingt-un coups de canons fut tirée. Le roi, avant de prendre congé du capitaine et des officiers du *Donegal*, leur adressa les paroles suivantes :

« Messieurs,

» Je ne puis vous quitter, sans vous témoigner » combien je me félicite d'avoir eu l'occasion d'ap- » précier le mérite des officiers de la marine an- » glaise; ils sont dignes de la réputation dont ils » jouissent dans toute l'Europe. Je n'oublierai ja- » mais les soins et les attentions que vous avez eues » pour moi et pour ma famille. Veuillez en recevoir » mes remerciemens, et croire que je n'ai qu'un re- » gret, c'est que mon séjour au milieu de vous ait » été si court. »

Le roi prononça ces paroles avec une émotion qui pénétra tout le monde d'attendrissement, et se fit donner ensuite la liste de tous les officiers du *Donegal.*

La famille royale descendit dans le yacht, accompagnée du capitaine Fanshawe; après une traversée d'une demi-heure, elle arriva à l'escalier de Sally-port, et fut saluée par une seconde salve de vingt-un coups de canon. Un détachement de troupes de la marine formait la haie des deux côtés. Lorsque la famille royale fut montée en voiture pour se rendre à l'hôtel qui lui était préparé, la musique de ce même corps joua le *God-save-the-King* (Dieu sauve le roi). Cet à-propos produisit une vive impression sur la foule qui assistait à cette réception; car, bien que le débarquement eut eu lieu bonne heure, la plate forme était encombrée des personnes les plus honorables de Portsmouth, qui accueillirent la famille royale avec les marques du respect le plus touchant pour la double majesté de l'infortune et de la royauté.

Le roi, à son arrivée à son hôtel, remercia de ses services la garde d'honneur qu'on y avait déjà placée, après lui avoir fait donner une gratification de 40 livres sterlings. S. M. s'étant décidée à garder le plus strict incognito, prit le titre de duc d'Elisondo.

On croyait que les autorités de Portsmouth auraient reçu des ordres du gouvernement pour recevoir la famille royale avec les honneurs dûs à son rang ; et nous fûmes fort étonnés que le gouverneur et l'amiral commandant le port, n'eussent point envoyé leurs voitures au débarquement de la famille royale, qui se rendit à son hôtel dans des voitures de louage. On remarqua aussi que LL. MM. ne furent reçues, en mettant le pied sur le sol anglais, ni par le vice-gouverneur ni par l'amiral.

Le surintendant, sir F. Maitland, lord Adolphe Fitz-Clarence, les capitaines Harcourt, Codrington et plusieurs autres officiers, vinrent plus tard offrir leurs hommages au roi et à sa famille. L'amiral Maitland est le même officier qui reçut, en 1815, Napoléon à bord du *Bellérophon*. Tout ce que Portsmouth renfermait de familles distinguées, sollicita ensuite l'honneur d'être présenté à ces augustes proscrits, et plusieurs d'entre elles mirent leurs voitures à leur disposition.

Deux jours après le débarquement du roi, pendant que S. M. causait avec moi de son retour en Espagne, dont l'idée préoccupait sans cesse son imagination, on vint annoncer le directeur de la douane ; mais quelle fut ma surprise, lorsque, au lieu de cet employé, je vis entrer dans les appartemens du roi le chef de l'*Alien-office* (police des étrangers) envoyé pour prendre le signalement du roi et celui des membres de la famille royale, condition que l'autorité exigeait avant de leur accorder des permis de séjour en Angleterre. Je fus indigné de l'indécence d'un pareil procédé, qui insultait à la majesté royale. J'étais d'avis que le roi s'y refusât; mais il préféra avoir l'air de n'y attacher aucune importance et de céder en se retranchant derrière l'incognito qu'il avait voulu prendre ; il n'en ressentit pas moins vivement l'inconvenance de cette mesquine exigence du ministère whig, qui avait cru devoir partager, dans cette circonstance, les craintes d'évasion, que l'arrivée de Charles V en Angleterre, faisait éprouver au représentant des intérêts de Christine.

Pendant notre séjour à Portsmouth, arriva un des bâtimens que le roi avait frêtés pour transporter les cent cinquante officiers qu'il avait laissés à Aldea-Gallega, sous la protection des puissances signataires de la quadruple alliance et particulièrement sous celle de l'amiral Parker, en attendant leur embarquement pour Hambourg. Ils nous racontèrent qu'ils avaient été exposés aux plus grands dangers pendant les quatre jours qu'ils passèrent dans cette ville. Plusieurs d'entre eux furent massacrés par un bataillon pédriste composé de révolutionnaires français, polonais et belges. Ces furieux se firent indiquer leurs demeures, montèrent chez eux pendant qu'ils étaient encore au lit ; ils en blessèrent quatre très grièvement, et quatorze autres reçurent plusieurs blessures. Les soldats portugais, commandés par deux officiers français, firent les plus grands efforts pour s'opposer à la rage de ces bandits et ils n'y parvinrent qu'avec beaucoup de peine.

L'amiral Parker, informé de ces attentats, envoya plusieurs chaloupes de sa division pour secourir ces malheureux. Cette intervention fut d'un puissant secours. Ces officiers purent s'embarquer à l'instant même, et se mettre sous la protection du généreux amiral anglais. Les blessés reçurent à son bord tous les soins que pouvait exiger la situation d'infortunés qui avaient été dépouillés de tout ce qu'ils possédaient, par les brigands pédristes.

Les ministres de don Pedro supplièrent l'amiral Parker de ne pas faire parvenir ces faits à la connaissance de son gouvernement; mais ce brave amiral répondit que le silence sur de pareils crimes ressemblerait à de la complicité, et que sa conscience lui faisait un devoir impérieux de ne jeter aucun voile sur une conduite aussi honteuse.

Pendant son séjour à Portsmouth le roi reçut du général Zumalacarreguy des dépêches importantes dans lesquelles, après lui avoir rendu compte de ses opérations et de la situation de l'armée, il faisait à S. M. les instances les plus vives pour qu'elle vint prendre le commandement de ses troupes, et raninimer par sa présence les espérances de ses sujets. Ce message décida le roi à prendre une résolution prompte et décisive ; il me donna l'ordre de faire, sans perdre un instant, les préparatifs de son voyage.

BARON DE LOS VALLES.

royaume. Aussi, à peine arrivé à Portsmouth, le

VI.

Départ de Londres. — Voyage en France, de Dieppe à Bayonne.

En quittant Evora, pour se rendre en Angleterre par suite du monstrueux traité de la quadruple alliance, Charles V ne vit, dans la protection cauteleuse que lui accordait le gouvernement britannique, qu'un moyen de revenir dans ses états, où l'attendait, au milieu des montagnes de la Navarre, une petite armée composée de sujets fidèles. Cette idée, qui ne l'abandonna pas un seul instant, put seule le déterminer à quitter le Portugal et à perdre de vue pendant quelques jours les frontières de son royaume. Aussi, à peine arrivé à Portsmouth, le roi s'occupa-t-il sans relâche de sa renrée en Espagne.

Ce prince avait daigné me comprendre dans le très petit nombre de personnes dévouées, auxquelles il avait fait la confidence de ses nobles projets, et m'avait choisi pour l'accompagner. Pendant son séjour à Portsmouth, il me chargea du soin de préparer son départ; je fis, par ses odres, plusieurs voyages à Londres pour en disposer les arrangemens; le plus important et le plus difficile de tous, était de nous procurer des passeports, je me concertai sur cet objet avec M. B***. banquier à Londres, dont le dévoûment à la cause royale, et l'intelligence des affaires, me furent d'un grand secours.

Après nous être long-temps consultés sur le genre de passeports qu'il serait le plus convenable de choisir, nous décidâmes que le roi et la personne qui l'accompagnerait se feraient passer pour des colons de l'île de la Trinité : et que ce serait en cette qualité, qu'on ferait la demande des passeports. Nous donnâmes la préférence à cette île, parce qu'ayant appartenu autrefois aux Espagnols, la plupart de ses habitans parlent encore cette langue, et qu'alors les mots espagnols qui pourraient échapper au roi dans le trajet que nous allions faire, n'éveilleraient aucun soupçon.

Nos passeports nous furent délivrés sous les noms d'*Alphonse Saez* et de *Thomas Saubot*; le premier négociant, le second propriétaire, à la Trinité, tous deux correspondans de M B***. M. Thomas Saubot, en ce moment à Londres, me donna son passeport, dont le signalement, par le plus heureux hasard, se trouva conforme au mien ; l'autre passeport fut pris par un de mes amis, mais ni l'un ni l'autre, ne soupçonnaient l'usage que je voulais en faire.

Les passeports ainsi obtenus, je rassemblai autant de journaux et de brochures que je pus m'en procurer, relatifs à l'île de la Trinité, je m'informai avec soin du nom des principaux habitans de la colonie et des derniers arrivages dans les ports d'Angleterre, afin de ne pas être pris au dépourvu en cas de questions imprévues. Puis, pour détourner l'attention ombrageuse de M. de Talleyrand, j'envoyai au visa de l'ambassade un passeport qui m'avait été délivré en France sous mon nom véritable, six mois auparavant et afin qu'on eut le temps d'en prendre note, je l'y laissai deux jours. D'après ma demande, ce passeport fut visé pour Hambourg, ville pour laquelle j'avais annoncé hautement mon départ à toutes les personnes attachées à la maison de Charles V ; j'avais pris la même précaution auprès de tous mes amis.

Je ne manquai pas de dire partout que j'étais chargé d'une mission de quelque importance pour le nord de l'Allemagne; ce voyage parut naturel, on savait que deux bâtimens étaient attendus à

Hambourg, portant à leur bord deux cents officiers espagnols qui n'avaient pu s'embarquer avec nous. Il était tout simple que j'allasse les y recevoir ; aussi plusieurs personnes me confièrent-elles avec bonne foi leurs lettres et leurs commissions. M. de Talleyrand fut entièrement ma dupe, il signala d'avance mon arrivée à ses agens à Hambourg, et me fit même l'honneur d'envoyer un émissaire spécial pour y surveiller mes démarches : cette fois, la vieille rouerie diplomatique de l'ambassadeur de Louis-Philippe fut mise en défaut, et j'eus la gloire de mystifier M. de Talleyrand.

Après m'être procuré deux autres passeports, comme surcroit de précaution, je courus annoncer au roi que tout était prêt pour notre départ. Ce départ devait avoir lieu dès les premiers jours de notre débarquement en Angleterre; mais le plus difficile n'était pas fait, et j'avais encore bien des obstacles à surmonter; ceux-là m'attendaient autour de la personne du roi.

L'évêque de Léon était, de toutes les personnes qui entouraient le prince, la seule qui approuvât son voyage, et encore ne voulait-il pas en assumer la responsabilité. Toutes les autres, en adoptant comme une nécessité le retour de Charles V dans ses états, s'opposaient de tous leurs moyens au voyage, à travers la France; la voie de mer leur paraissait moins aventureuse, aussi j'eus à soutenir de vives discussions sur les chances et les éventualités des moyens que je proposais.

Les journaux avaient déjà donné l'éveil au gouvernement de Christine, en annonçant que don Carlos était attendu incessament dans un des ports de la côte d'Espagne ; on avait vu plusieurs officiers anglais sonder vers les atterrages du Guipuscoa et de la Biscaye ; les croisières anglaises, françaises et espagnoles surveillaient les côtes avec la plus minutieuse vigilance. Un débarquement, à mon avis, était donc presque imposible, et en admettant qu'il put s'effectuer, on courait le danger d'attirer de ce côté toute les forces et toutes les ressources de l'ennemi ; de telle manière que le roi avait l'alternative, en rentrant en Espagne, d'être tué, ou de tomber au pouvoir des christinos. D'ailleurs, le bâtiment qu'on destinait à recevoir le roi, ayant été acheté pour porter à don Miguel des armes et des munitions, était l'objet d'une surveillance fort inquiétante; il fallait en outre 1 million 500 mille fr. pour l'armer, et où prendre cet argent? L'argument était péremptoire, aussi le roi se décida-t-il à se ranger à mon avis : il fit bien de prendre cette détermination, car la personne qui devait armer le bâtiment destiné à le transporter en Espagne, n'a pas encore pu en venir à bout.

La lutte avec ceux qui entourent les souverains est souvent vive; dans les occasions périlleuses, chacun croit prouver son dévoûment en faisant valoir sa prévoyance, et l'on trouve chez eux plus d'obstacles que de ressources.

J'eus toutes les peines du monde à faire comprendre que le voyage par terre ne nous exposait qu'à être arrêtés par la police de M. Thiers, et que le pis-aller pour le roi, était d'être reconduit hors des frontières, Louis-Philippe ne pouvant pas avoir l'audace de rouvrir le cachot de Blaye pour le roi d'Espagne. J'étais sûr, du reste, d'avoir triomphé de tout le génie malfaisant du juste-milieu dans la personne de M. de Talleyrand.

Tous nos temps d'arrêt étaient déterminés, j'avais pris note de toutes les maisons où nous pouvions nous reposer sur la route de Londres à Bayonne, et quoique personne n'eût été prévenu, de peur des indiscrétions, j'étais sûr de l'accueil et du dévouement que nous trouverions; la seule chose dont je m'étais assuré, c'est que chacun serait à son poste au moment où nous arriverions; je connaissais la route à merveille, et je pouvais répondre que rien ne nous retarderait. Ce furent toutes ces convictions qu'il me fallut faire passer dans l'esprit de tous ceux qui se croyaient obligés de créer des difficultés contre mon plan de voyage; enfin, je puis dire que tout s'est passé selon mes prévisions, je n'ai rien eu à changer à l'itinéraire que j'avais tracé pour S. M. avant de quitter le Portugal.

Je tenais beaucoup à ce que notre voyage ne fut pas différé, il eût été maladroit de donner le temps aux polices de la quadruple alliance, d'envelopper l'illustre voyageur de leurs réseaux. J'eus le bonheur de remporter encore cette victoire ; le roi, se rendant à mes raisons, fixa son départ au 1er juillet.

Il fut convenu que la famille royale irait habiter Londres. Elle quitta Portsmouth le 22 juin, et alla descendre à Gloucester-Lodge, ancienne résidence de M. Canning. Cette jolie habitation se trouve à deux milles de Hyde-Park, du côté de Piccadilly. C'est un singulier rapprochement pour ceux qui savent quelle influence ont eus les principes de M. Canning sur les destinées de l'Espagne, que de voir le roi Charles V partant pour aller conquérir son royaume, du lieu même où est mort le ministre anglais qui a le plus contribué aux révolutions de ce royaume.

Le roi profita du peu de jours qui lui restait pour visiter tout ce que Londres renferme de plus intéressant. Je lui portai ensuite les instructions à suivre, par les personnes de sa maison, au moment de notre départ comme pendant notre voyage. Voici en quoi elles consistaient :

S. M. devait sortir le 1er juillet avec M. Aznarès (1), ancien attaché à la légation de Sardaigne,

(1) M. Aznarès, fils du conseiller-d'état du même nom, est un de ces généreux Espagnols qui ont donné les preuves les plus honora-

à l'heure ordinaire de sa promenade (6 heures), et aller à la premier place, située à un mille de sa résidence, prendre une voiture pour se diriger ensuite dans Welbeck-Street, Cavendish square. C'était dans une maison de cette rue que je l'attendais; là il devait raser ses moustaches et faire teindre ses cheveux. Il était convenu qu'à la nuit tombante on dirait à Gloucester-Lodge, que le roi était revenu de la promenade avec une violente migraine, qui l'avait obligé de se coucher. Le médecin de don Carlos, qui n'avait jamais voulu l'abandonner, devait être dans le secret, ainsi que le valet de chambre du roi, vieux serviteur dont la discrétion était à toute épreuve. Le médecin, après avoir fait une visite au malade, devait écrire une ordonnance qu'on irait faire préparer chez un apothicaire du quartier, et dans laquelle il prescrirait des bains de moutarde et des synapismes. La reine, la princesse de Beira et l'évêque de Léon, devaient chaque jour aller passer plusieurs heures auprès du lit de l'auguste malade; l'évêque de Léon devait venir tout exprès de Londres, où il habitait, pour être plus à portée de donner ses soins au roi. Pour toute autre personne, la chambre du roi devait être inaccessi-

bles de fidélité au roi Charles V. Il envoya sa démission aussitôt après la mort de Ferdinand VII, et fut chargé par Charles V de missions importantes, dont il s'acquitta avec autant d'intelligence que de dévoûment.

ble, même pour les infants : on était convenu de leur dire que leur auguste père ne pouvait les recevoir à cause de la violence de son mal de tête ; cependant on confia, deux jours après notre départ, le secret de ce voyage au prince des Asturies, qui témoigna la plus vive douleur de n'avoir pu accompagner son père. Le gentilhomme de la chambre lui-même, qui, par les devoirs de sa charge, se tient à la porte de l'appartement du roi pour y recevoir ses ordres, ignora pendant plusieurs jours l'absence de S. M.

Dans le cas où le départ du roi, de Londres, aurait été connu, on devait faire partir dans une chaise de poste à quatre chevaux deux gentilshommes de S. M., pour Lulworth, et faire publier dans les journaux que don Carlos était allé visiter cette ancienne demeure de Charles X, dans le dessein de s'y fixer plus tard avec sa famille. Je laissai toutes ces instructions par écrit à la reine, qui eut la bonté de m'en témoigner sa satisfaction.

Ces détails paraîtront peut-être minutieux; mais j'avais à cœur de bien faire connaître tous les moyens employés et toutes les mesures prises, pour assurer le succès du voyage de mon auguste maître; on pardonnera l'abondance des détails, en faveur de l'importance du sujet.

Enfin, le 1er juillet, à dix heures du matin, le roi convint avec moi des dernières dispositions à prendre pour notre départ. Avant de le quitter, il me permit de lui baiser la main. « Sire, lui dis-je, c'est » le dernier hommage que je rends à V. M., dès ce » soir nous changerons de rôle, ce sera à vous de » m'obéir jusqu'à votre rentrée dans vos états, où » nous reprendrons chacun notre rang. » Le roi me répondit avec sa bonté habituelle, qu'il consentait de grand cœur à cet échange. Je pris ensuite congé de toutes les personnes de la cour, les laissant persuadées que je partais pour Hambourg.

A six heures, j'étais au rendez-vous de Welbeck-Street, où une demi-heure plus tard devait se trouver le roi; à six heures et demie il n'était pas encore arrivé, et je commençais à avoir de l'inquiétude. Ce retard, cependant, n'avait rien que de naturel; le roi n'avait-il pas, avant de partir, une couronne à déposer, une couronne, dont on ne se sépare qu'avec des larmes et bien des regrets, sa couronne de père? Il allait s'arracher des bras d'une famille qu'il n'avait jamais quittée, d'une épouse adorée, et de ses enfans, qu'il était incertain de revoir jamais! Son cœur de père et d'époux devait saigner en remplissant ses cruels devoirs de roi : il fit à ses enfans ses adieux, ceux qu'il fit à la reine devaient être éternels!

Sa majesté arriva à sept heures et demie, accompagnée de M. Aznarès. J'allai la recevoir, mais à la vue du roi, je fus si ému qu'il le remarqua, et me dit : « Vous paraissez avoir peur. —Non sire. —Vous

» avez peur, vous dis-je, reprit-il vivement, vous » êtes ému. — Oui, sire, je le suis, mais c'est d'en» thousiasme, j'admire l'énergie avec laquelle vous » venez de prendre une résolution qui doit avoir de » si grands résultats. » Je lui présentai M. et madame B., bien dignes tous deux de la confiance que le roi avait mise en eux.

On s'occupa ensuite du déguisement de sa majesté, et d'abord avec une gaîté vraiment remarquable, le roi fit tomber sous les ciseaux ses moustaches, sacrifice toujours douloureux pour un Castillan. L'aimable madame B. s'était chargée de teindre ses cheveux, son dévoûment ne voulant pas confier un secret de cette importance à des mains étrangères. Elle s'acquittait de son emploi avec une grâce craintive, et lorsqu'elle toucha pour la première fois les cheveux du roi, elle lui dit avec une émotion visible : « Il faut, sire, que nous soyions dans un » temps de révolution pour que j'ose ainsi porter la » main sur une tête royale. » — Courage, madame, lui répondit le roi avec affabilité; et pour la rassurer, il lui demanda gaîment si l'on n'aurait pas aussi de la poudre pour blanchir les cheveux. « *Au fait,* » ajouta-t-il aussitôt, *les temps où nous vivons ren-* » *draient souvent ce secret fort inutile.* »

Pendant tous ces apprêts, j'étais allé faire les dernières dispositions. Je pris soin de prévenir le propriétaire de la maison que j'habitais, que devant partir le lendemain de grand matin par le paquebot de Hambourg, j'avais résolu d'aller coucher à bord, afin d'être tout porté, cela se fait souvent, et ne devait pas éveiller les soupçons; mais je pris cette précaution parce qu'un Français s'était présenté chez moi la veille, offrant de m'accompagner dans mon voyage; cela me parut suspect, et quoique je ne fusse pas dans cette maison sous mon véritable nom, je craignis que cet homme ne fut un espion de M. de Talleyrand.

De retour auprès du roi, je le trouvai avec l'évêque de Léon, M. Aznarès et le secrétaire de l'évêque. Ce dernier venait d'arriver de Gloucester-Lodge, où nous l'avions envoyé chercher le sceau royal, que sa majesté y avait oublié. Le secrétaire de l'évêque nous apprit qu'on était en train de préparer des synapismes pour le malade; cette nouvelle divertit beaucoup le roi, qui se préparait gaîment à monter en voiture en très bonne santé.

J'appris que pendant mon absence, l'évêque de Léon obsédé par les conseillers opposans, qui lui avaient exagéré les dangers qu'allait courir le roi dans ce voyage aventureux, eut un moment de doute sur son succès; il avait cru devoir faire une dernière tentative pour s'assurer si la résolution de S. M. était inébranlable, et il l'avait suppliée d'ajourner son départ. — « Non! lui avait répondu » le roi, je sens là (et il montrait son cœur) quelque

» chose qui m'annonce que cette entreprise sera heu-
» reuse, et afin que Dieu la protège, avait-il ajouté,
» donnez-moi votre bénédiction. » Le roi mit alors un genou en terre, et le digne évêque appela sur sa tête royale les bénédictions du ciel.

Il fallut se séparer, les adieux du roi à l'évêque de Léon et aux personnes qui l'entouraient furent des plus touchans. Minuit sonnait lorsque nous montâmes en voiture, à sept heures et demie du matin, nous étions à Brighton, et une heure après nous voguions vers Dieppe.

Nous eûmes selon l'usage, dans la belle saison des traversées de Brighton à Dieppe, un passage de douze heures; mais la mer avait de la houle, la lame était fatigante, et le roi fut constamment souffrant du mal de mer pendant tout le voyage; cependant, l'idée de retourner dans ses états dominait souvent son malaise, et chacune de ses pensées était un souvenir pour sa patrie et pour ses sujets.

Vers quatre heures, je fis apercevoir au roi les côtes de France, de cette belle France, berceau de ses aïeux, terre héréditaire de sa famille, et qu'il n'avait connue que par une captivité de six ans, sous les verroux impériaux de Valençay. Avant de débarquer, j'eus soin de mettre sa majesté au courant de toutes les formalités auxquelles elle allait être soumise; je voulais éviter la surprise qu'elle pourrait manifester et qui aurait pu nous trahir ; les précautions de messieurs de la douane sont peu polies, et si elles offensent les simples particuliers, elles doivent, à plus forte raison, mécontenter les rois, que les circonstances y soumettent. J'engageai Charles V à ne faire aucune réfléxion, et à me laisser répondre à toutes les questions que l'on pourrait nous adresser.

Nous entrâmes dans le port à huit heures du soir, et en débarquant on nous conduisit au bureau de la douane pour y passer à la visite et y déposer nos passeports.

Après avoir subi l'examen ordinaire, nous allâmes loger à l'Hôtel-Royal, tenu par M. Clarke; malgré tous les efforts de mes instances et de ma logique, il me fut impossible d'obtenir des douaniers nos malles et nos passeports sur-le-champ, afin de pouvoir nous remettre en voyage dans la soirée; bien malgré nous, nous fûmes forcés de coucher à Dieppe.

Le lendemain matin on vint nous prévenir qu'on nous attendait au bureau de police, pour nous délivrer des passes. J'eus beau représenter qu'à Calais on n'était pas si formaliste, et que, moyennant une rétribution de deux francs, on y visait les passeports des voyageurs, sans qu'ils eussent besoin de se présenter à la police, il fallut céder; mais ce ne fut qu'en maudissant cette exigence très ridicule, et contre laquelle, du reste, au dire du commissaire de l'hôtel, réclamaient depuis long-temps tous les voyageurs qui passaient par Dieppe.

Nous fûmes obligés, malgré l'humeur que j'en éprouvais, d'aller au bureau de police, et là on nous délivra des passeports pour nous rendre aux eaux de Bagnères. Il y avait dans le bureau un grand nombre d'étrangers attendant, comme nous, leur visa; mais j'avais obtenu du commissaire que nous serions les premiers expédiés, aussi en sortant le roi me fit-il observer que j'avais eu tort de tant insister pour obtenir nos passeports avant tout le monde, que ces instances pouvaient donner des soupçons. « Mais, au contraire, lui dis-je, sire, c'est le meilleur moyen pour les éloigner : ce n'est pas celui qui se montre ou fait du bruit qu'on soupçonne; c'est le honteux qui se cache. »

A notre retour à l'hôtel, nous donnâmes les ordres pour notre départ. M. Clarke nous avait loué une calèche, j'avais fait commander les chevaux de poste à l'avance, et après notre déjeûner nous montâmes en voiture. Il était huit heures et demie quand nous partîmes de Dieppe. Le roi me demanda où était situé le château d'Arques, devenu célèbre par le combat dans lequel Henri IV battit le duc de Mayenne; je lui montrai sur la gauche de la route les côteaux qui nous le cachaient; le roi me dit en souriant : *je fais comme mon aïeul, je vais à la conquête de mon royaume.*

Lorsque nous fûmes arrivés à la hauteur de Montigny, à trois lieues environ de Dieppe, je dis au roi : voici la magnifique habitation de M. le vicomte d'Ambray, un des plus fidèles serviteurs de votre auguste famille de France. Les journaux de tous les partis ont rendu hommage au noble caractère qu'il déploya à l'époque de la révolution de juillet, lorsqu'il refusa énergiquement à la chambre des pairs de voter pour la royauté improvisée des barricades, en disant : *Mon vieux serment m'en défend un nouveau.* Cette phrase remarquable trouva de l'écho dans tous les cœurs, et lui concilia tous les partis, tant il est vrai que l'honneur n'a qu'une bannière : le vicomte d'Ambray est un de ces hommes qu'on peut présenter à ses amis comme à ses ennemis. Le roi se rappela ces différentes circonstances, et regretta beaucoup que la distance, où se trouvait de la route le château, ne lui permit pas d'aller faire une visite à M. le vicomte d'Ambray : qui, en effet, pouvait mieux que lui comprendre sa majesté?

En traversant le pays de Caux, le roi s'amusa beaucoup du *bonnet de coton* dont les femmes ont l'habitude de se coiffer. En général, pendant tout notre voyage, ce prince fit des remarques sur la gaîté française, qu'il préférait de beaucoup, au flegme britannique : il trouvait aux Français un air de vie, une animation qui le ravissaient. La nature de notre sol même, bien différent du sol noirâtre, et si j'ose m'exprimer ainsi, du sol brumeux de l'Angleterre, semblait vivifier l'âme du roi; ce ciel plus riant, plus chaud, lui donnait un avant-goût de son beau pays qu'il allait revoir.

Pendant la route, le roi me faisait des questions sur les lieux que nous parcourions et qui lui rappelaient toujours quelque souvenir; celui de Madame la duchesse de Berri vint naturellement sur cette route de Dieppe, où elle avait semé tant de bienfaits; le roi rendait hommage au noble courage de sa parente, et comparait la conduite si différente des deux sœurs, dont l'une sacrifiait tout aux intérêts de l'usurpation de sa fille, tandis que l'autre était venue en France jouer sa vie et sa liberté pour défendre, au nom de son fils, la cause de la légitimité.

Nous allions grand train, et nous fûmes assez heureux pour n'éprouver aucun accident; nous fîmes le trajet de Dieppe à Paris en dix-sept heures. Nous descendîmes à l'hôtel Meurice le 4 juillet, à trois heures du matin. Après avoir pris quelques instans de repos, nous quittâmes l'hôtel Meurice à sept heures, pour aller loger rue de Bourbon, n. 43, chez M. le comte du Suau de Lacroix, alors en Amérique. Son fils, que j'avais rencontré à Londres à son retour d'une mission importante qu'il avait remplie pour S. M. Charles V, avait écrit au portier de sa maison, que deux Américains de ses amis iraient loger chez lui à leur passage à Paris, et qu'en conséquence il eut à tenir prêt son appartement pour les recevoir. J'avais engagé M. du Suau de Lacroix à différer de quatre jours son départ d'Angleterre, et à aller à Gloucester-Lodge, tous les jours, demander des nouvelles de S. M., et confirmer la nouvelle de mon embarquement pour Hambourg. M. de Lacroix, afin d'éloigner tout soupçon, profita de cette circonstance pour conduire à la résidence royale plusieurs de ses amis, qui après avoir attendu en vain pendant quelques heures dans les salons du roi, pour lui être présentés, s'en retournèrent persuadés que S. M. était malade. On voit que je ne négligeai aucune précaution pour donner le change sur notre voyage; comme on connaissait d'ailleurs, mes relations d'intimité avec M. de Lacroix, on n'aurait pas pu supposer que je fusse parti sans lui pour Paris.

Le concierge de la maison de M. le comte de Lacroix n'ayant été prévenu de notre arrivée que la veille au soir, n'avait pas eu le temps de disposer l'appartement; nous le trouvâmes dans le plus grand désordre, n'ayant pas été habité depuis six mois. Le roi ne dédaigna pas de nous aider à le rendre logeable, il eut la bonté, et avec une grâce parfaite, d'aider à poser une garniture de rideaux. La complaisance avec laquelle le roi se prêta à la circonstance, servit merveilleusement à éloigner les soupçons, et le concierge était loin de se douter que c'était le roi d'Espagne qui remplissait gaîment les fonctions de tapissier.

Aussitôt que le roi fut installé dans son appartement, je m'empressai d'aller chercher un ex-huissier de la chambre du duc de Bordeaux, nommé Raymond; je connaissais sa discrétion et sa fidélité que j'avais souvent mises à l'épreuve, et je le plaçai auprès du roi, pour son service.

Ce vieux serviteur des Bourbons plût beaucoup à sa majesté, surtout lorsqu'elle sut qu'il avait eu le bonheur de servir le jeune prince, elle lui fit un grand nombre de questions sur la famille royale, et principalement sur l'auguste enfant. Les réponses de ce brave homme confirmèrent le roi dans l'opinion favorable qu'il avait déjà conçue du noble rejeton, l'espoir de la France, et il le jugea digne de la haute destinée que lui a marqué la Providence. Raymond qui était loin de soupçonner au service de quel grand personnage il était, prit le roi pour un noble étranger, et se recommanda à sa protection lorsqu'il serait de retour à Paris.

Je m'occupai, sans perdre de temps, de nos passeports; ils nous avaient bien été remis visés, mais une lettre de Londres que nous attendions et qui devait nous annoncer si l'absence du roi avait été soupçonnée, retarda notre départ de plusieurs heures. Nous ne pûmes avoir cette lettre qu'à sept heures du soir, elle nous annonçait, ainsi que nous en étions convenus : *que la maladie du roi continuait, malgré les soins qu'on lui prodiguait, et qu'on attendait avec impatience des nouvelles des voyageurs.* Décidément, on était dupe de notre stratagème.

Lecture faite de cette importante et singulière missive, nous nous rendîmes chez M. Jauge, où la voiture nous attendait. J'étais allé le voir le matin à huit heures pour lui demander de nous procurer une chaise de poste, et de me donner une lettre de crédit contre des valeurs. Il fut convenu avec le roi qu'au lieu de repartir de l'hôtel où nous étions, pour ne pas attirer l'attention de la police, nous nous rendrions dans l'après midi chez M. Jauge, et que nous partirions de chez lui. Nous montâmes dans son appartement, où le roi prit quelques rafraîchissemens.

Le roi avait entretenu M. Jauge, le matin, d'un emprunt qu'il avait contracté en Angleterre, et l'avait prié de concourir à sa négociation. M. Jauge ne dissimula point au roi que des ouvertures lui avaient déjà été faites par des maisons de l'étranger, et qu'il avait toujours refusé son assentiment, attendu l'impossibilité d'en opérer le placement pendant l'absence de S. M. de son royaume ; mais que du moment où S. M. daignait lui faire part de son généreux dessein, il se mettait à ses ordres.

Il était huit heures, lorsque nous montâmes en chaise de poste. Les rues de Paris avaient cet aspect brillant et animé qu'elles ont toujours par une belle soirée d'été ; les approches de la place Louis XV étaient couvertes d'équipages élégans qui se dirigeaient, en brûlant le pavé, vers les Champs-Élysées et le bois de Boulogne ; des jeunes gens à cheval, des promeneurs à pied, donnaient à tout cela un air de fête qui contrastait avec les idées qui occupaient le roi, à qui je montrai la place où était tombée, quarante-un ans auparavant, la tête découronnée de Louis XVI. Je faisais remarquer à mon auguste compagnon de voyage que, depuis l'échafaud du roi-martyr jusqu'au simulacre en toile peinte de l'obélisque de Louqsor, plus de vingt projets de monumens s'étaient succédé sur cet emplacement ensanglanté, et que sur cette terre, qui semblait maudite, nul édifice ne pouvait durer. « Les révolutions, me disait le roi, ne sont propres » qu'à détruire ; elles sont inhabiles à reconstruire ; » elles ont ébranlé, en quelques années, dans mon » pays, cette monarchie espagnole si forte et si puis- » sante, pour la jeter dans la plus cruelle anarchie. »

Dans ce moment, notre voiture fut arrêtée par une espèce de large char à bancs, surmonté d'un dais en coutil. Je jetai mes regards sur cette voiture, pour voir quels étaient les illustres promeneurs à qui notre postillon nous faisait céder le pas, et je reconnus Louis-Philippe et sa famille, qui allaient à Neuilly. Je m'empressai de le faire remarquer au roi en lui disant : *Sire, regardez devant vous, voilà votre auguste cousin le roi des Français, qui vient vous souhaiter un heureux voyage.* Charles V s'empressa de regarder son excellent parent, qui, se méprenant, crut qu'on le saluait, et mit la main à son royal chapeau gris, en l'inclinant gracieusement devant la majesté espagnole; la reine Amélie et les princesses ses filles, imitèrent la politesse de leur père. Le roi se prit à rire de bon cœur du salut de Louis-Philippe, et me dit tout bas : « Mon » bon cousin d'Orléans ne se doute pas que je tra- » verse ses états sans sa permission, pour aller dé- » chirer avec la pointe de mon épée, son traité de la » quadruple alliance. »

Cet incident inspira au roi de graves réflexions; il y avait dans cette rencontre une telle singularité de rapprochemens, que Charles V en fut vivement frappé. Les deux principes que représentent Charles V et Louis-Philippe, se heurtant en quelque sorte à la place même où la révolution avait fait tomber la tête d'un roi, offraient un spectacle qui préoccupait fortement Charles V; je le tirai de sa rêverie en lui disant gaîment : « Sire, votre cousin » Louis-Philippe est heureux; son salut vous a été » donné de trop bonne grâce pour qu'il ne vous » porte pas bonheur; c'est un fortuné présage pour

» le succès de notre voyage. » Je disais vrai, car il ne nous arriva aucune fâcheuse rencontre.

Pendant la route, le roi reprit sa gaîté habituelle; il y avait en lui cette espèce de satisfaction que fait éprouver l'accomplissement d'un devoir. On voyait que Charles V ressentait une joie intérieure de la courageuse résolution qu'il avait prise, et il me disait, quand je m'intéressais à la fatigue qu'il ressentait, d'une mauvaise nuit passée dans une chaise de poste assez dure au cahot : « Je me console en » pensant que, comme mon aïeul Louis XIV, *je » vais faire mon métier de roi.* Les temps où les rois » d'Espagne vivaient tranquillement sous les frais » ombrages d'Aranjuez ou dans la royale solitude » de l'Escurial, sont loin de nous et ne reviendront pas de long-temps ; je crains bien que mon » règne ne se passe à guerroyer contre la révolution, » heureux si je puis vivre assez d'années, pour réparer tous les maux qu'elle a accumulés sur l'Espagne ! »

Le bonheur des Espagnols était l'unique sujet des conversations de Charles V; il disait souvent, avec les larmes aux yeux : *C'est un peuple si bon, si généreux que le peuple espagnol, personne ne connaît mieux que moi tout ce qu'il mérite de bonheur et de prospérité.*

Nous nous arrêtâmes pour souper à Lonjumeau, près Paris; le roi se sentait un grand appétit, et n'ayant pas la facilité de choisir notre *Véry*, nous entrâmes dans une espèce de cabaret, décoré du nom de café. Si notre repas ne fut pas des plus délicats, il fut au moins assaisonné par une petite scène pastorale qui amusa beaucoup le roi. Près du comptoir, ou plutôt de la table qui en tenait lieu, se trouvaient les deux filles de la maîtresse de la maison; pendant que la mère était occupée à nous servir, et ne pouvait par conséquent les surveiller, elles échangaient avec un grand et beau garçon, sans doute le *coq du village*, de doux propos, et de tendres œillades.

Nous continuâmes notre route avec rapidité. Le lendemain, nous déjeunâmes à Mer-sur-Loire, entre Orléans et Blois, lieu fameux par ses fritures de goujon. Je demandai à sa majesté si elle était tentée d'en faire l'essai; le roi ayant accepté, nous descendîmes dans la meilleure auberge du pays. En peu d'instans on nous servit un déjeûner complet; le plat de goujons que l'hôtesse nous avait apporté avec un air d'orgueilleuse assurance, parut au roi fort audessous de sa renommée, il donna la préférence à un bassin de fraises à la crême, les premières qu'il mangeait en France, et les trouva aussi parfumées que celles des jardins d'Aranjuez.

En passant à Tours, le roi regretta beaucoup que son voyage incognito ne lui permit pas de voir le duc de Grenade, qui depuis la prise de Vittoria par Sarsfield, habite cette ville, où il est gardé à vue par la police du juste-milieu. Le duc de Grenade est du petit nombre des grands d'Espagne qui soit resté fidèle à la légitimité ; le roi fut très affecté d'être privé de le voir, d'autant plus qu'il a eu toujours pour ce fidèle serviteur l'attachement le plus vrai. Il eut aussi désiré voir le comte d'Espagne qui se trouvait dans la même ville, sous une surveillance encore plus sévère. Ce général, que la presse révolutionnaire a poursuivi avec tant d'acharnement, a rendu des services réels à Ferdinand VII, dans son commandement de capitaine général de la Catalogne, en réduisant au néant les projets insensés de quelques révolutionnaires, qui tentèrent d'allumer de nouveau la guerre civile dans cette belle province, la plus industrieuse, sans contredit, de toute l'Espagne. Je ne parlerai pas de sa conduite lors de l'insurrection de Bessières, et des reproches qu'un grand nombre de royalistes crurent devoir lui adresser à l'occasion de l'exécution de ce général, de Vidal et de leurs camarades, qui se fit par ses ordres, attendu qu'il y eut dans toute cette affaire un mystère impénétrable. Beaucoup de royalistes prétendent que Bessières n'avait agi dans cette circonstance que par les ordres positifs du roi, qui, disaient-ils, voulait avoir un prétexte pour changer les ministres qu'on lui avait imposés, et dont il ne supportait le joug qu'avec répugnance. D'autres affirment que c'est une calomnie atroce inventée par les ennemis de ce monarque. Il ne m'appartient pas de décider la question, ce n'est pas à un royaliste qu'il convient de juger un événement qui compromettrait si gravement la mémoire d'un roi; je laisse cette tâche aux ennemis de la royauté; je me contenterai de dire que ce mouvement fut réprimé avant qu'il eut eu le temps de se propager dans les autres provinces, par Ferdinand qui vint en personne dans la Catalogne, et que le comte d'Espagne n'a agi que par ses ordres. Je suis loin cependant d'approuver les exécutions barbares qui eurent lieu à Barcelonne et sur différens points de la Catalogne, lors du séjour de ce monarque dans cette province.

Je tâchai d'obtenir du roi quelques éclaircissemens sur cette affaire. Il paraissait aussi embarrassé que moi, ou plutôt sa circonspection accoutumée ne lui permit pas de faire connaître son opinion sur un fait qui pouvait rejaillir sur la mémoire de son frère. Il se contenta de gémir avec moi sur le sort de ces braves militaires, qui avaient donné à sa famille tant de preuves de dévoûment, et qui, dans cette circonstance, périrent victimes de la conviction où ils étaient, que ce mouvement avait eu lieu avec le consentement du roi. Mais reprenons la relation de notre voyage.

Le lendemain nous déjeunâmes à Barbezieux, et ce ne fut pas sans peine. Les uns voulaient nous conduire à l'hôtel de la Poste, les autres nous entraîner à l'hôtel qui se trouve sur le Cours. L'apparence mesquine de l'hôtel de la Poste nous fit enfin donner la préférence à l'établissement rival. Nous allâmes donc à l'hôtel de l'*Ecu de France;* on se mit en quatre pour nous recevoir. Tout en préparant notre déjeuner, l'hôtesse se prit à nous raconter toutes ses affaires, tous ses projets, et ses efforts pour satisfaire les voyageurs, et les moyens qu'employait l'hôtel rival pour empêcher ceux-ci de venir chez elle, faisant débiter mille contes absurdes contre sa maison par les postillons, qui recevaient un pour-boire considérable chaque fois qu'ils lui amenaient une chaise de poste. Le roi l'écoutait avec la plus grande attention, aussi elle en était enchantée; elle me dit : *Comme ce monsieur est bon, quel intérêt il prend à tout ce qui me concerne!...*

Un fait qui n'est pas indigne de remarque, c'est que sur toute notre route nous eûmes le télégraphe en face de nous. Ce maudit télégraphe que nous voyions s'agiter me causait souvent de l'inquiétude, et me faisait passer de mauvais momens; peut-être, me disais-je en moi-même, donne-t-il la nouvelle de notre absence d'Angleterre, qui aura sans doute été connue par quelque indiscrétion; pour tout au monde j'aurais voulu connaitre le sens de sa pantomime. Le roi dit en souriant : « Il annonce sans » doute que je suis retenu dans ma résidence de

» Gloucester-Lodge par une grave indisposition, » qu'on désespère de mes jours, et que mon cousin » de France, qui prend un si vif intérêt à mon sort, » transmet cette triste nouvelle à ma chère nièce d'Es- » pagne. » Il était en effet loin de croire qu'il disait vrai, car le bruit courut à Londres, à peu près vers cette époque, que le roi était dangereusement malade. Le rusé Talleyrand en fut entièrement dupe, et à tel point qu'il envoya plusieurs dépêches télégraphiques qui confirmaient son erreur; l'ambasssadeur d'Espagne lui-même regardait la mort du roi comme très prochaine. La nouvelle de notre arrivée a dû lui paraître terrible.

Notre voyage se passa heureusement jusqu'à Cubzac; mais en arrivant dans cette ville, le cheval, que montait notre jeune postillon, s'abattit. Nous le crûmes mort, on eut beaucoup de peine à le relever. Les deux premières personnes qui vinrent à notre secours étaient deux gendarmes qui s'entretinrent long-temps avec nous, sans plus de défiance que n'en avait Louis-Philippe. Nous allions avec une grande rapidité, parce que j'avais chargé le courrier de la malle de nous faire préparer des chevaux sur la route. Un postillon, en venant chercher son pour-boire, dit au roi : *Convenez, monsieur, que je vous ai mené comme un roi.* — *Peut-être*, lui répondis-je, *ne l'auriez-vous pas mené aussi vite s'il l'eut été.* Cette réflexion fit sourire don Carlos.

Nous arrivâmes à Bordeaux le dimanche 6 juillet, à dix heures du soir. Ne voulant pas attirer l'attention en arrivant en poste à l'hôtel où nous voulions descendre, je donnai l'ordre au postillon de nous conduire chez le propriétaire de notre voiture, c'était un sellier-carrossier de la rue du Port-Mahon. Il n'y avait personne chez lui; tout le monde était à la promenade; je me décidai alors à faire décharger la voiture à sa porte, et pendant cette opération j'allai chercher un fiacre; à mon retour je trouvai le roi aidant le cocher à descendre nos malles.

C'est à l'hôtel de Nantes que nous allâmes coucher; la maîtresse de cet hôtel, étonnée de nous voir arriver si tard, nous demanda par quelle voiture nous étions venus. — Par la malle-poste, lui répondis-je sans hésiter; et comme cette voiture arrive ordinairement de trois à quatre heures, j'ajoutai que nous avions dîné avec un voyageur avant de nous rendre à l'hôtel.

Le lendemain, je me levai de bonne heure, et j'allai chez le baron Albert Pichon de Longueville, pour lui proposer de recevoir chez lui le roi, et de nous accompagner dans sa voiture jusqu'à la maison de campagne de son beau-frère, le marquis de Lalande, à une lieue en-deça de Bayonne Je tenais beaucoup à ce qu'il nous accompagnât, parce qu'étant dans l'usage d'aller passer tous les ans une partie de la belle saison chez son beau-frère, il était très connu de tous les maîtres de poste de la route. Quoique très souffrant, il accepta avec joie ma proposition : lorsqu'il s'agit de faire un acte de dévoûment en faveur d'un Bourbon, le baron de Longueville est toujours prêt ; c'est une de ces fidélités à toute épreuve, qui doivent toujours concourir à affermir ou à relever un trône.

Je pris les plus grandes précautions pour le transport de nos malles chez le baron de Pichon ; nous ne voulions pas qu'on sût dans notre hôtel où nous allions. L'excellent M. M*** s'en chargea. Il accompagna aussi le roi, qui alla à pied à l'église de Saint-Dominique entendre la messe, qu'il n'avait pas entendue depuis Londres. Ce fut peut-être une des choses qui coûta le plus à Charles V pendant le voyage. Il faut connaître l'Espagne pour savoir quelle puissance exerce sur les Espagnols l'accomplissement des devoirs religieux ; ce n'est pas sans raison que l'église a donné aux rois d'Espagne, le titre révéré de *Majesté catholique*.

Pendant ce temps-là je pris congé de notre hôtesse ; elle me proposa une lettre de recommandation pour sa mère qui tient un établissement de bains à Bagnères ; j'acceptai avec empressement la lettre et les journaux, qu'elle me pria de remettre par la même occasion.

J'allai ensuite chercher S. M., et je la conduisis

chez M. de Pichon. Le roi acheta en route des gants et une casquette. Sa majesté allait payer généreusement, je m'empressai de marchander un peu ces petites emplètes, pour que le marchand ne crut pas qu'il avait affaire à un prince. En arrivant chez M. de Pichon, où le roi fut reçu avec une grande effusion de joie et de respect, sa majesté entretint toute la famille avec autant de bonté que de bienveillance, il adressa des paroles pleines de politesse au baron et à la baronne de Pichon, au comte et à la comtesse de Lalande, leur beau-frère et leur sœur ; S. M. se retira ensuite dans son appartement. M. le comte de Lalande l'accompagna plus tard à une maison de bains, et ne cessa d'avoir pour lui les soins les plus empressés, et de lui donner des témoignages du zèle le plus délicat.

A quatre heures, nous nous mîmes à table. Le roi fut très gai pendant tout le repas ; à cinq heures nous prîmes congé de l'aimable famille du baron de Pichon, et nous nous mîmes en route avec lui pour Bayonne.

Nous rencontrâmes le lendemain les séminaristes de Dax, qui entourèrent notre voiture pendant que nous changions de chevaux. Le roi leur adressa quelques mots obligeans pour répondre aux politesses qu'ils nous faisaient sans nous connaître. A mon retour j'eus occasion de voyager avec un vénérable ecclésiastique de la même ville, qui m'a raconté que ces bons séminaristes avaient été si touchés de l'affabilité du roi, que lorsqu'ils apprirent qu'il était entré en Espagne, ils supposèrent avec raison que c'était le personnage qui avait causé avec eux d'une manière si affectueuse.

Le même jour, à une heure après-midi, nous arrivions chez le marquis de Lalande, l'un de ces hommes dont le dévoûment est inépuisable, dans les occasions les plus difficiles; homme de cœur et de capacité, qui jouit dans toute sa province d'une réputation d'honneur et de probité politiques justement acquise. Lorsqu'il sut quel hôte nous lui amenions, il fit tous ses efforts pour le recevoir dignement. Aussitôt qu'il nous eut conduit dans son appartement, je le priai d'aller à Bayonne chercher M. D***, afin de prendre avec lui des dispositions indispensables de sûreté pour notre entrée en Espagne. Ils revinrent tous deux à cinq heures du soir. Ce pauvre D*** était tellement ému, tellement préoccupé, qu'il prenait tout le monde pour le roi. Je m'informai auprès de lui, s'il lui serait possible de nous procurer des guides pour passer la frontière le jour suivant. Il me répondit qu'il lui fallait quelques jours pour prendre les mesures de sûreté les plus nécessaires. En ce cas, repris-je, nous passerons seuls la frontière; nous sommes trop près du port pour risquer d'y faire naufrage avant d'y entrer, et le télégraphe me donne de trop vives inquiétudes pour différer plus long-temps notre sortie de France ; il est indispensable qu'elle ait lieu demain. Après avoir été présenté au roi, il s'empressa de retourner à Bayonne, et revint le lendemain de fort bonne heure nous annoncer avec joie que tout était disposé, qu'à dix heures nos guides nous attendraient à un quart de lieues de Bayonne, sur la route de Sarre. A neuf heures et demie, nous montâmes dans la calèche du marquis de Lalandé ; le marquis et sa femme étaient sur le devant de la voiture, le roi, mademoiselle de Lalande et moi dans le fond, le roi à droite, moi à gauche, et mademoiselle de Lalande dans le milieu.

Nous traversâmes Bayonne à dix heures du matin par le quartier le plus fréquenté de la ville. Arrivés au lieu du rendez-vous, nous n'y trouvâmes que le baron de Pichon et le fils du marquis de Lalande. Nos guides n'y étaient pas, ils nous firent attendre près de deux heures. Nous nous perdions en conjectures pour deviner la cause de ce retard ; et mon inquiétude était extrême, mais le roi, toujours calme, cherchait à nous rassurer tous : enfin nos guides parurent. C'étaient MM. D***, Da Cruz, consul de don Miguel à Bayonne, et Rivet, ex-garde-du-corps de S. M. Charles X. Nous prîmes congé de nos aimables compagnons de voyage, nous montâmes sur les chevaux qu'avaient amenés M. le baron de Pichon et le jeune de Lalande, et nous continuâmes notre route ; deux de nos guides allaient en avant, je suivais avec le roi et le troisième guide.

Quelque temps après, nous fîmes la rencontre du commandant de la gendarmerie, qui par un hasard des plus singuliers, et qui pouvait avoir les suites les plus fâcheuses, connaissait un de nos compagnons de voyage. Il fit route avec nous jusqu'à Sarre, dernier village de France, où il allait vendre son cheval ; il s'entretint long-temps avec le roi, qu'il crut Anglais, d'après la tradition populaire, du midi, qui fait toujours prendre pour des Anglais tous les étrangers qui voyagent en France. Ce commandant était du reste un officier de très bonne compagnie, dont les manières nous rassurèrent, et qui ne nous laissa pas apercevoir le moins du monde qu'il fut officier de gendarmerie.

Nous dinâmes à Sarre chez M.... à qui nous fîmes croire que le roi était un ambassadeur russe, et qui se donna la peine de nous accompagner jusqu'à la frontière.

Au moment où nous mettions le pied sur le territoire espagnol, un aigle, parti d'un des rochers qui nous entouraient, s'éleva au-dessus de nos têtes, et dirigea son vol vers la Navarre. C'est d'un bon augure, dis-je au roi, en lui faisant remarquer que ce symbole de la victoire semblait avoir été mis en sentinelle pour saluer le retour du roi d'Espagne dans ses états.

VII.

Entrée du Roi en Espagne. — Effets de sa présence sur l'armée et sur les populations.

Il était six heures lorsque nous fîmes notre entrée en Espagne, entrée déguisée comme une ruse de guerre, à laquelle les rois ne sont pas accoutumés. M. D.... nous quitta pour retourner à Bayonne, avec deux lettres qu'il devait envoyer par un courrier, l'une à Paris et l'autre à Londres.

Nous nous dirigeâmes vers Maya, continuant à garder le plus sévère incognito ; le lendemain, nous déjeûnions à Ariscum, petit village à sept lieues de

Pampelune, chez une dame dont le mari avait été forcé de se réfugier en France pour échapper aux persécutions des christinos. Pendant ce déjeûner auquel assistaient plusieurs habitans du village, nous fîmes tomber la conversation sur l'arrivée prochaine de Charles V. Je proposai de parier qu'avant quinze jours il serait en Espagne. La gageure fut acceptée. « C'est parier à coup sûr, leur dis-je, » et tenez, personne plus que M. l'ambassadeur (je » désignai le roi) ne peut vous donner des nouvelles » de don Carlos, puisqu'il l'a vu avant son départ » de Londres. »

Je leur adressai aussi plusieurs questions tendant à connaître quelle influence pourrait exercer sur les esprits l'arrivée de don Carlos. Il nous fut aisé de nous convaincre qu'elle serait saluée par le soulèvement général des quatre provinces du Nord, restées fidèles à leur roi. Je proposai ensuite à M. l'ambassadeur russe un toast à la santé du roi, qui fut accepté et porté avec enthousiasme.

Les plus grandes précautions nous étaient commandées, dans les intérêts de la sûreté du roi, jusqu'au moment où nous serions au milieu des nôtres, et assez loin de la frontière de France et des environs de Saint-Sébastien, pour n'avoir plus à craindre, ni un coup de main des troupes françaises qui pouvaient être instruites de notre arrivée en Espagne, et qui n'auraient pas reculé devant une violation de territoire, pour s'emparer d'une capture aussi importante que celle de Charles V, ni à redouter de tomber dans un parti de christinos, qui pouvaient sortir de Saint-Sébastien ou des autres places fortes de la Navarre.

Nous rencontrâmes sur toute la route depuis la frontière, des troupes royalistes qui étaient loin de se douter que le roi était au milieu d'elles; leur tenue était parfaite; un des membres de la junte de Navarre nous accompagna jusqu'à Elisondo. Alors il ne fut plus possible de contenir l'élan de ces bons Navarrais. La nouvelle de l'arrivée du roi se répandit dans la province avec une rapidité électrique, les populations entières accouraient autour du prince, elles étaient ivres de le voir, le peuple se pressait sur ses pas, se jetait à ses genoux, baisait ses mains; c'était bien le cas de dire comme Henri IV des Parisiens : *Ils sont affamés de voir un roi.*

VIII.

Coup-d'œil de statistique sur les provinces du Nord. — Premières opérations de Charles V.

Les provinces du Nord, les premières qui aient relevé la bannière royale et embrassé la cause de la légitimité, sont la Navarre, et ce qu'on appelle en Espagne les provinces *Vascongades*, qui comprennent les seigneuries de Biscaye, d'Alava et de Guipuscoa.

La Biscaye, appelée autrefois *Cantabrie*, est bornée au nord par le golfe de Gascogne, et touche à l'est le Guipuscoa, et au sud-est l'Alava; à l'Ouest, elle est limitée par ce qu'on appelle le pays des Quatre-Villes (1). Bilbao en est la capitale; ses au-

(1) On appelle *pays des Quatre-Villes*, un canton enclavé entre les

tres ports sont Plencia, Lequeitio, Bermeu et Laredo; elle est arrosée par la Bidassoa et l'Ansa. Sa population est de 116,000 habitans, dont la plus grande partie est disséminée, dans des hameaux isolés, au milieu des Pyrénées, et ignorés des voyageurs.

L'Alava a pour frontières, au nord, le pays des Quatre-Villes et la seigneurie de Guipuscoa; à l'est la Navarre, et au sud la Rioja. Sa capitale est Vittoria; ses principales villes, Salvatierra, Laneujo et Trivino; ses principales rivières: l'Ega, l'Ansa et l'Urola; elle est coupée par de grandes cordellières de montagnes, qui se lient à la grande chaîne des Pyrénées.

Le Guipuscoa est un pays très montagneux, ou pour mieux dire, ce n'est qu'une longue et vaste montagne enclavée entre le golfe de Gascogne, la Navarre et la Basse-Navarre en France, l'Alava et le pays des Quatre-Villes. La capitale est Tolosa, les autres villes principales sont : Bergara, Placencia, Fontarabie et Saint-Sébastien; le plus beau port est celui de Saint-Sébastien, les autres sont Orio, Zaranz, Guetaria, Zumaya et Motria.

Le royaume de Navarre, qui forme avec les provinces Vascongades, le théâtre de la guerre de la lé-

seigneuries de Biscaye, de Guipuscoa, d'Alava, et la province de la Vieille-Castille ; ces quatre villes sont : Orduna, Oquenda, Messana et Respulde, on pourrait y ajouter aussi Orto, qui se trouve sur ce territoire.

gitimité est un pays qui est séparé de la Navarre française par les Pyrénées ; à l'est et au sud, elle est limitrophe de l'Arragon ; au sud-ouest de la Vieille-Castille, et au nord-ouest, elle touche aux Vascongades. C'est un pays rude, accidenté et coupé par des vallées et des plaines fertiles ; ses montagnes sont la pointe occidentale de la chaine des Pyrénées, et ses vallées les plus renommées sont les vallées de Roncal, de Lescure, de Roncevaux et du Bastan, dont Elisondo est le chef-lieu. La capitale de la Navarre est Pampelune, ville forte, située à sept lieues de la frontière de France. La Navarre est arrosée par l'Ebre et par plusieurs petites rivières, parmi lesquelles on cite les Queiles, l'Irati, l'Arga, l'Alhama et le Cidacos. Après Pampelune, ses principales villes sont Tudela et Taffala.

La Navarre, comme tous les autres pays du nord de l'Espagne, d'abord indépendante pendant les premiers siècles de l'ère chrétienne, subit, vers la fin du cinquième siècle, le joug des Suèves et des Vandales qui pesait sur les Castilles, la Galice, l'Andalousie et les Asturies. La domination de ces peuples, d'abord tolérante, devint plus tard tyrannique, et persécuta les croyances chrétiennes ; elle força ses habitans à quitter leur pays et à se réfugier sur le revers septentrional des Pyrénées jusques à la Garonne, qui prit le nom de Vascogne ou de Gascogne que ses nouveaux colons lui apportèrent.

La Navarre fut ensuite, comme le reste de l'Espagne, soumise aux Maures, jusqu'au commencement du neuvième siècle époque où un fils de Charlemagne, le roi d'Aquitaine, les chassa de ces contrées qu'il plaça sous la protection de l'empire français. Un siècle plus tard, la Navarre tomba dans les mains d'un comte de Bigorre, qui s'en déclara roi, et qui fonda cette dynastie des rois de Navarre qui dura cinq cents ans. Enfin la Navarre passa dans la maison d'Albret par le mariage de Catherine de Navarre avec un prince de cette famille, en 1494. Ferdinand le Catholique s'empara plus tard de la plus grande partie de la Navarre, par suite de l'interdit jeté, en 1512, sur le royaume de Jean III, par le pape Jules II, et dès ce moment, ce royaume fut morcelé; la partie située en deça des Pyrénées, connue sous le nom de Basse-Navarre, resta dans la maison d'Albret, jusques au moment où Henri IV, petit-fils d'Henri d'Albret, la réunit à la couronne de France, en 1589. L'autre partie, connue sous le nom de Navarre proprement dite, resta soumise aux rois d'Espagne, mais conserva l'ancienne forme de son gouvernement et les priviléges de sa constitution, ses anciennes lois civiles et criminelles, ses coutumes et ses priviléges, et ses états composés de trois ordres, du clergé, de la noblesse et des députations des villes. La Navarre conserve encore le privilége de recevoir sans droits toutes les marchandises étrangères; les douanes espagnoles ne sont établies de ce côté que sur la frontière de la Vieille-Castille, qui touche à cette province. Enfin, tous les droits, franchises et privilèges nationaux, connus dans ces provinces sous le nom de *fueros*.

La Navarre a été très peuplée autrefois, et surtout à l'époque de la fameuse émigration qui eut lieu dans le midi de la France, vers le milieu du seizième siècle; aujourd'hui le nombre de ses habitans s'élève, d'après les derniers récensemens, à 287,382. Dans ce nombre on compte :

Curés	753
Prêtres séculiers	1,166
Religieux	1,120
Religieuses	510
Nobles	13,054
Gens de loi	172
Etudians	1,163
Domestiques	9,910
Paysans et artisans	259,534

Les Navarrais sont un peuple sérieux, fier et brave, ils sont agiles, forts et laborieux ; on leur reproche d'être opiniâtres et violens, mais du reste spirituels et pleins de droiture. Ils ont une tendance à adopter les mœurs françaises. Leur costume diffère peu de ceux de la Castille, le costume des femmes, surtout dans les montagnes, est plus pittoresque et moins altéré, il a un caractère très distinct et des formes grâcieuses et élégantes.

Les Navarrais sont braves, patiens, et extrêmement sobres. J'en ai vu un grand nombre nuds pieds, gravir les montagnes et parcourir les bois, et faire jusqu'à douze lieues dans un jour, ne recevant souvent qu'un quart de ration; avec un verre de vin ou un peu d'eau-de-vie et un cigarre, ils supporteraient toutes les fatigues. Ils sont constans dans leurs affections, et incapables de déserter jamais le parti qu'ils embrassent (1).

Dès son arrivée à Elisondo, don Carlos écrivit à Zumalacarreguy et au marquis de Val-Despina pour les engager à se rendre auprès de sa personne. Ce dernier était en Biscaye à la tête de la députation de cette province, où il exerçait la plus grande influence. Le général Zumalacarreguy, qui n'était qu'à très peu de distance d'Elisondo, arriva dans cette ville le 12 juillet au matin. Le roi, à la vue d'un serviteur si dévoué à qui il avait tant d'obligations, ne pût cacher son émotion; il le serra dans ses bras, le pressa sur son cœur et lui témoigna d'une ma-

(1) Sarsfield ayant fait neuf prisonniers à Artajona, leur demanda pourquoi ils avaient quitté leurs foyers, pour mener une vie errante et misérable, ceux-ci répondirent que c'était à cause de leur attachement à don Carlos. Sarsfield leur dit de crier *vive la reine*, alors les prisonniers découvrirent leur poitrine, disant qu'ils aimaient mieux être fusillés dix fois que de proférer un tel cri.

nière simple mais noble, par quelques paroles qui exprimaient à la fois sa reconnaissance et sa satisfaction, tout le bonheur qu'il éprouvait de l'avoir auprès de sa personne, au moment où il venait partager les périls de ses fidèles sujets. Le roi s'empressa de le nommer le même jour lieutenant-général de ses armées et son chef d'état-major.

Cette faveur royale, juste récompense des éminens services de Zumalacarreguy, fut unanimement approuvée par tous les Navarrais.

Je voyais pour la première fois le général Zumalacarreguy, et je fus frappé de l'impression qu'il produisit sur moi. Il y avait dans la manière noble, franche et respecteuse à la fois, avec laquelle il aborda le roi, quelque chose d'imposant qui rappelait le type du caractère espagnol des anciens temps.

Le général Zumalacarreguy est petit, mais d'une organisation forte et robuste; ses yeux gris sont vifs et animés, ils décèlent de l'esprit et de l'imagination; son front large signale l'homme capable de grandes résolutions; son teint est coloré, il y a de la réflexion et du courage sur cette mâle figure; comme le grand Frédéric, il a une épaule un peu plus haute que l'autre, et comme lui il incline légèrement sa tête sur le côté, et cette attitude habituelle donne à l'ensemble de sa personne un mélange de fierté et d'audace très analogues à son caractère. En le voyant, on devine en lui toutes les grandes qualités qui le distinguent, et dans tous ses mouvemens se révèle ce caractère impétueux et passionné qui règle toutes les grandes actions de sa vie.

Le roi, dès son arrivée en Navarre, ne perdit pas un moment pour s'occuper de compléter l'organisation de son armée, et lui donner ce mouvement et cette impulsion qu'elle devait recevoir de sa personne. Le même jour il nomma don Benito Eraso maréchal-de-camp et commandant en se con de l'armée de Navarre (1), et daigna me conférer, comme un té-

(1) Zumalacarreguy fut puissamment secondé par le colonel don Benito Eraso, qui s'était déjà distingué, en 1822, contre les constitutionnels, et en 1830, lors de l'entrée de Mina en Navarre. Le colonel Eraso appartient à l'une des familles les plus riches et les plus puissantes de la vallée de Roncal. Il commandait depuis 1827 toute la ligne de la frontière, depuis Vera jusqu'à l'Aragon. C'est lui qu'on chargea de l'organisation de la brigade des chasseurs volontaires de Navarre, corps qui ne le cédait en rien aux meilleures troupes de ligne.

Il avait, dès le 12 octobre, proclamé Charles V à Ronceveaux, avec les vingt carabiniers, qui formaient la garnison de ce village. Il fut rejoint le jour suivant par cent volontaires royalistes, commandés par Martin-Louis Echeverria, alcade de Banan. Toute cette petite troupe se rendit le 14 à Ochagavia; Eraso étant tombé malade, alla se rétablir à Valcarlos, petit village situé près de la frontière de France, sur la route de Pampelune à Saint-Jean-Pied-de-Port. Son état maladif ne l'empêcha pas de s'occuper du soulèvement de la Navarre, qui s'effectuait tous les jours.

Le vice-roi de Navarre redoutant l'influence de ce chef sur les populations de ces contrées, envoya contre lui un détachement de carabiniers et de troupes ligue, qui faillirent le surprendre. Il n'eut que le

moignage de sa royale satisfaction, le grade de brigadier d'infanterie. Ce ne fut que quelques jours après, que je reçus le titre de son aide-de-camp, qu'il donna aussi au général don Benito Eraso et au maréchal-de-camp don Fernando Zavala, commandant en chef de l'armée de Biscaye; le maréchal-de-camp Uranga, ancien commandant en chef de l'armée royale d'Alava, obtint plus tard la même faveur. Ces divers décrets furent contresignés par le lieutenant-général comte de Villemur, à qui le roi avait confié le portefeuille de la guerre par interim.

Le roi adressa, le jour même de son arrivée, une proclamation à l'armée royaliste, et une amnistie fut offerte aux généraux, officiers et soldats rebelles le 15 du même mois; le roi adressa aussi une proclamation à la nation espagnole. Ces deux pièces,

temps de se réfugier sur les montagnes voisines. Il se trouva, sans le savoir, sur le territoire français. L'officier commandant le détachement des troupes françaises; qui occupaient ce point de la frontière, l'arrêta, et l'aurait livré aux troupes christinos, sans le brave colonel de la garde nationale de Saint-Jean-Pied-de-Port, qui s'opposa à cet acte d'inhumanité. Le colonel Éraso, conduit devant le préfet des Basses-Pyrénées, fut dirigé par ses ordres sur Angoulême, mais arrivé à Bordeaux, il eut le bonheur d'échapper à la surveillance de ses geôliers, et trouva un asile sûr dans l'hôtel du baron de Pichon-Longueville. A l'aide d'un déguisement, il réussit à rentrer en Navarre par Vera. On voulut lui confier le commandement en chef, mais il le céda à son digne ami Zumalacarreguy, dont il connaissait les talens militaires, et se contenta du commandement en second.

qu'on trouvera à leur date parmi les pièces justificatives, prouvent assez dans quel esprit de clémence et de conciliation le roi était rentré dans ses états.

Le roi reçut après les membres de la junte de Navarre, les principales autorités, les officiers des divers corps et les notabilités de la ville. Le soir il fut chanté un *Te Deum*, en action de grâces pour l'arrivée de sa majesté ; toute la nuit il y eut des réjouissances publiques, dont la joie populaire fit tous les frais. Les femmes les plus distinguées de la ville, mêlées au peuple, vinrent sous les fenêtres du roi prendre part aux danses et aux chants nationaux, de ce bal et de ce concert improvisés.

Le lendemain, le roi accompagné du général Zumalacarreguy, de ses aides-de-camp, du président et du secrétaire de la junte, alla passer en revue les six bataillons et les trois escadrons de Navarre, qui se trouvaient à sept lieues d'Elisondo.

Ce fut parmi les troupes un enthousiasme général ; soldats et officiers semblaient payés de toutes leurs fatigues et de tout leur dévoûment, par la seule vue de leur roi. Depuis neuf mois de combats, c'était le premier jour de repos et de bonheur qu'ils goûtaient : les troupes voulurent aussi donner une fête militaire au roi, on dansa autour des feux de bivouac, au son d'une musique militaire, pendant une partie de la nuit, aux cris de vive Charles V.

Le roi fut rejoint à quelque distance de là, par le

marquis de Val-Despina et les membres des juntes de Guipuscoa, d'Alava et de Biscaye. Sa majesté les engagea à l'accompagner pendant la revüe qu'il allait passer des troupes des provinces Vascongades. Sa route fut une marche triomphale à travers les populations accourües sur ses pas. Les jeunes filles se pressaient autour de lui, dansant des *boleros* au son du tambourin; les hommes, selon les antiques usages des Espagnols, jetaient leurs habits sous les pieds du cheval de sa majesté; enfin, de mémoire d'homme, jamais souverain n'avait été reçu avec plus de marques d'allégresse et d'amour. Quelques jours après, le roi créa une junte consultative, composée des présidens des diverses juntes royalistes, afin de connaître les ressources et les besoins des provinces qu'ils représentaient. C'était le marquis de Val-Despina, grand d'Espagne de première classe; Echevaria, prêtre; Uranga, maréchal de camp; Alsaa, colonel de Guipuscoa; don Benito Eraso, maréchal-de-camp; Vidaondo, secrétaire; le comte de Villemur et Zumalacarreguy y avaient aussi voix délibérative.

Les mesures de rigueur employées par le gouvernement français contre les Espagnols fidèles qui voulaient aller se ranger sous le drapeau de leur roi, ne purent pas triompher du dévoûment de quelques officiers, qui avaient accompagné Charles V du Portugal en Angleterre, après le départ de sa majesté de Londres, ils se risquèrent à traverser la France, et bravèrent la police de M. Thiers. Le premier qui eût le bonheur d'échapper aux sbires du juste-milieu, fut M. Cruz Mayor, officier-adjoint des affaires étrangères, pendant le ministère de M. le comte de la Alcudia; ce ministre l'avait appelé de Lisbonne, où il était secrétaire d'ambassade, pour l'attacher à son cabinet particulier. Réfugié en France, depuis la fin de l'année 1833, il habitait Bordeaux à l'époque où S. M. y passa; ce fut là qu'il reçut l'ordre de venir la rejoindre; à son arrivée en Navarre, Charles V lui confia l'intérim du portefeuille des affaires étrangères.

Le second qui vint nous rejoindre, fut don José Villavicencio, gentilhomme de la chambre de sa majesté. Ce jeune homme, plein de courage et de dévoûment, n'avait pas quitté son auguste maître pendant tout le temps de son exil; dès qu'il apprit son départ de Gloucester-Lodge, il sollicita de la reine la permission d'aller le rejoindre en Navarre. Il brava tous les dangers avec le courage du dévoûment; il rejoignit le roi à San-Estehan, dans les derniers jours de juillet. Son noble exemple fut bientôt suivi par un autre gentilhomme ordinaire du roi, don José Guilen; il fut aussi heureux que son honorable ami. D'autres officiers vinrent aussi prendre rang parmi les braves soldats de Navarre; quelques-uns furent assez malheureux pour tomber dans les mains de la police française ; de ce nombre furent le général Moreno, et les colonels O'Donnell et Urbistondo Eguia, ils furent traduits devant les cours d'assises, comme prévenus d'avoir voyagé sous des noms supposés. Le premier fut en butte à de cruelles persécutions; les juges du juste-milieu lui firent expier sa fidélité à la cause de son souverain, par trois mois d'une rude prison. Aujourd'hui, le général Moreno est auprès de son roi, qu'il sert de ses conseils et de son épée. Général habile et courageux, il justifie la confiance que Charles V a mise dans son expérience et dans son dévoûment.

Les deux colonels O'Donnell et Urbistondo, plus heureux en France que le général Moreno, furent réservés à d'autres destinées. Le brave Urbistondo alla s'embarquer avec vingt-six officiers espagnols sur un bâtiment chargé d'armes et de munitions pour l'armée de don Carlos, et ils eurent la fatalité d'être capturés par un croiseur christino; Urbisondo et ses compagnons de voyage ne dûrent la vie qu'à l'énergique intervention de l'Angleterre; ils sont détenus dans le château de San Anton (Corogne). Les chances de fortune des sujets fidèles sont souvent différentes, mais elles sont toujours honorables.

Le colonel O'Donnell eut le bonheur de rejoindre l'armée royale, il obtint aussitôt après son arrivée, le commandement en chef de la cavalerie. Dans toutes les affaires où il a chargé à la tête de ses escadrons, il s'est toujours montré digne du nom qu'il porte. L'Europe connait la mort glorieuse qu'il a trouvée sur le champ de bataille. Entraîné à la tête de quelques cavaliers à la poursuite d'un escadron ennemi, il est tombé frappé à mort d'une balle; rapporté au camp, il n'a survécu que quelques jours à sa blessure. Sa mort a été honorée des regrets du roi et des témoignages d'estime de toute l'armée, qui perd en lui un de ses plus braves officiers.

Le lieutenant-général Maroto et le colonel Sacanell, gentilhomme ordinaire des jeunes infans, après avoir subi une longue détention en Espagne, parvinrent à aller rejoindre le roi, pendant son séjour en Portugal, ils l'accompagnèrent à Londres à son départ d'Evora, et parvinrent ensuite, après les plus grands dangers et les plus nombreuses difficultés, à venir le retrouver en Navarre. Les colonels Martinez et Sarradilla ne mirent pas moins de courage et d'obstination dans leur dévoûment; arrivés auprès de sa majesté, ils ont ensuite rempli les missions les plus difficiles et les plus périlleuses.

Nous regrettons de ne pouvoir citer les noms de tous les officiers qui sont venus offrir leur épée à leur roi, nous voudrions pouvoir raconter tant d'actes d'héroïsme et d'audace, tentés pour braver des dangers qui se renouvelaient à chaque pas, et que peuvent seuls faire affronter l'héroïsme de la fidélité et le sentiment le plus sublime du devoir.

Avant de commencer le récit des événemens qui ont eu lieu depuis l'arrivée du roi dans ses états, il est important de faire connaître les principales opérations de l'armée de Navarre avant l'entrée de sa majesté dans cette province.

Dès le commencement de la guerre, le général Zumalacarreguy s'était formé un plan de campagne basé sur son système de temporisation, de marches et de contre-marches, d'alertes et de surprises, se proposant pour modèle le général romain contre le général carthaginois. Quesada avait pris le commandement en chef des troupes de Christine, comme nous l'avons dit plus haut. Ce général, peu accoutumé aux fatigues de la guerre, homme de cour avant tout, sans aucune connaissance des lieux, présentait à l'activité du général carliste des chances de succès dont il sut habilement profiter. Après avoir battu les lieutenans de Quesada dans toutes les rencontres, Zumalacarreguy ne chercha que l'occasion de se mesurer avec le général en chef.

Il était nuit lorsque les deux corps d'armée se rencontrèrent dans la vallée d'Alsasua. Il serait inutile de s'arrêter aux détails de cette affaire, si elle ne présentait pas un de ces incidens qui caractérisent si bien la forfanterie de tous les généraux envoyés en Navarre pour comprimer l'insurrection.

La guerre n'avait pas encore pris ce caractère de

férocité, qui, depuis, a rendu les deux parties irréconciliables, Quesada crut que l'humanité lui faisait un devoir d'épargner le sang espagnol ; dans la soirée, deux officiers furent envoyés à Zumalacarreguy, pour l'engager à mettre bas les armes. Non content de le traiter déjà en vaincu, Quesada crut pouvoir joindre l'insulte à la bravade. Sa missive était adressée au *chef des brigands*. Ce langage était d'autant plus inconvenant dans la bouche de Quesada, que lui-même, en 1822, avait fait le même métier, et Zumalacarreguy servait alors sous ses ordres.

Le *chef des brigands* se contenta d'en rire, et renvoya sa réponse au lendemain. En effet, le jour survint, l'action s'engagea dans la matinée. Quesada, après avoir perdu le tiers de ses forces, alla chercher un refuge dans Vittoria. Il faillit tomber entre les mains de ses ennemis, et ne dut son salut qu'à la vitesse de son cheval et à la bravoure du lieutenant-colonel Léopold O'Donnel, qui, avec une compagnie de la garde, dont il était commandant, arrêta dans un défilé la marche des troupes royalistes et donna ainsi à son général le temps de s'échapper. Ce brave officier fut ensuite fait prisonnier avec toute sa compagnie. Les soldats furent incorporés dans les rangs royalistes. Les officiers furent fusillés. O'Donnel et ses compagnons adressèrent avant de mourir une lettre à la reine régente, dans laquelle ils lui exprimèrent avec beaucoup de dignité, sans faiblesse et dans des vues d'humanité, tout ce que la conduite barbare de Quesada, envers les prisonniers carlistes, avait d'odieux, puisqu'elle réduisait le général Zumalacarreguy à la dure nécessité d'exercer de cruelles représailles. Ces infortunés ajoutaient, qu'ils mouraient sans haine contre leurs ennemis, dont les égards et la pitié avaient adouci leur sort; qu'ils ne reprochaient leur mort qu'à l'obstination de Quesada à se refuser brutalement à tout échange de prisonniers : aussi, peu de jours après, ce général reçut-il la nouvelle de son remplacement par Rodil.

Trois généraux avaient ainsi successivement épuisé toute leur tactique militaire, et leur gloire passée n'avait pu les garantir de la honte attachée à leur défaite. Rodil, suivi de nombreux renforts, devait-il être plus heureux que Sarsfield, Valdès et Quesada?

L'arrivée de Rodil en Navarre coïncida d'une manière remarquable avec l'arrivée du roi dans ses états; Rodil amenait à l'armée de Christine le renfort considérable de son armée de Portugal.

Ce renfort fut heureusement contrebalancé par la présence de S. M., qui, à elle seule, valait une armée. Si les envois d'armes, d'artillerie et de munitions, promis par le banquier qui avait contracté l'emprunt avaient eu lieu en même temps, nul doute que le soulèvement n'eut été général, et que nous n'eussions pu alors marcher sur Madrid. Malheureusement nous eûmes bientôt la triste certitude que le contractant n'avait pas rempli tous ses engagemens. On attendait deux millions; on n'avait reçu qu'environ 200,000 fr., et encore ne put-on les toucher que quinze jours après notre arrivée (1).

Il faut faire connaître ici au lecteur les obstacles immenses que le roi rencontra, obstacles qui l'empêchèrent de faire d'abord les progrès que l'Europe attendait de sa présence. La situation de l'armée était telle, lors de l'arrivée du roi en Navarre, que si son retour dans ses états eut été retardé d'un mois, il est douteux que l'insurrection eut pu se soutenir. Les munitions manquaient, on ne pouvait s'en procurer, tant les contrebandiers étaient effrayés par les mesures de rigueur du gouvernement français. Les armes étaient en très mauvais état, presque le tiers des fusils n'avaient pas de baïonnettes, et pour comble de malheur, la division existait parmi quelques chefs. Le premier soin du roi fut de rétablir l'harmonie parmi ses généraux; il prit, pour atteindre ce but, des mesures si sages, qu'elles concilièrent tous les esprits. Charles V évita d'avoir re-

(1) Une partie de cette somme avait cependant été versée dans les caisses de l'armée royale, avant même que les traites n'eussent été acceptées. Le roi dut ce service à M. L***, banquier à Bayonne, dont le désintéressement, dans tout ce qui pouvait être utile à la cause de Charles V, a toujours été noble et généreux.

cours à des moyens qui auraient pu exaspérer la plus grande partie du royaume. Voulant reconnaître les services éminens que lui avaient rendus ses provinces fidèles, il confirma tous leurs priviléges ; et en même temps il tendit les bras à ses enfans égarés, en les invitant à se réfugier dans sa clémence royale, et leur promettant pardon et oubli.

Il est hors de doute que la plus grande partie de l'armée rebelle se serait empressée de répondre à l'appel paternel de son roi légitime, si elle avait été convaincue de sa présence en Espagne ; mais les généraux Christinos étaient parvenus à persuader aux soldats que Zumalacarreguy, se voyant à la vieille d'être abandonné par ses partisans, avait imaginé, pour relever leur courage abattu, de faire représenter le roi par un aventurier. Cette nouvelle absurde s'accrédita dans l'armée, et afin qu'on n'eut pas le temps d'en reconnaître la fausseté, Rodil s'empressa de réunir toutes ses forces et de marcher contre Charles V.

Zumalacarreguy persuadé qu'il ne pourrait résister à des forces si supérieures aux siennes, proposa au roi de se séparer de lui, afin de diviser les masses ennemies. Il laissa au roi un bataillon pour sa garde, sous le commandement de don Benito Eraso.

En effet, Rodil envoya contre Zumalacarreguy deux de ses colonnes, et se chargea en personne de poursuivre le roi avec ses principales forces. Pendant deux mois il ne lui laissa pas un moment de repos ; le roi se vit souvent entre quatre colonnes ennemies, n'ayant pour sa défense que trois cents hommes, et quelquefois soixante. Il ne dut son salut qu'à l'amour des habitans, qui, au péril de leur vie et de leur fortune, l'instruisaient de tous les mouvemens de l'ennemi. A chaque instant nous trompions ses manœuvres ; de sorte que lorsqu'il croyait nous atteindre, nous nous trouvions souvent le plus loin de lui.

Le maréchal de camp don Benito Eraso rendit dans cette circonstance de grands services au roi par la connaissance parfaite qu'il avait du pays. C'est par ses savantes marches et ses contre-marches hardies que le roi eut le bonheur d'échapper à son ennemi.

Il est impossible de se faire une idée de ce que le roi eut à souffrir dans ces pénibles manœuvres. Obligé de faire douze à quinze lieues par jour à travers les chemins les plus horribles, la plupart du temps avec une pluie continuelle. ne trouvant souvent rien à manger, heureux lorsqu'il avait un gite pour mettre sa tête à couvert, dormant par fois sur un peu de paille ou sur une botte de foin, qu'il s'estimait heureux de trouver dans une cabane de berger, souvent située sur le pic le plus élevé des Pyrénées, et exposée au brouillard épais et froid de ces hautes régions!

Au milieu de ces dangers de tous les instans, le courage et la fermeté d'âme du roi ne se sont pas un instant démentis. A voir son humeur toujours égale, on eût cru qu'il était né au milieu des camps; ceux qui ont été témoins de l'énergie et du courage qu'il a montrés pendant si long-temps, ont pu apprécier tout ce qu'il y avait de honteux dans les calomnies que les journaux aux gages de la reine Christine ont répandues sur les vertus de ce prince. Il y a des garanties pour l'avenir, dans un roi qui comprend si bien ses devoirs, et qui passe par les plus pénibles épreuves de l'adversité pour arriver jusqu'à son trône.

Zumalacarreguy ayant, par l'heureuse combinaison de sa séparation avec le roi, divisé les forces ennemies, eut ainsi l'avantage de les battre partiellement. Il défit dans plusieurs circonstances les colonnes ennemies, et entr'autres celles du général baron de Carondelet. Le 19 août, vingt compagnies d'élite se trouvèrent dans les plaines de Larria, en présence des troupes commandées par ce général de l'usurpation. La défaite de Carondelet et des siens fut complète, et son infanterie, comme sa cavalerie, éprouva des pertes énormes. Parmi les officiers supérieurs des troupes de Christine qui perdirent la vie dans cette rencontre, se trouva le brigadier Harranoz, colonel du régiment provincial de Valladolid, et parmi les prisonniers, le comte de Via-

Manuel, grand d'Espagne de première classe. Il servait dans l'état-major avec le grade de colonel. Des chevaux, des mulets et un grand nombre de fusils tombèrent au pouvoir des troupes royales ; on s'empara des bagages de l'ennemi, de ses munitions et d'une grande quantité d'effets d'équipement ; l'argent fut distribué aux troupes de la colonne victorieuse.

Plusieurs engagemens successifs eurent lieu ensuite entre les deux partis et sans aucun avantage réel, lorsque enfin la glorieuse affaire du 4 septembre vint encore constater la supériorité de nos armes.

Le général Carondelet occupait avec sa division la petite ville de Viana, située à deux lieues de Logroño. Zumalacarreguy laissait prendre du repos à ses troupes dans la vallée de Santa-Crux, distante de cinq lieues du point occupé par les christinos. Averti, dans la matinée du 4, de leur présence, il fait aussitôt battre la marche, et quelques heures après, les troupes royales se trouvaient en face de Viana. Les quatre premiers bataillons de Navarre, les compagnies de guides et le régiment de lanciers à cheval, fort de trois cents chevaux, formaient cette expédition ; les forces de l'ennemi s'élevaient à six cents hommes de cavalerie, et mille à douze cents fantassins.

La position avantageuse qu'ils occupaient devant

Viana devait rendre leur défaite impossible, mais il n'en fut pas ainsi : au premier choc, leur infanterie se dispersa et se débanda dans toutes les directions.

Leur cavalerie ne résista pas d'avantage. Attaqués vigoureusement par les trois cents lanciers, les chasseurs de la garde royale se rendirent à discrétion au vainqueur ; leur colonel était resté étendu sur le champ de bataille. Quatre cents morts, trois cents prisonniers, une grande quantité d'armes et de chevaux, furent les résultats de la journée.

En temps de guerre civile, la position d'une ville tour à tour occupée par les partis opposés, est des plus critiques. Néanmoins les habitans de Viana ne purent résister aux sentimens d'enthousiasme que leur inspirait cette victoire. La ville fut illuminée, et les réjouissances publiques attestèrent de la sympathie de ces populations pour la cause du roi.

Le mois de septembre s'écoula en marches et contre-marches qui portèrent à l'ennemi des coups plus terribles et plus désastreux que ne l'auraient fait de nouvelles victoires.

Rodil, après avoir en vain épuisé toutes les ressources de ses talens militaires, voulut essayer le système de guerre que Valdès a mis depuis en exécution avec si peu de succès, et dont ses dernières défaites lui ont démontré les inconvéniens. Il manœuvra de manière à occuper des positions importantes, et donna des ordres de dévastation et de terreur; il fit mettre le feu aux forêts; dans les villages connus par leur dévoûment au roi, il fit décimer les populations; il voulut affamer le pays en brûlant les moulins et les granges et en détruisant les récoltes, mais il n'eut pas le temps de continuer long-temps cette guerre de barbares.

Son séjour en Navarre fut néanmoins pour le pays une époque de deuil et de terreur. Il n'est pas de village, pas de hameau où l'on ne retrouve des traces de la fureur de ce sanglant proconsul. Chaque maison où s'était reposé le roi, était livré aux flammes, les habitans étaient obligés d'assister au spectacle de l'incendie de leur chaumière; leurs biens étaient confisqués, ils étaient ensuite traînés en prison, jusqu'au moment où l'on disposait de leur vie, selon le caprice de ce féroce général.

Il semble que toutes les calamités devaient frapper à la fois ce malheureux pays. Le fléau asiatique venait de se déclarer avec une intensité effrayante. Il s'étendait de ville en ville, de village en village, sans qu'aucun secours pût en arrêter les progrès. Parmi les troupes de Rodil la mortalité augmentait chaque jour: le choléra moissonnait ceux que le fer avait épargné. Dans l'armée royale, au contraire, on ne s'appercevait pas des ravages de ce fléau.

Pendant ce temps-là, nous n'étions pas restés

inactifs. On organisa six bataillons navarrais, dont l'armement se fit avec les armes prises à l'ennemi. La cavalerie fut augmentée de quatre escadrons, et se compose maintenant de près de sept cents chevaux; l'organisation des troupes de Biscaye fut complétée; elles le disputent en tenue et en discipline aux troupes des autres provinces. Notre artillerie s'augmenta d'un grand nombre de pièces et de deux mortiers, qui furent coulés dans les Pyrennées.

Tous ces heureux résultats furent dus à Zumala, dont l'activité et la persévérance ont triomphé des immenses difficultés qui se reproduisaient sans cesse. Ce fut alors que de la défensive nous primes l'offensive; toutes nos rencontres avec l'ennemi lui prouvèrent tout ce que donne de force et de puissance, la conviction d'une bonne cause, contre des gens qui n'ont pas la conscience de la justice de la leur, et quelle influence morale on acquiert sur des populations, qui se rangent toujours du côté de ceux qui défendent l'ordre contre l'anarchie, le droit contre le fait, et les libertés nationales contre les attaques du despotisme révolutionnaire.

Deux actions eurent lieu en présence du roi et furent commandées par le maréchal-de-camp Eraso. Je fus assez heureux pour y prendre part.

La première affaire eut lieu à Lascano, petite ville située à une demi-lieue de Villafranca (Guipuscoa). J'attaquai, avec trois cents hommes, six cents christinos qui se trouvaient dans cette ville; je les mis en déroute et soutins, pendant près de deux heures, le feu de seize cents hommes commandés par Jaureguy, et qui occupaient des positions fort élevées. Nous surprîmes l'estafette qui portait le rapport relatif à cette action au commandant en chef des christinos. Je l'adressai au ministre de la guerre de Christine, en y faisant quelques rectifications dans l'intérêt de la vérité. Le lecteur nous saura sans doute gré de lui faire connaitre cette pièce, qui prouve combien les bulletins christinos étaient mensongers. (Voir les pièces justificatives.)

La seconde affaire eut lieu devant Plencia (port de Biscaye). Onze cents volontaires, après un feu de plusieurs heures, enlevèrent, sous mon commandement, à la baïonnette, des positions très élevées aux environs d'Andracas, défendues par quinze cents hommes commandés par Espartero. Ces positions furent prises et reprises deux fois; ce combat des plus opiniâtres dura quatre heures; l'ennemi fut enfin mis en déroute et poursuivi jusqu'à Plencia. On se lassait à Madrid du général Rodil; les échecs continuels qu'il avait éprouvés, pas une victoire à offrir en compensation, la défaite récente de Viana, tout cela réuni avait détruit le prestige attaché au nom de ce général et son remplacement fut arrêté.

Zumalacarreguy, en chef habile, sut profiter des désordres que devait nécessairement amener la retraite de Rodil. Dès ce moment commence la série des défaites que ne cessa d'éprouver l'armée de la reine.

Depuis long-temps , ce général projetait une expédition en Castille; la disgrâce du général christinos lui parut une occasion favorable.

Le 31 octobre, au matin, il passa l'Ebre auprès de Tronnago avec un bataillon de guides, deux de Guipuscaa, le 1er et le 2e de Navarre et le régiment de lanciers de la même province. Ayant appris que le colonel Amor escortait un convoi composé de sept voitures, il se dirige sur Logrono et donne l'ordre à son avant-garde de se porter à marches forcées dans cette direction. Arrivé au village Fuenmayor, il aperçoit l'ennemi sur la hauteur qui la domine. Sans hésiter, il se met à la tête d'un escadron de cavalerie et d'une compagnie du 3e bataillon de Navarre, et il se précipite à leur rencontre. Amor avait sous ses ordres deux cents cavaliers faisant partie du régiment d'Isabelle, tous soldats d'élite, et une compagnie d'infanterie de la garde royale. Zumalacarreguy ne comptait que cent vingt chevaux et soixante fantassins; les cavaliers ennemis prennent la fuite et abandonnent leur convoi, l'infanterie se rend à discrétion. C'est surtout dans les circonstances difficiles que se révèle la bravoure de Zumalacarregui. Le hasard lui fournit l'occasion d'en donner une nouvelle preuve à ses troupes.

La cavalerie ennemie, après s'être retirée devant des forces moitié inférieures aux siennes, se tenait à quelque distance dans la plaine, et paraissait vouloir provoquer à un nouveau combat. Zumalacarregui, tout occupé de la prise qu'il venait de faire, donne l'ordre de les charger de nouveau.

Les christinos, forts de leur supériorité numérique, tinrent bon et forcèrent les lanciers de Navarre à la retraite. Furieux de l'échec que venaient d'éprouver les braves lanciers, Zumalacarregui se met à leur tête et leur jure de les conduire à la victoire ou à la mort. Le résultat de ce serment ne se fit pas long-temps attendre ; au premier choc, les christinos se débandèrent et cinquante des leurs, parmi lesquels se trouvait un officier, payèrent de leur vie. Le lendemain, après avoir désarmé les urbanos de ces contrées, les troupes royales repassèrent le fleuve emportant plus de deux mille fusils, dont la plupart faisaient partie du convoi enlevé la veille au colonel Amor.

Les journées des 27 et 28 octobre achevèrent la démoralisation des christinos. Ayant reçu avis qu'une colonne, commandée par le brigadier Odoyle, se trouvait en observation à Alegria, village d'Alava, Zumalacarregui résolut de la surprendre par une marche secrète à travers des montagnes. De Zuniga, où il se trouvait, il se rendit en quelques heures auprès de Salvatierra. Quelques coups de fusils, échangés à dessein entre les soldats de la garnison et ses éclaireurs, durent avertir la colonne qui occupait Alegria de la présence des troupes royales. Ainsi que l'avait prévu le rusé général, l'action s'engagea aussitôt, et la déroute des christinos fut si prompte qu'ils n'eurent pas le temps de faire usage de leur artillerie. En ce moment Ituralde, ayant sous ses ordres le 6e bataillon de Navarre, le 3e d'Alava et le 2e de Guipuscoa, fait un mouvement sur le derrière des ennemis, et parvient à leur couper leur retraite sur Vittoria et à les placer entre deux feux, aussi leur destruction fut-elle complette. Trois cents fuyards parvinrent néanmoins à se retrancher dans plusieurs maisons du village d'Alegria; mais la cause de leur salut sera le signal d'un nouveau désastre pour leur parti.

Six cents morts, cinquante prisonniers, parmi lesquels se trouvent *Odoyle* et un grand nombre nombre d'officiers; deux pièces d'artillerie, le drapeau du 6e de ligne, une grande quantité d'armes et de munitions, tels sont les résulats de cette victoire.

Le 28 doit être encore compté pour l'armée royale comme un jour de gloire. Le général *Osma* était parti dans la matinée de Vittoria à la tête d'une colonne de 3,000 hommes pour dégager les débris échappés à la déroute de la veille, et qui, barricadés, continuent une défense désespérée. A son approche *Zumala* abandonne ceux qu'il tenait assiégés et vole à sa rencontre. Quelques minutes suffirent pour décider de la victoire ; aux premiers engagemens, les Christinos commencèrent leur retraite. En vain leur général, honteux de sa défaite, voulut-il les ramener au combat, ils s'enfuient en toute hâte et l'entraînent dans leur déroute jusqu'à Vittoria, où ils arrivent dans le plus grand désordre. Vivement poursuivis par les volontaires navarrais, un grand nombre d'entre eux furent faits prisonniers, et toute la route, jusqu'à portée de canon de la ville, fut couverte de leurs cadavres. Pendant le combat, les 300 Christinos, barricadés dans les maisons du village d'Alegria, se voyant débloqués, s'empressèrent d'aller se réfugier à Salvatierra.

Si la cavalerie royaliste avait chargé sur les fuyards, il n'en aurait pas échappé un seul, et toute l'artillerie ennemie serait tombée en notre pouvoir. Plus de 600 Christinos restèrent sur le champ de bataille, et plus de 400 furent faits prisonniers. Une grande quantité de bagages, d'armes, de munitions et d'équipemens militaires furent aussi trouvés sur le champ de bataille. *Zumala* vint le 29 à Onate rendre compte au roi de ces deux glorieuses journées.

Ce fut à la suite de ces deux victoires que Zumalacarreguy recut, des mains du roi, le grand cordon de Saint-Ferdinand avec la pension attachée à cette dignité, le roi lui passa lui-même autour du cou le grand cordon de l'ordre.

Le général Ituralde, qui s'était aussi fort distingué dans cette affaire, et avait contribué puissamment au succès, fut nommé par le roi maréchal-de-camp en récompense de son courage et de ses talens militaires, il reçut aussi la croix de commandeur de Saint-Ferdinand. Ce brave officier, plein de mérite et de valeur, avait eu le commandement en second sous Santos-Ladron, et après la mort de ce général, il prit le commandement en chef, organisa les premiers bataillons de Navarre, et céda ensuite ce commandement à Zumalacarréguy, dont il était le digne émule et le noble ami.

Ce fut à la suite de cette journée que le général Zumalacarreguy me fit, en présence du roi et de tous les officiers qui l'entouraient, un aveu bien flatteur pour le nom français : *Tous les Français sont braves*, me dit-il, *ils se distinguent dans toutes les affaires auxquelles ils assistent ; ils ne demandent que l'attaque.*

Cet éloge a quelque valeur dans la bouche d'un homme si bon juge en pareille matière ; tout Français, quelle que soit son opinion, doit être glorieux d'en prendre sa part. Il est vrai de dire que cet éloge n'a rien d'exagéré. Le petit nombre d'officiers français, qui servent la cause de la légitimité en Espagne, y soutient noblement la haute réputation que leurs camarades s'étaient faite en Portugal. Sur dix-huit, six sont déjà restés sur le champ de bataille, et deux ont été blessés.

Les résultats de ces deux journées furent immenses, Outre les avantages réels que devait en retirer la cause du roi, elles venaient en outre de prouver à l'Europe que le gouvernement usurpateur n'avait plus à faire à des bandes indisciplinées, mais à une armée régulière qui pouvait désormais porter le nom d'armée royale de Charles V, et résister en toute rencontre à ses ennemis.

Mina venait de remplacer Rodil, que ses défaites et son incapacité avaient fait rappeler; on lui avait donné pour successeur ce célèbre chef de guérillas, qui s'était acquis une si grande réputation dans les guerres de l'indépendance, et qu'il est venu perdre en présence de son souverain légitime; ne donnant à l'Europe que le spectacle de son impuissance, de ses infirmités, de son hésitation et de ses cruautés.

Pour l'instruction des peuples et des gouvernemens, il ne sera pas inutile de mettre en regard la proclamation de *Mina*, au moment où il venait prendre possession de la vice-royauté de Navarre, et celle de Charles V après les journées des 27 et 28 octobre.

Le roi de toutes les Espagnes s'exprime en ces termes : « Constant dans mes sentimens d'huma» nité, et résolu d'épargner le sang espagnol, autant » que le permettra la guerre que je suis obligé de » faire pour recouvrer le trône que la rébellion a » usurpé, je viens affranchir de la peine capitale et » de toute peine afflictive, tous les militaires tombés » au pouvoir de mon armée dans les glorieuses jour» nées des 27 et 28 de ce mois. Le chef de mon » état-major-général désignera le corps où ils de» vront être admis, à ceux qui témoignent le désir » d'entrer dans mon armée. »

Le vice-roi de Navarre, *Mina*, termine ainsi sa proclamation aux habitans des campagnes : « En » attendant, je vous préviens que tout individu qui » sera trouvé hors la route royale, entre le levé et » le couché du soleil, sans raisons plausibles, sera » fusillé. »

Qu'il est consolant d'appartenir à une opinion où l'on peut opposer de pareils contrastes à ses adversaires. On se plaît à voir un roi, usant de sa prérogative royale, faire grâce à ses ennemis après la victoire, tandis qu'un général de l'usurpation prononce des arrêts de mort contre des habitans inoffensifs.

L'arrivée de Mina en Navarre n'eut aucun résultat. Ce général n'avait dû les succès qu'il obtint autrefois qu'à ces mêmes Navarrais qu'il venait combattre, à eux seuls revient la gloire qu'il s'était acquise il y a 25 ans ; alors il combattait pour les franchises de son pays et dans la guerre qu'il venait faire dans la Navarre, c'était pour les lui ravir. Cette conduite n'excita que l'indignation ; il resta isolé au milieu de cette population irritée de l'audace d'un Navarrais qui venait porter la guerre et la dévastation dans son pays. On ne craignait pas ses succès, on redoutait seulement de lui voir renouveler en 1834 les horreurs dont il avait accablé la Catalogne en 1820.

Dès son arrivée, il décèla d'un seul mot toute la férocité de son âme, en disant : *qu'il venait faire la guerre aux habitans et non aux soldats.* Il a tenu parole ; ses opérations militaires se sont bornées à accompagner des convois. Il n'a assisté qu'à une petite escarmouche, et s'est contenté de laisser battre ses lieutenans dans plusieurs rencontres, et principalement à Arquijas, où la colonne du général Cordova a éprouvé une déroute si complète. S'il s'est distingué, c'est par ses froides atrocités ; l'ordre barbare qu'il donna d'incendier le village de Lescaroz, sous le vain prétexte que les carlistes s'y étaient réfugiés, et de fusiller les habitans un sur cinq, donne la mesure de son caractère. Lui qui comptait tant sur sa réputation de patriotisme, est aujourd'hui l'objet de l'exécration publique ; son seul talent a été de faire une fortune considérable qui le met en état de vivre à Paris ou à Londres en riche capitaliste.

Mina venait donc de prendre possession de la vice-royauté de Navarre et du commandement des troupes de la reine; il s'était flatté de soumettre les Navarrais, ses compatriotes, lui qui dans d'autres circonstances, les avait conduits si souvent à la victoire. Pendant ce temps, Zumalacarreguy marchait à son but; déjà les christinos ne tenaient plus la campagne, il était obligé de les attaquer dans leurs retranchemens. Averti que Lopez occupait avec sa division Sesma, village de Ribera, il s'y porta avec sa cavalerie et quelques bataillons pour lui livrer bataille. Le général christinos trouva qu'il était plus prudent de se barricader dans l'intérieur de la ville; la soirée se passa à échanger quelques coups de canon de part et d'autre.

Ce jour-là fut pour les Français qui se trouvaient dans l'armée royale, un jour de regret et de deuil. Un d'entre eux venait de subir la peine à laquelle l'avaient condamné, deux ans avant, les conseils de guerre de son pays. Lors de l'insurrection de la Vendée, en 1832, Aubert n'avait pas manqué à l'appel, il était l'un des quarante qui s'immortalisèrent dans le château de la Pénissière, sa récompense fut une condamnation à mort. Obligé de fuir sa patrie, il prit du service dans l'armée de Charles V. Avant l'attaque de Sesma, une rencontre eut lieu en vue de ce village, entre une partie de la cavalerie de Lopez et l'escorte du quartier-général carliste. Ne consultant que son courage, il se précipita à la poursuite de l'ennemi. Officier d'infanterie, Aubert n'était pas cavalier; dans l'action, il ne put maîtriser son cheval, et se laissa emporter au milieu des escadrons christinos; fait prisonnier, il pouvait encore éviter la mort... un cri de *vive la reine!* suffisait. On l'engagea à se déclarer transfuge, il préféra la mort au déshonneur, et se montra digne du nom vendéen jusqu'au dernier moment. Le lendemain, un prêtre et quelques soldats entraient dans le lieu où il était prisonnier; il comprit qu'il fallait mourir, son courage ne l'abandonna pas. Les mots qu'il prononça en présence de la mort, rapportés par des témoins oculaires, déposent assez de son courage héroïque: *En France, j'aurais donné ma vie à Henri V, ici je la dois à Charles V : vive le roi!* Telles furent ses dernières paroles. Après le départ des christinos, les habitans lui rendirent les honneurs funèbres, son corps fut déposé dans l'église, et aujourd'hui encore on peut aller prier sur son tombeau.

Depuis l'arrivée de Mina, Zumalacarreguy cherchait l'occasion de se mesurer avec lui; une victoire remportée sur cet illustre guérillero, qui dans d'autres temps, avait étonné les populations de ces contrées, était bien faite pour tenter l'ambition du général carliste; mais Mina ne lui procura pas cette satisfaction; renfermé dans Pampelune, ses exploits se sont bornés à donner des ordres à ses lieutenans, à escorter des convois, et jamais il n'a osé risquer sa réputation dans une bataille.

Néanmoins, les divisions réunies, de Cordova, d'Oroa et de Lopez éprouvèrent un nouvel échec dans la mémorable journée du 15 décembre.

Le 12 de ce même mois, quelques bataillons réunis dans la plaine, située entre Piedra-Millera et Lasarta, avaient attiré l'attention des généraux christinos qui occupaient Arcos et Estella. Après leur avoir fait éprouver de grandes pertes, les bataillons royalistes battirent en retraite dans la direction de Zuniga devant des forces trop supérieures pour être repoussées; la pluie, qui ne cessa de tomber le 13 et le 14, ne permit pas de nouveaux engagemens. Dans la matinée du 15, les troupes de l'usurpatrice, commandées par Cordova, se mirent en marche vers Zuniga; à une demi-lieue de ce village, se trouve le fameux pont d'Arquijas, qui allait devenir si fatal aux troupes de la reine; c'est là que Zumalacarreguy les attendait. Vers le milieu du jour, quelques coups de fusil échangés entre les avant-postes, avertirent du mouvement de l'ennemi; une heure après la division de Cordova s'était formée en bataille près de l'hermitage d'Arquijas, qui domine le torrent du côté du pont. Une batterie d'artillerie était disposée sur ce point pour protéger le passage des troupes; bientôt après, une colonne composée de *carabinieros* et de *peseteros*, tous soldats d'élite, se mit en marche pour tenter le passage. Le quatrième bataillon de Navarre, auquel était confiée la garde du pont, ne démentit pas dans cette journée la réputation qu'il s'était acquise; en vain protégés par leur artillerie, les christinos essayèrent de forcer le passage, ils ne purent y parvenir, malgré l'appui que vinrent leur prêter de nouvelles colonnes. Quelques-uns des plus hardis parvinrent, à grand peine, à gagner la rive opposée; bientôt le pont fut couvert de cadavres et en dépit de tous leurs efforts, ils ne purent faire un pas de plus en avant. Reconnaissant l'impossibilité de passer outre, Cordova conçut un plan qui aurait pu devenir funeste aux troupes royales, si elles avaient été commandées par un général moins habile. Tandis qu'en personne, après avoir concentré toute sa division, il tentait le passage sur un autre point, il donnait l'ordre à Oraa de se porter, par une marche cachée, sur les derrières de l'armée royale, et à Lopez de simuler ce même mouvement du côté de Santa-Crux, espérant par-là détourner l'attention de son adversaire. Cette manœuvre était habile, mais Zumalacarreguy l'avait devinée. La division d'Ituralde, qui formait son arrière-garde, n'avait pas encore pris part au combat; il lui donna l'ordre de se porter en toute hâte à la rencontre de ce nouvel ennemi. Cordova, après avoir fait de grandes pertes, se retira en désordre du côté de la Sarta, abandonnant la division qui se trouvait engagée avec Ituralde dans le val de Lana; Zumalacarreguy sut profiter de cette fuite, laissant seulement deux ou trois bataillons en observation de ce côté; il marcha en toute hâte au secours d'Ituralde, que le grand nombre de l'ennemi forçait déjà à la retraite. C'en était fait de la divison d'Oraa, si la nuit n'était venue protéger sa déroute. Ce renfort inattendu avait mis le désordre parmi les Christinos, et le peu de temps que dura le combat suffit pour leur faire éprouver de grandes pertes. Au dire des paysans, les Christinos n'eurent pas moins de mille blessés; les morts, qu'ils laissèrent sur le champ de bataille au nombre de trois cents, porte à croire que leur rapport n'est pas exagéré. Depuis le commencement de la guerre, aucune affaire n'avait présenté un caractère aussi sérieux que celle-ci. Il ne s'agissait plus de quelques soldats, se disputant le champ de bataille au cri de *vive la reine !* ou de *vive le roi!* mais de trois divisions qui, réunies, venaient d'être repoussées par des volontaires bien inférieurs en nombre.

Les forces des généraux christinos ne s'élevaient pas à moins de dix mille hommes, celles de Charles V, composées de dix bataillons, pouvaient présenter un effectif de six mille volontaires. L'intempérie de la saison devait nécessairement suspendre la guerre jusqu'au retour du printemps. Les christinos s'étaient réfugiés dans leurs garnisons; Zumalacarreguy gagna les Amescoas; mais le repos convenait peu à cet illustre général: lorsque l'ennemi sommeille, c'est alors qu'il se montre plus actif et plus entreprenant; et quinze jours à peine s'étaient écoulés dans les Amescoas, qu'il regrettait déjà le temps passé dans l'inaction. Sans attendre que la fonte des neiges ait rendu les chemins impraticables, il se met en marche à la tête de quelques bataillons d'élite, traverse la province de Guipuscoa, met en déroute les généraux Pastor et Iriarte, qui étaient venus s'opposer à son passage et tombe à l'improviste dans le Bastan. Surprendre Mina, qui, à la tête de quatre mille hommes, s'était porté sur la frontière pour escorter un convoi destiné à l'approvisionnement de Pampelune, tel était le but de Zumalacarreguy; mais le vice-roi ne s'était pas imprudemment aventuré dans les montagnes, il avait donné l'ordre à tous ses lieutenans de se porter dans cette direction pour le protéger en cas d'événement. En présence de troupes aussi nombreuses, il y aurait eu la plus coupable imprudence à engager une action; les troupes royales se contentèrent de harceler l'ennemi jusques aux portes de Pampelune, où le convoi arriva quelques jours après.

Le 5 février, eut lieu une nouvelle affaire au pont d'Arquijas. Le général Lorenzo, qui, depuis le commencement de la guerre, n'a pas quitté la Navarre, et qui s'y est surtout distingué par ses cruautés, voulut venger la défaite que Cordova avait éprouvée dans ce même lieu quelque temps auparavant; ses dispositions furent les mêmes que celles de son collègue, sa tentative ne fut pas plus heureuse. Dans une lettre interceptée qu'il écrivait la veille à Mina, Lorenzo lui promettait d'en terminer avec la *canaille.* « Si elle m'attend, disait-il, je vais donner un » jour de gloire aux armes de S. M. » Et le lendemain, Zumalacarreguy, à la tête de neuf bataillons seulement, lui prouva que la victoire ne dépend ni du nombre, ni de la bravade, mais du vrai courage. Les troupes royales, composées de six bataillons, occupèrent la vallée située près de Los Arcos, entre Nassa, Piedra-Millera et la Sartha. Lorenzo, ayant sous ses ordres les généraux Lopez et Oraa, avait passé la nuit à Los Arcos. Zumalacarreguy, averti de la présence de l'ennemi dans cette ville, avait envoyé des ordres pour que trois autres bataillons vinssent augmenter le nombre de ses troupes. Le lendemain, 5 février, Lorenzo, à la tête de dix mille hommes, se présenta dans la plaine de la Sartha, où il fut étonné de ne rencontrer aucun ennemi à combattre. Vers le milieu du jour, il arriva sur les hauteurs d'Arquijas, où Zumalacarreguy l'attendait; après avoir vainenent tenté le passage du côté du pont, l'action s'engagea sur toutes les hauteurs et dans les bois qui les avoisinent, elle devint générale ; on s'y disputait pied à pied le terrain, et la nuit retrouva les deux armées dans les mêmes positions. Lorenzo, épuisé de fatigue, renonça le lendemain à engager de nouveau le combat, il rentra dans Los Arcos, emmenant trois ou quatre cents de ses blessés, seuls trophées de la victoire qu'il s'était promise.

Los Arcos, situé à l'entrée de la Ribera, servait depuis long-temps de refuge aux christinos, et ses murs les avaient souvent préservés d'un désastre. Quelques pièces d'artillerie, fondues dans le Bastan, et arrivées depuis peu de jours au quartier-général, furent essayées contres les murs de cette ville. Le 22 février au soir, les troupes royales pénétrèrent dans l'intérieur de la ville, et le 23 au matin, l'attaque commença sur la caserne et sur six maisons fortifiées défendues par cinq cents christinos. Tandis que l'artillerie battait les murs en brêche, nos volontaires, animés d'ardeur, pénétraient dans l'intérieur et s'emparaient des positions qu'abandonnaient une à une les christinos, après les avoir défendues avec le plus grand acharnement.

A l'entrée de la nuit, cinq des maisons fortifiées étaient tombées au pouvoir des assaillans; dans l'une d'elles se trouvaient cent trente blessés de l'affaire qui avait eu lieu à Arquijas 18 jours auparavant. Ne voulant pas sacrifier son monde, Zumalacarreguy fit envelopper pendant la nuit le fort, le seul point qui fut encore défendu, et dans lequel s'étaient réfugiés la plus grande partie des christinos. Il fit transporter dans les fossés des bottes de paille mêlées de piment rouge, se proposant d'y mettre le feu le lendemain matin, s'ils refusaient de se rendre (1).

Zumalacarreguy n'eut pas besoin de recourir à ce redoutable moyen d'attaque, les christinos, ayant profité de l'obscurité de la nuit pour se retirer, ils furent favorisés dans leur fuite par la pluie qui tombait à torrens et parvinrent à s'échapper par une porte de secours, en se dirigeant du côté de Lerin.

On parcourut la campagne dans toutes les directions à la poursuite de l'ennemi, et on parvint à lui faire quelques prisonniers; leur nombre, y compris les blessés, s'élevait à deux cent cinquante, parmi lesquels un colonel et plusieurs officiers. Charles V, qui se trouvait à Zuniga, rentra le lende-

(1) La fumée du piment rouge, fruit très commun dans la Navarre, est si étouffante et si insupportable, que ceux qui sont exposés à en subir les effets, ont toujours mieux aimé se donner la mort, que d'être soumis à ce supplice. Pendant la guerre de l'indépendance, Mina se servit souvent de ce cruel moyen contre plusieurs garnisons françaises.

main dans Los Arcos au milieu des acclamations de la joie publique.

Son arrivée dans cette ville fut marquée par un acte de clémence : tous les prisonniers, d'après la loi de représailles, devaient être passés par les armes, le roi voulut leur faire grâce, et il ordonna, en outre, que les malades et les blessés fussent soignés comme les soldats de son armée (1).

Echarri-Arnas est un village situé à l'embranchement des routes de Vittoria et de Tolosa à Pampelune. Les christinos n'avaient pas négligé cette importante position; trois cents cinquante hommes du régiment de Valladolid, quelques artilleurs et quelques cavaliers, en composaient la garnison. tandis que Mina regagnait péniblement Pampelune,

(1) Tandis que Zumalacarreguy, au nom de son roi, donnait à ses ennemis un exemple de généreuse humanité, il est digne de remarque que Mina signalait sa présence dans le Bastan par des actes d'atrocité. Dans une proclamation datée de Narbale, 14 mars, Mina parle en ces termes aux habitans de la Navarre, qu'il était venu pour protéger en qualité de vice-roi : « Le village de Lecaroz a jusqu'ici recelé les armes » et les munitions des factieux ; ses habitans ont refusé de se conformer » aux ordres que je leur avais intimés de faire part aux autorités légiti- » mes, du mouvement de l'ennemi. Lecaroz a été aujourd'hui livré aux » flammes ; ses habitans ont été fusillés, un sur cinq, en punition de » leur crime. Le même sort est réservé à toute population ou à tout » individu qui suivra l'exemple de Lecaroz, et par la force des armes, » je mettrai fin à une rébellion criminelle, si vous ne vous réunissez à » moi, je suis encore disposé à pardonner, etc....... » Qu'on lise et qu'on juge !

où il venait d'escorter un convoi venu de la frontière, Zumalacarreguy, à quelques lieues de là, battait en brêche le fort d'Echarri-Arnas. Depuis quatre jours, la garnison résistait aux attaques des volontaires, et enfermée dans une enceinte de murailles impénétrables, elle paraissait vouloir continuer une défense désespérée. Le 19 au matin, ne recevant aucun des secours qu'elle attendait, se voyant pressée et sans espoir de salut, elle se rendit à discrétion : deux pièces de quatre et une de huit, une grande quantité de fusils et de munitions furent trouvés dans le fort.

Mina, honteux de tant de défaites, par lesquelles sa réputation militaire était si gravement compromise dans le pays même où il l'avait méritée autrefois par tant de succès, donna sa démission, mais il en dissimula la honte, sous le prétexte de sa santé. Il fut remplacé par le général Valdès, alors ministre de la guerre, qui ne craignit pas de reparaître sur un terrain qu'il avait été forcé d'abandonner dix-huit mois au paravant. Les nombreux renforts qu'il amena avec lui, ne le préservèrent pas du sort de ses prédécesseurs. Avant de quitter Vittoria pour aller une seconde fois essayer ses armes contre son redoutable adversaire, il publia un ordre du jour, dont plusieurs passages prouvent que l'esprit de modération qui l'avait dirigé pendant sa première campagne n'était plus le même.

La première idée de Valdès, en remplaçant le général Mina, avait été de se transporter dans les Amescoas afin de continuer, pour ainsi dire, les opérations qu'il avait commencées lorsqu'il fut relevé de son commandement par Quesada. C'était à Contrasta qu'il avait quitté le commandement, ce fut à Contrasta qu'il voulait reprendre ses opérations. Il rassembla vingt mille hommes, et, aidé par les généraux Cordova et Aldama, il se dirigea vers les Amescoas. Zumalacarreguy était à Eulate avec quatre bataillons; quatre autres étaient échelonnés à différentes distances et dans diverses directions. Le 20 avril, à quatre heures du soir, Valdès partit de Contrasta à la tête de seize mille hommes. Les forces réunies de Zumalacarreguy se montaient à peine à trois mille; mais l'habileté du général carliste suppléa au nombre; il attendit de pied ferme et s'étendit entre Aranarche et Larrasua. Les deux armées campèrent en présence l'une de l'autre et y passèrent la nuit. Le lendemain 21 l'ennemi marcha contre Eulate; Zumalacarreguy garda ses positions et fit faire un mouvement à un bataillon derrière le village de Saint-Martin. Dans la nuit, il fut renforcé par les 1er, 2e, 6e et 10e de Navarre avec une précision et une ardeur admirables. Alors Zumalacarreguy avait dix bataillons et Valdès plus de trente. Après quelques évolutions, on s'apperçut que le gros des forces ennemies se portait sur

Eulate. Le feu commença vers dix heures du matin, mais bientôt Valdès déclina le combat, et vint se retirer près de la *Venta* d'Urbasa.

Le 22, les carlistes reprirent leurs positions qui entouraient presque les troupes ennemies. C'était là que Rodil avait été défait le 31 août. Valdès se décida à passer par le défilé d'Artaza; mais les précautions étaient prises pour l'y arrêter. Il perdit beaucoup de monde, et fut forcé de faire sa retraite sur Estella. Pendant cette retraite, les troupes du roi se conduisirent avec tant de bravoure et de soudaineté, que l'ennemi harcelé, tiraillé de toutes parts, commença à se démoraliser, et bientôt la retraite devint une déroute complète sur une ligne de près d'une lieue et demi, semant le terrain de morts et abandonnant ses blessés. L'avant-garde et Valdès allèrent se renfermer dans Estella. Aldama, qui commandait le centre, l'y suivit après avoir essuyé de grandes pertes; Cordova et l'arrière-garde n'atteignirent Arbazuza qu'avec le reste de ses bataillons écrasés. Zumalacarreguy, et son armée, allèrent se reposer de leurs glorieuses fatigues dans les villages de la basse Amescoa et de la vallée d'Allia. Le 23 et le 24, l'armée royale profita de la terreur de l'ennemi pour fouiller les montagnes, où l'on fit un grand nombre de prisonniers, elle s'empara, malgré les efforts de Valdès, de douze caissons de munitions et de toutes les armes et bagages laissés sur le champ de bataille. Le butin fut immense; on peut calculer que ces journées ont coûté à l'ennemi une perte de deux milles morts, un grand nombre de blessés, six cents prisonniers, trois mille cinq cents fusils, une quantité considérable de capotes et d'effets militaires, plus de trois cents chevaux et mulets. C'est l'affaire la plus brillante qui ait eu lieu depuis le commencement de la campagne. Valdès, battu dans les Amescoas, le fut quelques jours après en Biscaye, où son lieutenant Iriarte éprouva aussi une défaite complète.

Le brigadier don Juan Manuel Sarasa se disposait à attaquer la colonne d'Iriarte, forte de deux mille trois cents hommes. Le mauvais temps l'empêcha d'exécuter son plan, et il fut forcé de se retirer à Guernica avec sa division, composée des 1er, 2e, 5e et 6e bataillons, trois compagnies d'élite et cinquante lanciers; laissant le 5e bataillon en réserve à Luno. Benito Iriarte, encouragé par la proximité de sa garnison, se présenta, attaqua vigoureusement la ville et pénétra jusque dans les rues; mais le commandant général de Guipuscoa, malgré le mauvais temps, arriva sur les derrières de l'ennemi avec deux bataillons. L'action devint alors terrible, et Iriarte, taillé en pièces, s'enfuit, laissant deux pièces de canon, quatre cents morts et un grand nombre de blessés. Il prit la route de Lequeitio pendant que son lieutenant Bascaran s'enfermait avec quelques officiers et deux cents soldats dans un couvent de religieuses.

Cet échec irrita le général christinos, qui revint peu de temps après avec des forces supérieures, délivra le lieutenant Bascaran et se jeta dans Guernica, alors sans défense. Il se vengea sur les habitans, réduisit en cendres la ville, et fit mettre sur les ruines cette inscription digne des temps de barbarie ou mieux encore des époques désastreuses de la terreur de 93 : *Ici fut Guernica.*

Il mit le feu au palais des états de Biscaye, situé à peu de distance de la ville, près du vieux chêne, sous lequel les rois du pays juraient la conservation des *fueros* ou franchises de la seigneurie de Biscaye. En 1476, Ferdinand et Isabelle, après avoir entendu la messe dans l'église de Santa-Maria de la Antigua, se rendirent sous cet arbre révéré pour jurer le maintien des lois biscayennes.

En 1834, dans le mois de septembre, Charles V, suivi de tous ses braves généraux, de la députation de Biscaye, et des principaux habitans de Guernica, renouvela la même cérémonie, et acquit par cette démarche pleine de respect pour les lois sacrées du pays, de nouveaux droits à la vénération que lui portait déjà ses habitans (1).

(1) C'était aussi sous le chêne de Guernica que se jugeaient les crimes de félonie et de trahison ; on s'y rassemblait de deux en deux années pour voter à l'époque des élections. Guernica est une petite

C'est ici le moment de dire quelques mots d'une négociation diplomatique assez importante par elle-même, et qui occupa pendant deux mois les gazettes de l'Europe, nous voulons parler de la mission de lord Elliot.

Le ministère tory qui arriva un moment aux affaires il y a quelques mois, et dont la politique ne fut pas toujours d'accord avec les principes de son parti, qui avaient fait la gloire et la prospérité de l'Angleterre sous Pitt et sous Casteleragh, eut un moment de regret de la conduite qu'il avait tenue. L'Europe monarchique avait vu avec étonnement le chef de ce cabinet venir avouer, en plein parlement, ses sympathies et son respect pour le traité de la *quadruple-alliance*, œuvre du radicalisme anglais, que les whigs eux-mêmes ne signèrent qu'avec répugnance, et dans un accès de basse complaisance pour la politique révolutionnaire du Palais-Royal.

M. Peel et le duc de Wellington sentirent un moment se réveiller dans leur cœur leurs anciennes affections pour l'Espagne, et afin de dissimuler de leur mieux la position qu'ils avaient prise, ils essayèrent de rassurer les grandes puissances du nord sur leur politique, en donnant un témoignagne de touchant intérêt aux malheurs des populations de

ville à cinq lieues de Bilbao, de 204 maisons, environ 1,000 habitans.

la Navarre et des autres provinces du théâtre de la guerre.

Par un sentiment d'humanité, le ministère anglais chargea lord Elliot et le colonel Gurwood (1) d'une mission auprès de Charles V et du général en chef des troupes de Christine. Cette mission avait pour but ostensible la médiation du gouvernement anglais, qui voulait mettre un terme à la guerre d'extermination que se faisaient les deux partis depuis que les généraux christinos avaient obligé, par leurs cruautés, les généraux de Charles V à user de justes mais terribles représailles. On croit que le but secret était de proposer aux deux parties des moyens de conciliation qui pouvaient amener un arrangement dans les affaires de la Péninsule, et faire cesser l'effusion du sang. La haute sagesse et la noble magnanimité de Charles V lui firent rejeter ces offres, et la mission de lord Elliot se borna dès lors à un cartel d'échange de prisonniers, dont on trouvera le texte aux pièces justificatives qui terminent le volume. Cette négociation fut remarquable par la reconnaissance implicite du titre de roi d'Espagne, que la quadruple ailliance fut obligée

(1) Le choix de ces deux colonels fut un noble procédé du ministère anglais. Lord Elliot était connu par ses sympathies à la cause de Charles V, et le colonel Gurwood ne cessa, pendant le séjour de la famille royale à Portsmouth, d'avoir pour elle les attentions les plus délicates et les plus respectueuses.

Durango 10. de Junio de 1835.

Sr. Varon de los Valles

Mi apreciable amigo He tenido gusto en leer su estimada fha 15. del pasado por la que veo las diferentes particularidades que encierra y aunque quisiera en retribucion contestar minuciosamte. ya se hara V. cargo de los infinitos negocios que me rodean.

Amigo estos dias hemos adelantado muchisimo terreno pues cogemos à los cristinos como con redes yo creo que por mucho que digan los papeles franceses con respecto à lo que por aqui pasa en los diez dias que cuenta el mes, quedarán cortos. Estando sitiando à Villafranca vino Espartero en su socorro y no sacó otro provecho que el dejar 1200 prisioneros el 9.o dia se tomó Villafranca despues de haverla batido con la artilleria tirando hasta el mortero. Despues aqui se abandonó la de Tolosa luego capituló la de Bergara que tenia 1200. hombres y en fin han retirado las guarniciones del Bastan y todas las de las tres Provincias exceptuando las capitales, Salvatierra Ochandiano y otras dos en la Costa pero parece que su objeto es abandonar esto é irse sobre el Ebro; por lo menos yo cuento estar antes de tres dias en Bilbao y antes de doce en Vitoria.

Sin embargo puedo anunciar à V. qe. la cosa no será tan apresurada en todas partes qe. no quede algo que hacer à V. y cuando venga no dude que lo emplearé en lo que corresponda à su caracter y à sus distinguidos meritos.

Todos los SSres. para quienes mandó V. sus afectos se los debuelben y sin mas lugar es de V. atento Segro. Servor.

Q. S. M. B.

Eybar se rindió ayer

Tomas Zumalacarregui

d'accorder à don Carlos en traitant avec ses généraux sur le même pied qu'avec les généraux de Christine ; ceux-ci n'y opposèrent qu'une ridicule prétention de préséance que fit naître le général Cordova.

Nous n'avons voulu donner qu'un aperçu rapide et succinct des principales opérations de l'armée de Navarre, depuis l'arrivée du roi. Il était digne de remarque que la présence de ce prince à la tête de sa brave armée, en avait doublé l'élan, et que les affaires les plus brillantes avaient eu lieu sous les yeux du roi.

Le retour de Charles V dans ses états est un des plus grands événemens de l'époque actuelle, et celui qui doit être le plus fécond en grands résultats. La situation de l'armée aujourd'hui si formidable contre toutes les forces de l'usurpation, ne peut pas se comparer, à ce qu'elle était il y a un an, avant l'arrivée de ce prince ; elle était telle avant cette époque, que si le retour de Charles V dans ses états eut été retardé seulement d'un mois, il est douteux que l'insurrection eut pu se soutenir.

Nous étions loin de prévoir, quand nous avons commencé ces mémoires dans lesquels la grande figure de Zumalacarreguy occupe une si large place, que nous aurions, en les terminant, à déplorer sa mort, et à rendre un dernier hommage d'admiration à son noble courage, à sa rare capacité, à son intrépide génie, et à son héroïque fidélité. Zumalacarreguy est une des plus nobles victimes de la quadruple-alliance; c'est une balle anglaise qui l'a tué, et du moins l'Espagne n'aura pas à se reprocher la mort d'un de ses plus dignes enfans.

Zumalacarreguy était de la province de Guipuscoa, pays fécond en grands caractères et en grands dévoûmens; il était l'ami d'Eraso et de Ituralde, qui vivent pour le remplacer et pour l'imiter, et qui ont hérité de la confiance que l'armée avait en lui.

Pour apprécier tout ce qu'avait d'héroïque Zumalacarreguy, il faut avoir vu tout ce qu'il lui a fallu, avant l'arrivée du roi, d'efforts prodigieux, d'actes héroïques et de sacrifices inouis, pour lutter contre les armées nombreuses et aguerries de l'usurpation, avec une poignée de braves, qui n'avaient d'armes, que celles qu'ils prenaient à l'ennemi, et de ressources que celles qu'ils se créaient par leur valeur.

Il faut avoir vu cette armée royale manquant de tout, sans munitions, sans argent, sans habits, sans souliers, gravissant les montagnes, vivant sur les rochers, passant les nuits sans abri et dans des marches et des alertes continuelles, et les journées à combattre, et presque toujours avec avantage, des troupes régulières, bien nourries et bien payées, et suppléer au nombre par la valeur et le dévoûment; électrisée par l'exemple de ses chefs, toujours les premiers à braver les fatigues et à supporter les privations; tout cela dominé par le génie de Zumalacarreguy, qui combinait, au milieu du tumulte de ses bivouacs, cet admirable plan de campagne, qui a triomphé de cinq généraux ennemis, et qui les a réduits à venir déclarer leur impuissance, contre un si redoutable adversaire.

La mort de Zumalacarreguy n'est pas la seule dont nous ayons à attrister nos récits; une tombe s'est ouverte, il y a bientôt un an, pour une princesse qui a des droits à nos éternels regrets par l'éminence de ses qualités, la bonté de son cœur et la sublimité de sa résignation au milieu de ses royales infortunes. Nous n'avons pas voulu interrompre la série des événemens militaires de l'armée de Navarre par le récit de la mort de la noble épouse de Charles V, et nous avons fait céder l'ordre des dates, au besoin que nous éprouvions de n'avoir plus qu'à nous occuper des derniers momens de FRANCISCA D'ASSISES, *infante de Portugal et* REINE D'ESPAGNE.

IX.

Mort de la reine.

Au milieu de tant de sollicitudes qui occupaient tous les momens de Charles V, un événement des plus cruels vint le frapper au cœur, je veux parler de la mort de la reine. C'est à Eulate, petit village de Navarre, qu'il apprit cette funeste nouvelle. Il semblait en avoir le triste pressentiment. Plusieurs fois il avait dit aux fidèles serviteurs qui l'entouraient, que la reine était morte, mais qu'on lui en faisait un mystère : ainsi il souffrait de cette perte avant de l'avoir éprouvée.

Le 4 septembre, après plusieurs jours d'une fièvre bilieuse, dona Maria-Francisca, épouse de

Charles V, succomba à sa maladie. Elle mourut à Alverstock, près de Portsmouth, où elle avait fixé sa résidence depuis le départ du roi pour l'Espagne. Sa santé avait déjà été altérée par l'anxiété continuelle, que lui causait la situation périlleuse de son auguste époux et cependant, malgré le profond attachement qu'elle avait pour lui, elle était si pénétrée de l'étendue de ses devoirs, qu'elle n'aurait pas essayé un seul instant d'ébranler sa noble résolution. Si, chose impossible, Charles V avait eu besoin d'encouragemens pour mettre à fin sa grande entreprise, il aurait trouvé de puissans et d'héroïques conseils dans le grand courage de la reine, et dans le noble cœur de la princesse de Beira, sa sœur. Reine chrétienne, mère tendre, elle avait à remplir, à ce double titre, des devoirs qui faisaient taire tout autre sentiment. Ces devoirs, elle les a tous remplis, mais ils l'ont tuée; son âme ardente s'est toujours animée au milieu des périls, mais elle a été brisée par les angoisses de l'incertitude.

Cette nouvelle si inattendue fut un coup terrible pour Charles V, il n'eut pas eu la force de la supporter sans le courage qu'il trouva dans les consolations de la religion et dans le sentiment de ses devoirs de père et de roi.

Parmi les causes de la mort de la reine d'Espagne il faut placer au premier rang les souffrances inouïes et les privations de toutes sortes qu'elle avait

eu à supporter avec toute sa famille, pendant son séjour en Portugal. Obligés de fuir devant une soldatesque abusée et furieuse, à travers des contrées appauvries, dans des chemins affreux et souvent à pied, ces augustes proscrits souffrirent plus d'une fois l'horrible faim, et cherchèrent quelquefois inutilement un abri pour reposer leur tête. Vers la fin de novembre, à Miranda del Duero, elle était logée dans une maison en ruine, dont les fenêtres n'avaient pas de vitres. Je vis un jour cette princesse, fille de roi, sœur de roi et femme de roi, cousant quelques lambeaux d'étoffe grossière pour se faire des rideaux afin de se mettre à l'abri du vent et du froid, et lui ayant exprimé ma douleur de la voir dans un tel état de dénûment, elle me fit entendre ces nobles paroles : « Je suis prête à supporter les plus cruel-
» les privations avant de transiger avec mes devoirs
» de mère et de reine. »

Un événement qui a contribué puissamment à altérer sa santé, c'est le chagrin qu'elle éprouva quand elle apprit les odieux traitemens dont les fidèles serviteurs, qu'elle avait été forcée d'abandonner à Aldea-Gallega, avaient été les victimes. L'horrible position où se trouvèrent réduits ces malheureux Espagnols échappés aux poignards des assassins portugais, avait vivement ému son cœur. Traînés de Lisbonne à Porstmouth, et de Porstmouth à Hambourg, sans pouvoir trouver d'asile nulle part, ils furent livrés au supplice de toutes les privations; enfin, ramenés en Angleterre, ils y furent en butte à toutes les horreurs de la misère. La reine et la princesse de Beira s'empressèrent de vendre le peu de diamans qui leur restaient, pour leur en distribuer le prix, mais ces faibles ressources furent bientôt épuisées, et la malheureuse reine Maria-Francisca ne put résister au spectacle de tant de cruelles infortunes.

La reine d'Espagne était une femme aussi distinguée par le cœur que par l'esprit; elle tenait un journal des événemens les plus remarquables qui lui étaient arrivés ainsi qu'à sa famille, et des persécutions qu'elle eut à endurer depuis son entrée sur cette terre de Portugal, où elle avait vu le jour, et qu'elle avait quittée fort jeune pour suivre le roi Jean VI, lorsque ce monarque se réfugia au Brésil. C'est de là que cette princesse était passée en Espagne avec dona Maria-Isabella, fiancée au feu roi Ferdinand VII, tandis qu'elle-même devait épouser l'infant don Carlos, à cette époque héritier présomptif de la couronne d'Espagne.

La feue reine était une femme douée d'un grand courage; il est sans exemple qu'elle ait jamais laissé échapper la plus légère marque de frayeur. Pendant la révolution de 1820, ses appartemens devinrent le refuge de serviteurs zélés du roi. Après l'affaire du 7 juillet 1822, onze officiers de la garde, poursuivis par une populace en furie, s'étaient réfugiés dans les appartemens du château : la feue reine réclama de Ferdinand VII, l'autorisation de les cacher dans ses appartemens, et pour décider le roi à donner son consentement, elle lui fit observer qu'elle seule serait compromise dans le cas où l'on viendrait à les y découvrir. Elle les fit cacher dans une chambre dont elle seule avait la clé, et pendant les huit jours qu'ils y passèrent, elle leur porta elle-même à manger ; ensuite elle leur procura les moyens de se réfugier en pays étranger (1).

Elle entretint une correspondance avec Louis XVIII pendant tout le temps du gouvernement des cortès. Ce roi avait conçu la plus haute idée de son caractère et de son esprit. Si elle eut vécu, elle aurait probablement publié ses mémoires, qui n'auraient pu manquer d'exciter vivement l'intérêt, et de produire une grande sensation en Europe.

Pendant sa maladie, la reine eut constamment autour de son lit sa digne sœur, la princesse de Beira, et ses trois enfans, qui ne cessèrent de lui prodiguer les soins les plus touchans et les plus empressés, et qui ne quittèrent son chevet que quelques instans avant qu'elle eut rendu le dernier soupir. Il fallut les en arracher. La princesse de Beira tomba

(1) Parmi ces onze officiers se trouvait le même Cordova, dont nous avons parlé plus haut, et qui commande actuellement une des divisions de l'armée révolutionnaire.

dans d'horribles convulsions qui firent craindre pour ses jours.

Dès les premiers symptômes de la maladie de la reine, l'évêque de Léon qui habitait Londres, s'était rendu à Porstmouth, et ne quitta plus le lit de douleur de sa royale maitresse. Ce digne prélat lui prodigua les consolations de la religion, lui administra les derniers sacremens, et recueillit ses dernières volontés en forme de testament. La reine mourante ne pouvait se consoler de ne pas mourir en Espagne auprès de son époux ; elle lui écrivit quelques lignes pour lui faire ses adieux. Dans ce billet, dont la lecture est déchirante, elle lui demande pardon de toutes les peines qu'elle pouvait lui avoir causées quoiqu'involontairement, et se recommande à ses prières.

Ce pénible devoir rempli, elle se montra résignée à son sort. Elle vit approcher son heure suprême avec un calme et une sérénité remarquables ; tous les assistans admirèrent sa résignation. Elle mourut enfin comme elle avait vécu, sa fin fut aussi belle, aussi grande que sa vie ; avant d'expirer, elle fit appeler autour de son lit tous les officiers de sa maison, et prit congé de chacun d'eux dans les termes les plus affectueux et les plus attendrissans. Elle a laissé à tous une marque de son souvenir. C'est ainsi que mourut, à l'âge de trente-quatre ans, sur le sol de l'Angleterre, non pas la première, mais la plus illustre victime de la quadruple-alliance.

La noblesse et la haute société de Porstmouth et des environs, montrèrent les plus délicates attentions pour la famille royale. L'amiral sir Thomas Williams et le général sir Thomas Mahon, rendirent visite à S. A. R. la princesse de Beira, et lui offrirent leurs complimens de condoléance et ceux du gouvernement. L'amiral annonça à la princesse qu'il avait reçu une lettre du duc de Sussex, qui témoignait la part bien sincère qu'il prenait à sa douleur, et exprimait le regret de ne pouvoir, en personne, se rendre auprès d'elle pour l'en assurer. Il ajoutait que jamais les soins délicats que lui avait prodigués à Lisbonne la famille de Bragance, ne s'effaceraient de son souvenir. Les officiers de la garnison payèrent aussi leur tribut de regrets, et les dames envoyèrent des adresses de condoléance à la princesse. L'amiral informa cette dernière des honneurs que le gouvernement était dans l'intention de rendre à la feue reine. En effet, le jour des funérailles, les vaisseaux de guerre du port arborèrent à mi-mât le pavillon espagnol; les batteries en firent autant, et de quart-d'heure en quart-d'heure, des salves furent tirées à compter du moment où le corps quitta la résidence, jusqu'à la fin de la cérémonie. Une garde d'honneur vint chercher le corps à la maison mortuaire, et fut remplacée à la chapelle par un autre détachement. Ce fut le mardi 16 septembre, à neuf heures, que cette cérémonie eut lieu à la chapelle de Gosport. Le corps fut suivi par tous les gens appartenant à la maison du roi. La dépouille mortelle de la reine fut déposée dans la chapelle catholique de Gosport, en attendant le moment où elle sera transportée dans l'église d'un monastère, que cette princesse a fondé dans les environs du royaume de Valence.

ÉPITAPHE DE LA REINE D'ESPAGNE.

Maria-Francisca Assis, regali ex progenie Braganza et Borbon,
Joannis VI, Lusitaniæ fidelissimi filia regis,
Caroli V, Hispaniarum quoque regis conjux amantissima,
Sancti Francisci a Sales monialium fundatrix regalis monasteri,
Civitatis Oriolensis pia et religiosa,
Pridie nonas septembris anni millesimi octingentesimi
Trigesimi quarti,
Ætatis suæ incæpto trigesimo quinto
Alverstokii parvo Magnæ-Britanniæ oppido,
Obdormivit in Domino.
R. I. P.

« Marie-Françoise d'Assise, des familles royales de Bragance et de » Bourbon, fille de Jean VI, roi très fidèle du Portugal, et épouse » bien aimée de Charles V, roi d'Espagne, pieuse et dévote fondatrice » du monastère royal des religieuses de Saint-François de Sales, dans » la ville d'Orihuela, s'est endormie dans le Seigneur, la veille des » nones de septembre de l'an mil huit cent trente-quatre, comme elle » entrait dans la trente-cinquième année de son âge, à Alverstok, » petit bourg de la Grande-Bretagne.

» Qu'elle repose en paix! »

M. de Teijeiro, l'un des chambellans des jeunes princes (1), fut désigné par la princesse de Beira pour porter au roi l'affligeante nouvelle de la mort de son épouse; ce choix ne pouvait tomber sur un serviteur plus dévoué et plus digne d'une si grave et si haute mission.

M. de Teijeiro s'adressa à lord Palmerston pour obtenir un passeport, mais ce ministre refusa d'en délivrer un, et pria le chargé d'affaires de France de répondre à cette demande. Celui-ci lui accorda des passeports; mais à la condition expresse, qu'à son

(1) Don Jose Teijeiro, issu d'une des familles les plus distinguées de la Galice, où l'honneur et la fidélité sont héréditaires, entra dans la carrière des armes en 1808, et parvint, en 1824, au grade de commandant. C'est alors que le roi l'appela auprès de ses fils en qualité de chambellan. Ce fut un des officiers qui se distinguèrent le plus le 7 juillet 1822. Il fut arrêté en même temps que le brave de Goiffieux, et jeté dans le même cachot, mais plus heureux que lui, il échappa à la mort. A l'époque du départ de don Carlos pour le Portugal, il ne balança pas à abandonner sa femme, atteinte d'une maladie grave, et sa nombreuse famille, pour accompagner ce prince dans son exil. Il savait cependant que cette résolution allait lui faire perdre sa solde de colonel, l'unique ressource de sa famille. M. de Teijeiro est un des plus beaux types de dévoûment et d'honneur. Les soins qu'il a prodigués aux jeunes infans, les excellens conseils qu'il leur a donnés, sa profonde instruction et la fermeté de son caractère, font regretter qu'il ait été forcé de se séparer d'eux, car il sera difficile de le remplacer. Le prince des Asturies lui était très attaché. Ses conseils ne seront pas moins utiles au roi, qui mettra, nous n'en doutons pas, à profit ses connaissances militaires, en lui confiant le poste élevé qu'il est digne d'occuper.

arrivée à Paris, M. de Teijeiro se présenterait chez le ministre de l'intérieur. Ce brave officier était porteur de lettres de la princesse de Beira, des infans, de l'évêque de Léon et de quelques-uns des serviteurs de la feue reine, ainsi que d'une copie de son testament.

A peine était-il débarqué à Calais, qu'on lui enleva ses dépêches, qui ne lui furent rendues que deux jours après son arrivée à Paris : le cabinet noir eut ainsi le temps d'en prendre des copies. On lui fit attendre ses passeports pendant deux jours, et éprouver toutes sortes de vexations. Le sous-préfet de Bayonne poussa l'oubli des convenances jusqu'à faire opérer une visite domiciliaire dans l'hôtel où M. de Teijeiro était descendu, toutes ses lettres lui furent enlevées, à l'exception seulement, de celles de la famille royale; c'étaient les lettres de l'évêque de Léon, du confesseur du roi et de quelques autres serviteurs de la reine. Il réclama en vain contre un pareil abus d'autorité et une si odieuse violation du droit des gens ; le sous-préfet répondit *qu'il était obligé de se conformer aux ordres qu'il avait reçus du ministre de l'intérieur.* Ces lettres ne furent rendues que quinze jours après.

Le 4 octobre, M. de Teijeiro rejoignit le roi à Enguy ; à la vue de ce fidèle serviteur, Charles V sentit se renouveler toute sa douleur ; il s'enferma avec lui près de quatre heures, l'accablant de questions, voulant connaître jusqu'aux moindres circonstances de la mort d'une épouse, à laquelle il avait dû les seuls momens de bonheur qu'il eût goûtés dans sa vie, et qui lui avait prodigué pendant quinze ans tous les témoignages les plus touchans de l'amour et du dévouement. Les détails que lui donna M. de Teijeiro répandirent dans son âme de grandes consolations. Il lui fit aussi beaucoup de questions sur ses fils. M. de Teijeiro lui apprit que l'affliction profonde qu'avait causé la mort de sa mère au prince des Asturies, l'avait rendu très souffrant; mais que la religion avait enfin calmé sa douleur en lui inspirant une sainte résignation, qui avait contribué à lui rendre la santé. Le jeune prince avait chargé M. de Teijeiro de demander au roi son père l'autorisation d'aller partager ses périls. Mais de hautes considérations empêchèrent le roi de se rendre aux vœux de son fils. Les infans avaient retrouvé dans la princesse de Beira, leur tante, une seconde mère; le sentiment de leur triste position augmenta encore sa tendresse pour eux. Le roi, depuis ce moment, entretint avec cette princesse une correspondance suivie. Il s'est empressé de donner son approbation au plan d'éducation qu'elle avait adopté pour ses fils. Entourés de tels soins, et pourvus des plus heureuses dispositions, ces jeunes princes auront reçu une éducation digne du haut rang qu'ils doivent un jour occuper en Espagne.

Le récit que je viens de faire et dans lequel je n'ai sacrifié la vérité à aucune convenance de parti, donnera une idée exacte de la situation de l'Espagne en présence de son roi. Je n'ai donné que le premier chapitre de l'histoire de Charles V; mais l'avenir appartient à ce prince, et la Providence lui donnera, nous n'en doutons pas, les forces nécessaires, pour sortir triomphant de la lutte qu'il soutient depuis trois ans contre la révolution; nous en avons pour garans les résultats immenses et si inespérés qu'il a déjà obtenus, et la résolution inébranlable qu'il m'a si souvent manifestée de rester jusqu'au dernier soupir fidèle à ses devoirs de roi.

PIÈCES

JUSTIFICATIVES.

Pragmatique-sanction, ou décret royal qui fixe l'ordre de succession à la couronne d'Espagne, donné au palais le 29 *mars* 1830.

Don Ferdinand VII, par la grâce de Dieu, roi de Castille et de Léon, etc.,

Aux infans, prélats, ducs, marquis, comtes, *ricos-hombres*, prieurs, commandeurs des ordres et sous-commandeurs, alcades de Castilles, etc., et tous autres juges ou juridictions, ministres et personnes de toutes les villes et bourgs des mes royaumes et seigneuries, tant à présent qu'à l'avenir, sachez :

Que dans les cortès qui se tinrent en 1789, en mon palais de Buen-Retiro, on s'occupa, *sur la proposition du roi* mon auguste père, qui est dans les cieux, de la nécessité et de la convenance de faire observer la méthode régulière établie par les lois du royaume et par la coutume immémoriale pour la succession à la couronne d'Espagne, en préférant l'aîné au cadet, et le mâle à la femme dans les lignes respectives, selon leur ordre; et ayant pris en considération les biens immenses que la monarchie avait retraits de son observation pendant l'espace de plus de sept cents ans, ainsi que les motifs et circonstances éventuels qui contribuèrent à la réforme décrétée par acte du 10 mai 1713, ils présentèrent à ses royales mains une pétition datée du 30 septembre 1789, en rappelant le grand bien qui était résulté pour ce royaume, dès avant l'époque de l'union des couronnes de Castille et d'Aragon, de l'ordre de succession spécifié en la loi 2, titre 15, 2e partie, et le suppliant de vouloir bien, sans égard pour l'innovation établie par l'acte ci-dessus cité, ordonner qu'on observât et qu'on gardât perpétuellement, dans la succession à la monarchie, ladite coutume immémoriale, comme elle avait toujours été gardée et observée, et de faire publier une pragmatique-sanction comme faite et formée en assemblée de cortès, qui établît cette résolution et dérogation à l'acte cité ci-dessus.

Ayant reçu cette pétition, mon auguste père prit le parti que demandait le bien du royaume, en répondant au rapport dont la junte des assistans de cour, gouverneur et ministres de ma royale chambre de Castille, avaient accompagné la pétition des cortès : « Qu'il avait pris une résolution conforme à ladite supplique. » Mais il leur recommanda de garder pour le moment le plus grand secret, parce qu'il le jugeait utile à son service, et dans le décret dont il est question, « il ordonnait à son conseil d'expédier la pragmatique-sanction d'usage en pareil cas. » Ayant égard à cette circonstance, les cortès envoyèrent à la voie réservée copie certifiée de ladite supplique et de tout ce qui s'y rapportait, et l'on publia le tout dans l'assemblée, avec la réserve conditionnelle.

Les troubles qui agitèrent alors l'Europe, et ceux que la Péninsule éprouva depuis, ne permirent pas l'exécution de ces importans desseins, qui demandaient des jours plus sereins. Ayant, avec l'aide de la miséricorde divine, heureusement rétabli la paix et l'ordre dont mes peuples chéris avaient si grand besoin, après avoir examiné cette grave affaire, et ouï l'avis des ministres zélés pour mon service et le bien de l'Etat, par mon royal décret du 26 de ce mois, j'ai ordonné que, sur le vu de la pétition originale et de la résolution prise à ce sujet par mon bien-aimé père, et de la certification des premiers écrivains des cortès qui accompagnaient ces documens, on publiât immédiatement la susdite pragmatique en forme voulue.

L'ayant publiée dans mon conseil général avec l'assistance de mes deux fiscaux, qui ont été entendus *in voce* le 27 du même mois, on y résolut de lui donner le complément, en l'expédiant avec force de loi et pragmatique-sanction comme faite et promulguée en assemblée des cortès. En conséquence, j'ordonne qu'on observe, garde et accomplisse à perpétuité le contenu littéral de la loi 2, titre 15, 2e partie, conformément à la pétition des cortès assemblées dans mon palais de Buen-Retiro, en 1789, et dont le texte littéral suit :

« L'avantage de naître le premier est une très grande » marque d'amour que Dieu donne aux fils des rois qui doi- » vent avoir d'autres frères. Celui à qui il veut faire cet hon-

»neur domine les autres, qui doivent lui obéir et le regarder »comme leur père et seigneur. Que cela soit vrai, c'est ce »que prouvent trois raisons : la première selon la nature; »la seconde selon la loi, et la troisième selon la coutume : »1° selon la nature, car le père et la mère désirent ardem- »ment avoir lignage qui hérite de ce qui leur appartient, et »celui qui naît le premier et qui arrive le plus à propos pour »remplir ce qu'ils désirent, doit, par conséquent, être plus »aimé d'eux, *et il doit l'être;* 2° selon la loi, car notre Sei- »gneur-Dieu dit à Abraham, lorsqu'il lui ordonna, pour »l'éprouver, de prendre Isaac, son unique fils, qu'il aimait »beaucoup, et de l'immoler pour l'amour de lui, et il dit »cela pour deux raisons : la première, parce que celui-là »était le fils qu'il aimait comme lui-même, pour ce que »nous avons dit plus haut; et la seconde, parce que Dieu »l'avait choisi pour saint lorsqu'il voulut qu'il naquît le »premier; et c'est pour cela qu'il lui en fit le sacrifice; car, »d'après ce qu'il dit à Moïse dans la loi ancienne, tout mâle »qui naîtra le premier sera appelé chose sainte de Dieu; »que les frères doivent le regarder comme leur père; cela »se démontre parce qu'il est plus âgé qu'eux, et qu'il est »venu le premier au monde, et qu'on doit lui obéir comme »à son seigneur; cela se prouve encore par les paroles »qu'Isaac dit à Jacob, son fils, lorsqu'il lui donna sa béné- »diction, croyant qu'il était l'aîné : Tu seras seigneur de »tes frères, et les enfans de ton père se tourneront vers toi, »et celui que tu béniras sera béni, et celui que tu mau- »diras, la malédiction tombera sur lui. Ainsi donc, par »toutes ces paroles, on donne à entendre que le fils aîné a »le pouvoir sur ses autres frères, comme père et seigneur, »et qu'ils doivent le regarder comme tel. De plus, d'après »l'ancienne coutume, les pères, *ayant communément pitié* des

» autres enfans, ne voulurent pas que l'aîné eût tout, mais » que chacun d'eux eût sa part. Néanmoins, les hommes » sages et savans dans les affaires de succession reconnais- » sent que la répartition ne pouvait pas avoir lieu en ce qui » concerne les royaumes, à moins de vouloir les détruire, » d'après ce que dit notre Seigneur Jésus-Christ, que tout » royaume partagé serait ravagé, considérant comme de » droit que la seigneurie ou royaume doit écheoir unique- » ment au fils aîné, après la mort de son père.

» Et cela a toujours été mis en usage dans tous les pays » du monde où l'on eut la seigneurie pour lignage, et prin- » cipalement en Espagne; c'est afin d'éviter plusieurs maux » qui arrivèrent et qui pourraient arriver encore, qu'on fut » d'avis que la seigneurie du royaume serait toujours l'héri- » tage de ceux qui viendraient en ligne droite; et c'est par » cette raison qu'on établit que, s'il n'y avait pas d'enfans » mâles, la fille aînée hériterait du royaume, et qu'on or- » donna encore que, si le fils aîné venait à mourir avant » d'hériter, s'il laissait, de sa femme légitime, un fils ou une » fille, que le premier et ensuite la seconde l'auraient, et » non aucune autre personne; mais si tous ceux-là venaient » à mourir, le royaume devait être l'héritage du parent le » plus prochain, s'il était homme capable, et s'il n'avait rien » fait pour perdre cet héritage. Ainsi donc, par toutes ces » choses, le peuple est obligé de regarder le fils du roi » comme son souverain, pour le bien véritable du royaume. » C'est pourquoi quiconque agirait en opposition de ce qui » vient d'être dit ci-dessus, serait traité comme traître, et, » comme tel, il recevrait la punition dont sont passibles, » d'après l'usage, ceux qui méconnaissent le pouvoir du roi.

» En conséquence, je vous mande à tous.... »

Donné au palais, le 29 mars 1830. MOI, LE ROI.

DÉCRET D'AMNISTIE.

Rien n'est plus doux au cœur d'un prince magnanime et religieux, ami de ses peuples, et sensible aux vœux qu'ils faisaient pour obtenir de la miséricorde divine l'amélioration et le rétablissement de sa royale santé, que l'oubli des faiblesses de ceux qui, plutôt par de mauvais exemples que par perversité, se sont éloignés du chemin d'une loyale fidélité, et du respect et de la soumission avec lesquels jadis ils s'étaient distingués.

Rien n'est plus glorieux que cette extrême bonté avec laquelle le roi désire accueillir, sous le manteau de sa bienfaisance, tous ses fils autrefois égarés, de les faire participer à ses grâces libérales, de les rendre au sein de leurs familles, de les délivrer du joug nécessiteux auquel ils étaient attachés à l'étranger.

Par ces considérations, et ce qui est plus encore par le souvenir qu'ils sont Espagnols, ce qui assure leur profonde et sincère reconnaissance, aux bontés d'un prince de qui émane toute grâce, et guidés par cette flatteuse espérance, moi, la reine, faisant usage des droits que mon très cher et aimé époux m'a accordés, et d'accord entièrement avec sa volonté, j'accorde l'amnistie la plus complète qui ait été accordée jusqu'à ce jour par les rois, à tous ceux qui ont été poursuivis comme criminels d'état, quels que soient les différens partis qui les distinguent. Toutefois, en exceptant de cet acte de clémence (et cela bien malgré moi), ceux qui ont eu le malheur de voter la destitution du roi à Séville, et ceux qui ont commandé en chef une force armée contre sa souveraineté; vous l'aurez pour entendu.

Signé de la main de la reine.

Saint-Ildephonse, le 15 octobre 1832.

N. B. Ce décret, quoique daté du 15, n'a paru dans les colonnes de la *Gazette de Madrid* que le 23 octobre.

ADRESSE DES AMNISTIÉS À LA REINE.

A S. M. la reine régente des Espagnes.

MADAME,

Admirateurs de tout chef suprême qui fait le bonheur du royaume qu'il régit, nous nous faisons un devoir de présenter à V. M. nos hommages respectueux, pour les généreux et nobles sentimens que V. M. vient de manifester en promulguant un décret d'amnistie pour rappeler en Espagne ceux qui, jusqu'à ce jour, avaient été désignés comme *criminels d'état.*

Nous nous rendons assez de justice pour penser qu'après les preuves que nous avons données constamment de nos *opinions indépendantes*, cette amnistie peut nous concerner, quand bien même un décret spécial ne nous appellerait pas individuellement à la jouissance des bontés de V. M.

Ainsi donc, V. M. n'aura pas de soupçons sur nos sentimens, quand nous la félicitons, et elle en aura bien moins encore à l'égard des observations que nous osons lui adresser, sur les conséquences qu'aura cette *amnistie;* amnistie qui, du reste, finirait probablement par être funeste à la magnanimité de V. M., ainsi qu'à tous ceux qu'elle concerne.

L'amnistie est dictée par un esprit courageux, qui sent la grande nécessité de poser les bases de la régénération de notre patrie; mais par malheur cet acte ne proclamant pas une puissante vérité, perd son prix, et met V. M. dans la position la plus critique. Oui, Madame, la *puissante vérité* n'est autre que l'innocence des amnistiés; car, au lieu d'avoir commis quelque crime, ils ont au contraire rempli le devoir de la conscience et de l'honneur, en rétablissant la constitution de l'an 1812, dont le décret du 4 mai 1814, donné par S. M. le roi, contenait la promesse.

Par cette royale promesse, la nation qui s'est vue privée de la constitution, prêta un *serment conditionnel* au roi; mais le roi ayant manqué à la condition, la nation s'est aussi vue détachée du serment qui la liait. Ainsi donc, le héros Riego et tous ceux qui ont suivi son exemple, n'ont été que très vertueux dans leur louable entreprise. La constitution fut restaurée, et S. M. le roi, votre époux, la proclama, lui prêta serment et la fit observer. Quel est donc le crime qu'ont commis vos fidèles sujets en suivant l'exemple de leur roi?

Non, Madame, aucun constitutionnel ne doit être *amnistié*, car *amnistie* veut dire *pardon*, et le pardon suppose un crime dans celui qui en reçoit la grâce.

Nous pensons donc que la magnanimité de V. M. a été entravée par les *circonstances;* mais nous devons lui faire observer que des *demi-mesures*, dans des crises politiques, ne servent qu'à empirer le mal : c'est par cette raison que l'amnistie que V. M. vient d'accorder soulève les apostoliques ennemis des rois justes et des peuples civilisés, en même temps que le parti opposant perd sa force morale, du moment que l'on permet l'entrée des émigrés comme à des galériens qui ont fini leur temps, ou comme à des criminels grâciés par la clémence d'une reine jeune et sensible. Les effets seront donc contraires aux louables intentions de V. M. si, avec une énergique résolution, elle ne tranche pas le nœud gordien qui assurera à V. M. le bénéfice du progrès des lumières et le bonheur de l'Espagne.

Daignez, Madame, écouter les conseils de quelques patriotes expérimentés; tranchez donc ce nœud! et par ce seul coup V. M. en finira avec ses ennemis.

Le moyen de l'effectuer, c'est de rendre un décret par lequel on donnera au peuple les biens territoriaux du clergé. Ces immenses richesses n'ont été acquises que par le droit divin, et ce sont des vols faits à la société : 1° par des donations faites par les rois, qui prenaient aux Maures ce que les Maures avaient pris aux Espagnols. Et comme il est évident que le sol espagnol n'était pas une *marchandise* venant de l'Afrique, de là l'injustice de confisquer le terrain et de le donner au clergé, au lieu de le rendre au peuple à qui ce terrain appartenait avant l'invasion des Maures. En second lieu, le surplus de la richesse du clergé fut acquis par les clauses testamentaires arrachées au lit de mort des riches, effrayés par des menaces et des suggestions mystiques.

V. M. voit donc que les biens du clergé appartiennent légitimement au peuple, volé de plusieurs manières. Par cette raison, ces biens doivent retourner au peuple, et une aussi dangereuse et colossale richesse, qui donnait l'influence et le pouvoir au clergé, passera rapidement au peuple, afin que, mû par son propre intérêt, il combatte l'erreur, la surprise et le mensonge chez ceux qui, jusqu'alors, l'avaient eu à leur merci et à leur dévotion.

Peut-être des conseillers timides feront craindre à V. M.

le soulèvement du clergé; mais ne le craignez pas, car le peuple, qui gagne à la réforme, n'ira pas se joindre à lui et combattre en faveur des usurpateurs de sa légitime propriété.

Croyez-nous, reine juste, les hommes béniront la main qui brisera les chaînes qui les oppriment, et le clergé lui-même, en reconnaissant la justice de cet acte, s'empressera de rétablir la vraie religion de Jésus-Christ, qui fut le modèle de la pauvreté, de la modération et du libéralisme.

Nul doute que des conseils timides auront fait croire à V. M. que dans la réunion des *cortès por Estamentos*, on délibérerait sur des mesures d'une si haute importance. Que V. M. prenne bien garde d'adhérer à de semblables conseils; ce serait inévitablement le premier pas vers la perte de V. M.; car dans les discussions *desdites cortès*, dont la majorité a été et sera toujours composée du clergé et de ses partisans, on irait jusqu'à stigmatiser les sages mesures et les projets de V. M.; après quoi V. M. descendrait du trône, avec les princesses, et l'Espagne retomberait dans la barbarie du premier âge.

Des sentimens patriotiques nous ont dicté cet écrit, et nous supplions V. M. de vouloir bien recevoir, etc.

(Suivent les signatures.)

Paris, le 5 novembre 1832.

MANIFESTE DE M. ZÉA-BERMUDEZ A SON ARRIVÉE AU MINISTÈRE.

Madrid, 4 décembre 1832.

La ligne de politique intérieure et extérieure que le roi notre maître avait tracée à son gouvernement avait déjà produit quelques avantages pour la monarchie et inspiré à l'Europe entière une confiance méritée. Attaché à ces principes par devoir et par conviction, tout le monde sait que je les ai constamment suivis comme règle, dans l'exercice de mes fonctions quand, pour la première fois, S. M. daigna m'élever au poste important qu'elle me confie de nouveau aujourd'hui. Il serait inutile de vous les exposer en ce moment; mais la reine, notre maîtresse, ayant appris que depuis quelque temps des idées fausses ont circulé dans les pays étrangers sur l'état actuel des choses en Espagne, que l'on a attribué à son gouvernement des intentions qu'il n'a jamais eues, et que l'on a supposé qu'il avait le projet de changer de systéme; S. M. désirant dissiper, par des moyens en son pouvoir, ces erreurs, pour éviter les résultats pernicieux qu'elles pourraient amener, m'a chargé de vous faire connaître nettement la marche invariable que, du consentement exprès de son auguste époux, elle est fermement résolue à suivre, tant pour l'administration du royaume que pour nos relations avec les puissances alliées et amies.

Parmi les actes récens du gouvernement, celui qui prouve le mieux la clémence innée de nos souverains chéris a été précisément l'objet d'interprétations fausses et exagérées; cette vertu, dans l'exercice de laquelle ils se complaisent le mieux, et qui n'est limitée par eux que dans l'intérêt de la vindicte publique et de la sûreté de l'état. V. E. a déjà compris que je fais allusion au décret royal d'amnistie du 15 octobre dernier.

La reine notre maîtresse est décidée à mettre à exécution les dispositions de ce décret avec une persévérance égale à l'esprit de générosité qui l'a dicté, et comme la plus douce récompense pour S. M., c'est de pouvoir essuyer les larmes de ceux auxquels elle ouvre les portes de la patrie, elle ne doute pas qu'ils ne répondent loyalement à sa bonté maternelle.

Les imputations gratuites ne se sont pas arrêtées là. La critique s'est étendue à d'autres mesures prises par S. M. dans l'unique but de travailler à l'union, à la concorde et à la félicité de ses peuples. Quelques hommes même bien intentionnés ont été effrayés au point de croire que la forme et les institutions de la monarchie allaient éprouver un changement total; enfin ils ont pensé que l'Espagne avait fait une alliance avec la révolution.

Comme rien n'est plus éloigné de l'esprit de S. M., la reine notre maîtresse ne pouvait se montrer indifférente à cet égarement de l'opinion publique. S. M. n'ignore pas que le meilleur gouvernement pour une nation est celui qui est le mieux adapté à son caractère, à ses mœurs, à ses usages; et l'Espagne a fait voir plusieurs fois et d'une manière non équivoque ce qui, sous ce rapport, lui plait, lui convient le plus. Sa religion dans toute sa splendeur, ses rois légitimes jouissant de la plénitude de leur autorité, son indépendance politique complète, ses anciennes lois fondamentales, la bonne administration de la justice et le repos intérieur qui fait fleurir l'agriculture, le commerce, l'industrie et les arts: tels sont les biens que demande ardemment le peuple espagnol.

S. M. la reine, conservant les bases que la sagesse du roi notre maître a posées comme règles fixes de son gouvernement, et persuadée que les Espagnols mettent un noble orgueil à être fidèles à leurs souverains et soumis aux lois, se déclare l'ennemie irréconciliable de toute innovation religieuse ou politique, que l'on voudrait établir dans le royaume ou y introduire de l'étranger, pour renverser l'ordre de choses régnant, quels que soient d'ailleurs les prétextes ou les manœuvres dont l'esprit de parti voudrait couvrir ses criminelles intentions. Mais que l'on ne s'imagine pas pour cela que S. M. refusera d'adopter, pour les différentes branches de l'administration publique, les améliorations que la saine politique et les conseils des hommes sages et vraiment attachés à leur patrie indiqueraient comme utiles. De même S. M., qui reconnait que la perfection n'est l'attribut que de l'Etre suprême, et que tout ce qui sort de la main des hommes est incomplet, n'éprouvera aucune répugnance à révoquer ou à modifier ses réglemens et ses décrets lorsque l'expérience en aura démontré l'insuffisance ou les dangers.

Telles sont les maximes que la reine, notre maîtresse, suivra dans l'administration du royaume. Elle observera avec autant de fidélité, celles sagement adoptées par le roi à l'égard des relations diplomatiques de l'Espagne avec les nations étrangères.

Ces maximes forment un système de politique juste, simple et loyal, qui gagne à être étudié. Il est exempt d'ambition et de tout intérêt privé, et est parfaitement propre à conserver et à resserrer les liens d'amitié et la bonne intelligence avec les cabinets étrangers.

Scrupuleuse observatrice des traités conclus, et respectant l'indépendance étrangère, l'Espagne demande seulement que les autres puissances continuent à conserver avec elle la foi des traités, et que son indépendance soit respectée. Comme tous le gouvernemens lui donnent des marques de leur amitié, elle espère que les témoignages d'affection que lui donnent ses alliés en échange de sa loyauté et des efforts qu'elle fait pour mériter leur confiance, ne cesseront de se multiplier.

En assurant ainsi la paix intérieure et extérieure du pays,

elle pourra s'appliquer entièrement à étendre ses relations commerciales sur un pied d'utilité réciproque avec toutes les nations, et principalement avec celles qui, par leur position, les progrès de leur industrie et d'autres considérations, offriront le plus d'avantages à l'exportation des produits nombreux et variés de notre fertile patrie.

La seule question politique qui, depuis quelque temps, a inquiété le gouvernement espagnol (qui est intéressé à sa prompte solution), est la lutte déplorable entre les deux princes de la maison royale de Bragance. S. M. ne deviera en rien de la marche qu'elle a suivie jusqu'à ce jour. La parfaite neutralité qu'elle a promis d'observer sera respectée, et appliquant à cette circonstance les principes déjà énoncés, de respecter l'indépendance des nations, elle n'interviendra pas dans ce conflit, pourvu que les autres cabinets observent la même conduite à l'égard du Portugal. Les promesses solennelles et réitérées que S. M. a eu la satisfaction de recevoir de la France et de l'Angleterre, qui, de leur côté, n'enfreindront pas la neutralité convenue, éloignent toutes les craintes de voir cette affaire se compliquer encore.

Enfin, la bonne foi et la franchise qui ont toujours caractérisé le cabinet espagnol, et que la reine notre maîtresse désire voir observer plus que jamais, assurent aux autres nations qu'elles trouveront dans l'Espagne une puissance indépendante, ferme et constante dans son amitié, dont les relations seront aussi avantageuses que durables, et qui sera disposée à contribuer de tout son pouvoir au maintien de la paix générale, qui est l'objet des désirs et des efforts de tous les souverains.

C'est par ordre de S. M. que je vous adresse la présente note, afin que les déclarations et les explications y contenues vous servent toujours de gouverne; pour que vous rectifiiez par tous les moyens qui sont en votre pouvoir, les opinions erronées qu'on a pu se former dans ces derniers temps sur la véritable situation de l'Espagne et les vues de son gouvernement, et pour que vous vous en serviez dans toutes les circonstances que vous jugerez convenables. C'est dans ce but qu'elle a été lue et unanimement approuvée dans le conseil des ministres, que la reine notre maîtresse a daigné présider en personne.

Que Dieu vous ait en sa sainte garde.

F. Zéa-Bermudez.

NOUVEAU DÉCRET DU ROI D'ESPAGNE QUI ABOLIT LA LOI SALIQUE.

Du 31 décembre 1832.

Mon esprit royal ayant été surpris dans les momens d'agonie où me conduisait la grave maladie, dont m'a sauvé, d'une manière prodigieuse, la miséricorde divine, j'ai signé un décret dérogeant à la pragmatique-sanction du 29 mars 1830, déjà arrêté par mon auguste père, à la demande des cortès de 1789, pour rétablir la succession régulière à la couronne d'Espagne.

Le trouble d'une situation dans laquelle il semblait que la vie allait m'abandonner, indiquerait assez le manque de délibération de cet acte, si la nature et ses effets ne le manifestaient pas.

En qualité de roi, je ne pourrais détruire les lois fondamentales du royaume, dont j'avais publié le rétablissement; et, comme père je ne pourrais, avec ma volonté libre, dépouiller mes descendans de leurs droits augustes et légitimes.

Des hommes déloyaux ou trompés environnèrent mon lit, et abusant de mon amour et de celui de ma chère épouse pour les Espagnols, augmentèrent son affliction, ajoutèrent à la douleur de ma situation, en assurant que le royaume tout entier était opposé à l'observation de la pragmatique, et me peignant les torrens de sang et de désolation universelle qui s'ensuivraient si elle n'était pas abolie.

Cette déclaration atroce, faite dans des circonstances au milieu desquelles c'est un devoir plus sacré d'annonncer la vérité, pour les personnes les plus obligées de me la dire, et lorsque je n'avais ni le temps ni la faculté de la vérifier, consterna mon esprit fatigué, et absorba ce qui me restait d'intelligence, pour ne penser à autre chose qu'à la paix et à la conservation de mes peuples, faisant autant qu'il était en moi, comme je le dis dans le même décrêt, ce sacrifice à la tranquillité de la nation espagnole.

La perfidie acheva l'horrible trame commencée par la séduction, et, dans ce jour, se répandirent des certificats de ce qui avait été fait, avec l'insertion du décrêt, brisant déloyalement le sceau que j'avais ordonné de respecter jusqu'après ma mort.

Instruit maintenant de la fausseté avec laquelle on a calomnié la loyauté de mes chers Espagnols, toujours fidèles à la descendance de leur roi; bien persuadé qu'il n'est ni en mon pouvoir, ni dans mes désirs, de déroger à la coutume immémoriale de la succession établie par les siècles, sanctionnée par la loi, justifiée par les illustres héroïnes qui me précédèrent sur le trône, et sollicitée par le vote unanime du royaume; libre dans ce jour, de l'influence de la contrainte de ces funestes circonstances, je déclare solennellement, de ma pleine volonté et de mon propre mouvement, que le décrêt signé au milieu des angoisses de ma maladie, m'a été arraché par surprise ; que ce fut un effet des fausses terreurs dont on a assailli mon esprit; qu'il est nul et de nulle valeur, étant opposé aux lois fondamentales de la monarchie, et aux obligations qui me sont imposées comme roi et comme père, envers mon auguste descendance.

—

LETTRE ET PROTESTATION DE DON CARLOS.

Mon très cher frère,

Ce matin, à dix heures, mon secrétaire Plazaola est venu me dire que Cordova, ton ministre à cette cour, désirait savoir quand il me conviendrait de recevoir communication d'un ordre royal. Je lui ai fait répondre que midi serait pour cela l'heure la plus propre. Il est revenu quelques minutes avant une heure, et je l'ai reçu sur-le-champ. Il m'a présenté ce document officiel que j'ai lu, après quoi je lui ai dit que ma dignité et mon caractère ne me permettaient de répondre que directement ; que tu étais mon roi et mon seigneur, et en outre mon frère, un frère bien-aimé que j'ai eu le bonheur d'accompagner dans toutes ses disgrâces.

Tu désires savoir si j'ai l'intention ou non de prêter serment de fidélité à ta fille, comme princesse des Asturies. Je n'ai pas besoin de dire combien je désirerais prêter ce serment : tu me connais, tu sais que mes paroles partent du fond de mon cœur. Rien ne me serait plus agréable que d'être le premier à reconnaître ta fille et à t'épargner tous les chagrins et tous les embarras que mon refus pourrait t'occasionner. Mais ma conscience et mon honneur ne le permettent pas. Je possède des droits si sacrés, que je ne saurais m'en dépouiller; des droits que Dieu m'a donnés quand il lui a plu de me faire entrer dans la vie, et que Dieu seul peut m'ôter en te donnant un fils; ce que je désire peut-être plus que tu ne le désires toi-même. D'ailleurs, je défends en ceci les droits de tous ceux qui sont appelés après moi; c'est pourquoi je me crois obligé de te transmettre la déclaration ci-jointe, que je t'adresse de la manière la plus solennelle, à toi et à tous les souverains, à qui j'espère que tu la communiqueras.

Adieu, mon cher frère; tu ne dois pas douter que je te serai toujours dévoué, et que ton bonheur sera toujours l'objet de ton affectionné frère.

Signé CARLOS.

DÉCLARATION.

Moi, Carlos-Maria-Isidor de Borbon y Borbon, infant d'Espagne, bien convaincu des droits légitimes que je possède à la couronne d'Espagne, si je survis à Votre Majesté, et qu'elle ne laisse point d'héritier mâle, je dis que ma conscience et mon honneur ne me permettent pas de jurer ou de reconnaître d'autres droits que ceux-là.

Au seigneur notre roi,

Son affectionné frère et fidèle vassal,

Signé l'infant don CARLOS DE BORBON y BORBON.

Au palais de Ramalhao, le 29 avril 1833.

RÉPONSE DU ROI FERDINAND A SON FRÈRE DON CARLOS.

Madrid, le 6 mai 1833.

Mon très cher frère Carlos,

« Je n'ai jamais douté de ton affection pour moi, j'espère que tu ne doutes pas davantage de celle que j'ai pour toi, mais je dois veiller aux intérêts de mes droits, à ceux de mes filles, de même qu'à ceux de ma couronne. Je ne veux pas non plus faire violence à ta conscience en te faisant renoncer à tes *prétendus droits*, que tu crois que Dieu seul peut t'ôter, quoiqu'ils ne soient fondés que sur la décision des hommes. Mais l'affection fraternelle que j'ai toujours eue pour toi me décide à t'éviter les dégoûts que tu éprouverais dans un pays où tes droits sont méconnus. Mes devoirs de roi m'obligent à éloigner la présence d'un infant dont les prétentions pourraient servir de prétexte d'inquiétude aux mécontens. Des raisons de la plus haute politique, les lois du royaume qui l'ordonnent expressément, ta propre tranquillité qui m'est aussi chère que le bien de mes peuples, ne te permettant plus de retourner en Espagne, je t'autorise à te diriger, tout de suite, avec ta famille, vers les états pontificaux; tu me donneras avis de ton arrivée et du lieu que tu auras choisi pour y fixer ta résidence : un de mes bâtimens de guerre arrivera incessamment au port de Lisbonne pour y être à ta disposition. L'Espagne est indépendante de toute action et de toute influence étrangère en ce qui touche son administration intérieure, et j'agirais contre la libre et complète indépendance de ma couronne, en violant le principe de non-intervention adopté généralement par tous les souverains de l'Europe, si je leur faisais la communication que tu me demandes dans ta lettre. »

MORT DU ROI FERDINAND.

A S. Exc. le duc de Hijar.

Monseigneur, au moment où nous avons annoncé à V Exc. l'état dans lequel se trouvait hier le roi notre maître, on ne remarquait aucun changement notable, seulement l'état de débilité continuait, et ce matin nous avons observé que la main droite de S. M. était paralysée, et quoique ce symptôme parut se borner au bras, nous avons pourtant remarqué une abstraction funeste dans les poumons: nous avons alors appliqué des vésicatoires sur la poitrine, et deux autres aux extrémités inférieures, outre ceux qui, depuis quelques jours, avaient déjà été appliqués sur ces parties et sur la nuque. Nous sommes restés en observation auprès du chevet de S. M., et nous l'avons vu manger comme les jours précédens. Nous l'avons laissé en la compagnie de S. M. la reine, afin de le laisser un peu reposer, suivant sa coutume; mais à trois heures moins un quart, une attaque d'apoplexie foudroyante a frappé S. M., qui, dans moins de cinq minutes, a terminé une existence si précieuse.

Pedro Castello, Manuel-Damian Perès.

Sebastien à so Travieso, le 29 septembre 1833.

Décrets royaux.

A trois heures un quart, cejourd'hui, il a plu à Dieu de rappeler à lui l'âme de notre cher et bien aimé époux, le roi Ferdinand, qui jouit de la béatitude céleste, et comme reine régente (*gubernadora*) durant la minorité de mon auguste fille, dona Isabelle II, j'en donne avis au conseil, avec la douleur que je ressens naturellement à la suite d'un si triste événement, afin que les mesures nécessaires en pareille circonstance soient prises.

Signé de ma main royale.

Adressé au duc président du conseil royal.

Au Palais, le 29 septembre 1833.

AUTRE DÉCRET.

Comme reine régente de ces royaumes durant la minorité de mon auguste fille, la reine dona Isabelle II, et afin que les affaires de l'état ne souffrent pas de la mort de mon cher et bien-aimé époux, monseigneur le roi Ferdinand, qui jouit de la béatitude céleste, je viens confirmer les secrétaires-d'état, MM. don Francisco de Zea-Bermudez, don Jose de la Crux, le comte d'Ofalia, don Juan de Gualberto Gonzalès, et don Antonio Martinez, dans leurs fonctions administratives, et j'ai pour entendu que ce soit : vous le communiquerez à qui de droit.

Ceci signé de la main royale.

Adressé à don Francisco Zea-Bermudez.

AUTRE DÉCRET.

Satisfaite de la bonne et loyale conduite des autorités du royaume, et désirant que les affaires de l'état ne souffrent pas de la mort de mon cher et bien aimé époux, monseigneur le roi Ferdinand, qui jouit de la béatitude céleste, je viens, comme reine et régente, et au nom de ma chère fille la reine Isabelle II, confirmer toutes et chacune d'elles dans leurs fonctions respectives, et je leur ordonne de les continuer, en donnant la paix et rendant la justice à mes peuples, sur qui ils exercent le pouvoir; j'ai pour entendu que ce soit; vous le communiquerez à qui de droit.

Ceci signé de la main royale.

Adressé au duc président du conseil royal.

Au palais, le 29 septembre 1833.

—

TESTAMENT DU ROI.

Extrait de la Gazette de Madrid du 3 octobre 1833.

DÉCRET ROYAL.

Chargée par disposition de loi du gouvernement de ces royaumes, au nom de mon auguste fille dona Isabelle II, j'ai jugé nécessaire d'expédier divers décrets à la date du 29 septembre, annonçant au conseil, pour qu'il prenne les mesures accoutumées en pareille circonstance, la mort de mon très cher et aimé époux don Ferdinand VII, et confirmant dans leurs charges et emplois respectifs les ministres et toutes les autorités du royaume, afin de ne pas laisser interrompue l'expédition des affaires et l'administration politique et judiciaire. Le lendemain on a trouvé un pli fermé et scellé des armes royales, dont l'enveloppe annonçait que c'était le testament de mondit auguste époux, fait à Aranjuez, le 12 juin 1830, en présence de don François Tadeo de Calomarde, alors secrétaire d'état du département de grâce et de justice, et grand notaire du royaume, et d'un nombre suffisant de témoins que leurs signatures annonçent être don Louis-Maria Salazar, don Louis Lopez

Ballesteros, don Miguel de Harrela, don Manuel Gonzalès Salmon, don François-Xavier Losada, don Juan Miguel de Grijalva et don Antonio-Martinez Salcedo; j'ordonnai que le ministre actuel de grâce et de justice, et grand notaire don Juan Gualberto Gonzalès, à qui je remis cette pièce, convoquât par mon ordre les témoins susdits qui se trouvaient à la cour, et que par don Ramon Lopez Pelegrin, ministre du conseil et chambre de Castille, en qualité de juge, et devant un officier royal compétent, il fût procédé dans les formes que le droit prescrit en pareil cas à la reconnaissance, ouverture et publication dudit testament. L'acte en étant fait en bonne forme dans le salon du palais où se tiennent les séances du conseil d'état, en présence des témoins en ce moment à Madrid, auxquels se sont adjoints le duc président du conseil royal, don Francisco de Zea Bermudez, premier secrétaire d'état et ministre des affaires étrangères; le duc de Hijar, marquis d'Orani, grand chambellan; le marquis de Belgida, grand-écuyer, et le marquis de Valverde, majordome de la reine;

Lesquels ont reconnu que c'était bien réellement le testament du feu roi Ferdinand VII, signé et paraphé de sa main royale le 10 desdits mois et an; et entre autres clauses, avant celles qui ont pour objet des dons, legs et aumônes, après les actes généraux de foi, les recommandations de l'âme et les dispositions relatives aux funérailles, et autres relatives à la famille et à la maison royales, se sont trouvées les suivantes :

« Art. 9. Je déclare que je suis marié avec dona Maria-Christine de Bourbon, fille de don François Ier, roi des Deux-Siciles, et de ma sœur dona Maria-Isabelle, infante d'Espagne.

» 10. Si, au temps de mon décès, tous ou quelqu'un de

mes enfans qu'il aura plu à Dieu de me donner se trouvent en bas âge, je veux que ma bien-aimée épouse dona Maria-Christine de Bourbon soit leur tutrice et curatrice.

» 11. Si le fils ou *la fille* qui devra me succéder à la couronne n'a pas treize ans accomplis à l'époque de mon décès, je nomme ma bien-aimée épouse dona Maria-Christine, régente et gouvernante de toute la monarchie, pour qu'elle gouverne et l'administre seule jusqu'à ce que mon fils ou ma fille ait atteint l'âge de dix-huit ans accomplis.

» 12. Voulant que, pour le gouvernement du royaume, ma bien-aimée épouse puisse s'aider, le cas arrivant, des lumières et de l'expérience de personnes dont la fidélité et l'attachement à ma personne royale et à ma famille me sont bien connus; je désire qu'en même temps qu'elle se chargera de la régence du royaume, elle forme un conseil de gouvernement avec lequel elle aura à s'entendre pour les affaires difficiles, et particulièrement celles qui seraient de nature à porter quelques dommages au bonheur de mes sujets, mais sans toutefois qu'elle soit obligée, en aucune manière, de se conformer expressément aux volontés du conseil.

» 13. Ce conseil de gouvernement se composera des personnes suivantes, et suivant l'ordre de nomination ci-après : S. Em. don Juan-Francisco-Marco y Catalan, cardinal de la sainte église romaine; le marquis de Santa-Cruz, le duc de Medina-Cœli, don François-Xaxier Castagnos, le marquis de las Amarillas, le doyen actuel du conseil de Castille don Joseph-Maria Puig, le ministre du conseil des Indes don François-Xavier Caro. Pour suppléer à l'absence, pour cause de maladie ou de mort, de tous ou de quelques-uns des membres du susdit conseil de gouvernement, je nomme : dans la classe des ecclésiastiques, don Thomas Arias, auditeur de Rote en ce royaume; dans la classe des grands d'Espagne, le duc de l'Infantado et le comte d'Espagne; dans la classe des généraux, don Joseph de la Cruz, et dans celle de la magistrature, don Nicolas-Maria Gareli et don Joseph-Maria Hevia y Noriega, membres de mon conseil royal, lesquels, suivant l'ordre de leur nomination, seront suppléans des premiers; et en cas que quelques-uns de ces derniers viennent à manquer, je désire qu'ils soient remplacés dans ces importantes fonctions par ceux qui sont nommés ensuite, et je veux que le secrétaire dudit conseil de gouvernement soit don Narciso de Heredia, comte d'Ofalia, et à son défaut don Francisco de Zea Bermudez.

» 14. Si, avant ou depuis mon décès, le susdit conseil de gouvernement déjà installé, quelques-uns des membres venaient à manquer, pour quelque cause que ce puisse être, ma bien-aimée épouse, en qualité de régente et gouvernante du royaume, nommera pour les remplacer des personnes qui mériteront sa confiance, réunissant d'ailleurs les qualités nécessaires pour remplir un emploi aussi important.

» 15. Si, ce qu'à Dieu ne plaise, ma bien-aimée épouse venait à décéder avant que le fils ou la fille qui doit me succéder ait atteint dix-huit ans accomplis, je veux et ordonne que la régence et le gouvernement du royaume, de même que la tutelle et curatelle, passent à un conseil de régence composé des individus désignés dans la clause 13 du présent testament pour faire partie du conseil de gouvernement.

» 16. Je veux et ordonne que le conseil de régence, établi d'après la clause précédente, décide de toutes les affaires à la majorité des voix, la moitié plus une devant l'emporter.

» 17. J'institue et nomme pour mes héritiers uniques et universels les fils ou filles que j'aurai au moment de mon décès, moins toutefois la cinquième partie de tous mes biens, que je lègue à ma bien-aimée épouse dona Maria-Christine de Bourbon, laquelle jouira à ce titre des avantages qu'accordent les lois du royaume, de même que pour la dot qu'elle m'a apportée en mariage, et pour tous les autres biens qui lui ont été constitués dans le contrat de mariage fait à Madrid le 5 novembre 1829. »

En conséquence, et sans préjudice des ordres que je donnerai, afin qu'il soit remis au conseil un exemplaire certifié du testament intégral, jugeant utile au bien de ce royaume que tous soient instruits des dispositions souveraines ci-dessus rapportées et des dernières volontés du roi don Ferdinand, mon cher et bien-aimé époux défunt, par lesquelles il a daigné me nommer régente et gouvernante du royaume, afin que moi seule gouverne et administre jusqu'à ce que mon auguste fille dona Isabelle II ait accompli sa dix-huitième année, j'ordonne en son nom qu'elles soient rendues publiques avec toute la solennité d'usage, et qu'elles aient force de loi comme pragmatique-sanction. J'espère de l'amour, de la fidélité et du respect de tous les Espagnols pour leur roi défunt, pour son auguste fille qui lui a succédé et pour les lois fondamentales, qu'ils applaudiront à cette sollicitude paternelle et que Dieu exaucera mes vœux, qui sont de maintenir, avec l'aide des lumières du conseil de gouvernement, la paix et la justice dans ce vaste royaume, et d'élever cette héroïque nation à ce degré de prospérité et de splendeur dont elle s'est rendue digne par son amour pour la religion, ses efforts et ses vertus.

Vous le tiendrez pour entendu, afin de le faire exécuter.

Signé de la main de la reine, au palais, le 2 octobre 1833.

Au seigneur duc président du conseil.

MANIFESTE DE S. M. LA REINE RÉGENTE.

Accablée de la plus profonde douleur de la perte subite de mon auguste époux et souverain, il n'y avait qu'une obligation sacrée, devant laquelle doivent céder tous les sentimens de cœur, qui pût me faire rompre le silence qui m'est commandé par la gravité de ma douleur et par le coup dont j'ai été si cruellement frappée. L'attente qu'excite toujours un nouveau règne est encore augmentée par l'incertitude concernant l'administration publique pendant la minorité du souverain. Pour dissiper cette incertitude, et éloigner l'inquiétude qu'elle produit dans les esprits, j'ai cru qu'il était de mon devoir d'annoncer franchement les principes que je suivrai constamment dans le gouvernement dont je suis chargée par les dernières volontés du roi, mon auguste époux, durant la minorité de la reine, ma chère et bien-aimée fille doña Isabelle.

La religion et la monarchie, premiers élémens de vie pour l'Espagne, seront respectées, protégées et maintenues par moi dans toute leur vigueur et pureté. Le peuple espagnol trouvera dans son zèle inné pour le culte et la foi de ses pères, la plus complète garantie que personne n'osera lui commander l'obéissance, s'il ne respecte les objets sacrés de sa croyance et de son adoration. Mon cœur se plaît à coopérer et à présider à ce zèle d'une nation éminemment catholique, et à lui donner l'assurance que la religion immaculée que nous professons, sa doctrine, ses temples et ses ministres, seront le premier et le plus cher objet des soins de mon gouvernement.

J'éprouve la plus vive satisfaction en pensant que c'est un devoir pour moi de conserver intact le dépôt de l'autorité royale qui m'est confiée. Je maintiendrai religieusement la forme et les lois fondamentales de la monarchie, sans admettre des innovations dangereuses, quelque respectables qu'elles fussent, dans leurs principes; car nous n'en avons que déjà trop éprouvé les effets pour notre malheur. La meilleure forme de gouvernement pour ce pays, c'est celle à laquelle il est accoutumé. Un pouvoir stable et compact, fondé sur les lois anciennes, respecté par la coutume, consacré par les siècles, est l'instrument le plus puissant pour opérer le bien des peuples, qui ne peut s'obtenir lorsque l'on affaiblit l'autorité, lorsque l'on combat les idées, les habitudes et les constitutions établies, en contrariant les intérêts actuels pour créer de nouvelles ambitions et de nouvelles exigences, en excitant les passions du peuple et en mettant les individus en lutte les uns avec les autres, et la société entière dans le désordre. Je transmettrai le sceptre des Espagnes aux mains de la reine, à qui la loi l'a donné, intact, sans diminution ni détriment, en un mot tel que la loi même le lui a donné; mais je ne laisserai point pour cela dans l'abandon, et sans en profiter, cette précieuse possession qu'elle attend.

Je connais les maux auxquels le peuple est en proie par suite des calamités que nous avons éprouvées, je m'efforcerai d'en alléger le poids. Je connais les vices que le temps et les hommes ont introduits dans les diverses branches de l'administration publique; je les étudierai d'une manière encore plus approfondie, et je ferai tous mes efforts pour les extirper. Les réformes administratives qui seules produisent immédiatement le bonheur et le bien-être, seul avantage d'une valeur positive pour le peuple, seront l'objet permanent de mes sollicitudes. Je consacrerai principalement mes soins à la diminution des impôts, en tant qu'elle sera compatible avec la sûreté de l'état et les besoins du service public, la droite et prompte administration de la justice, la sûreté des personnes et des propriétés, les secours que méritent toutes les sources de la richesse publique.

Pour cette grande tâche que je me suis imposée, de faire le bonheur de l'Espagne, j'ai besoin de la coopération unanime, de l'union de volontés et des efforts de tous les Espagnols, et je l'attends; tous sont fils de la patrie et également intéressés à son bonheur. Je ne rechercherai point les opinions qui ont été antérieurement émises; je ne prêterai point l'oreille à la calomnie ou à la médisance, je ne reconnaîtrai point comme des services conférant des droits. des intrigues obscures, ou des actes intéressés de fidélité et d'adhésion. Ni le nom de la reine, ni le mien, ne sauraient être la devise d'un parti. Le nom de la reine doit, ainsi que le mien, servir de bannière tutélaire à toute la nation; mon amour, ma protection, ma sollicitude sont pour tous les Espagnols.

J'observerai inviolablement les traités faits avec les autres puissances, et je respecterai leur indépendance; seulement je réclamerai de toutes les puissances cette fidélité et ce respect qui sont dus à l'Espagne à titre de réciprocité.

Si les Espagnols réunis concourent au but que je me

propose, et si le ciel bénit nos efforts, je remettrai un jour cette grande nation, dont tous les maux auront disparu, à mon auguste fille, pour qu'elle achève l'œuvre de sa félicité, et étende et perpétue l'auréole de gloire et d'amour qui environne dans les fastes de l'Espagne l'illustre nom d'Isabelle.

Signé, *moi*, *la Reine*, *régente*.

Fait au palais de Madrid, le 4 octobre 1833.

—

DÉCRET DE PROSCRIPTION DE DON CARLOS.

L'*Estamento de Proceres* du royaume, prenant en considération la résolution remise par le gouvernement en vertu des ordres de S. M. la reine régente, sur la conduite de l'infant don Carlos, et adoptant l'avis de la commission chargée de l'examiner, déclare l'infant don Carlos Marie-Isidore de Bourbon, exclus avec toute sa ligne du droit de succession à la couronne d'Espagne. L'*Estamento* déclare également, de son propre mouvement, que l'infant don Carlos et toute sa ligne sont privés de la faculté de retourner dans les possessions et domaines de l'Espagne.

Soixante-douze membres votèrent, le seul comte de Taboada s'abstint de voter.

Le comte d'Altarès, l'archevêque de Burgos, l'évêque de Valladolid, les marquis de Camarasa, de Cenelbo et le comte de Cuba, n'assistèrent pas à cette séance.

—

PROCLAMATION AUX BISCAYENS.

BISCAYENS,

Une faction anti-religieuse et anti-monarchique, introduite au pouvoir pendant la longue maladie de notre défunt souverain, a essayé de dominer l'Espagne et de nous remettre sous le joug de la révolution et de l'anarchie vaincues en 1823. Astucieuse et fausse, elle a supposé des lois fondamentales, abrogées par des lois plus récentes, et transformant et altérant l'ordre légal et fondamental de la monarchie, avec une audace inouïe dans l'histoire, elle a prétendu faire partager à l'Espagne les horribles plans dont la propagande révolutionnaire se sert pour ruiner l'ordre social dans toute l'Europe.

Les trames générales et particulières marchaient de front au but qu'elles s'étaient proposé, et la fidélité renommée de cette terre glorieuse ne pouvait échapper à leurs ramifications.

La loyauté était écrite dans vos cœurs, qui paraissaient comprimés dans d'étroites limites, tant que l'existence du monarque opposait une digue à l'effusion de leurs sentimens. Mais lorsque la Providence a jugé à propos de l'appeler à elle, vous avez été électrisés par le plus noble et le plus pur patriotisme; vous avez rompu la chaîne de l'opprobre qui vous menaçait, et vous avez proclamé pour votre légitime souverain la magnanime et vertueux don Carlos-Maria de Borbon, qui s'est montré entouré de l'amour de tous les Espagnols, pour cicatriser les plaies qu'avait fait naître dans la patrie le génie destructeur de tout ordre social.

Basques, persévérez avec fermeté, avec tous les bons Espagnols, dans votre sérieuse résolution.

La députation générale qui est à votre tête donnera le signal à votre ardent enthousiasme; et lorsque vos efforts, réunis à ceux de toute la monarchie, parviendront à placer sur le trône de saint Ferdinand, notre souverain chéri, don Carlos V, quel bonheur sera le vôtre, quand le monde entier apprendra que votre fidélité n'a pas dégénéré de celle de vos illustres et intrépides aïeux !

Bilbao, 5 octobre 1833.

Le marquis de VALDE-ESPINA; F. Xavier de BATIZ; Fernando de ZAVALA.

PROCLAMATION AUX NAVARRAIS.

NAVARRAIS,

C'est pour la troisième fois que je me présente au champ de l'honneur; je suis chargé de faire valoir les légitimes droits que le segnor don Carlos V a à la couronne d'Espagne; il est notre roi par la loi fondamentale de 1713.

Unissons-nous tous pour défendre cette cause juste et sacrée, à laquelle se trouvent liés vos plus chers intérêts, votre religion, vos propriétés et une paix solide et durable. Unissez-vous sans retard à vos loyaux compagnons qui se sont soulevés sur divers points de ce royaume pour soutenir et placer sur le trône ce vertueux prince; que le malheur arrivé à Sandos-Ladron ne vous détourne pas; dans un autre temps vous avez vu tomber un Mina, un Cruchega, un Gorriz et autres qui défendaient ce royaume contre le pouvoir du colosse du monde, et aussitôt d'autres Navarrais les remplacèrent sans que la cause en souffrît; et au contraire, les rangs des royalistes augmentèrent; il en sera de même aujourd'hui; vous aurez des chefs qui méritent la confiance du pays, et rien ne vous manquera sous les armes.

La fidèle armée, en observation sur le Tage, s'est pour la plupart prononcée pour don Carlos; celui-ci est entre à Badagoz, et se dirige vers la cour.

Point de vengeance, oubli du passé, et le décret d'amnistie sera religieusement observé.

Que *l'ordre, l'union et la valeur* soient votre devise, et le triomphe sera certain.

Burguete, 17 octobre 1833.

Le colonel Francisco-Benito de Eraso.

Extrait d'une autre proclamation.

Soldats,

Une nouvelle campagne s'ouvre, sans avoir besoin de lutter, comme dans la guerre que fit Napoléon, vous pouvez acquérir une gloire immortelle, vous pouvez sauver la patrie, rétablir la justice et l'ordre dans toute l'Europe; il ne s'agit que des droits légitimes du successeur de Charles IV à la couronne d'Espagne, droits défendus par les cours de Naples et de Turin, et proclamés dans toute l'Espagne.

Soldats, le peuple, convaincu de la justice de la cause qu'il défend, s'arme : vous n'ignorez pas son but, et vous ne devez pas douter qu'il triomphera.

Chefs et officiers, dignes de l'héroïque nation à laquelle vous appartenez! réfléchissez sur les conséquences d'une indécision prolongée; méditez la responsabilité que vous assumeriez sur vous, si vous tardiez à vous décider et si vous ne suiviez pas l'invitation qu'un compagnon d'armes vous fait au nom de votre légitime souverain.

Francisco-Benito de Eraso.

Burguete, le 17 octobre 1833.

TRAITÉ DE LA QUADRUPLE-ALLIANCE.

S. M. la reine-régente d'Espagne, pendant la minorité de sa fille Isabelle II, reine d'Espagne, et sa majesté impériale le duc de Bragance, régent des royaumes de Portugal et des Algarves, au nom de la reine dona Maria II.

Intimement convaincus que les intérêts et la sûreté des deux couronnes exigent l'emploi immédiat et vigoureux des efforts réciproques pour terminer les hostilités qui si, d'abord, eurent pour but de renverser le trône de sa majesté portugaise, fournissent aujourd'hui appui et protection aux sujets et mécontens du royaume d'Espagne ; désirant, lesdites majestés, pourvoir à la fois aux moyens nécessaires pour rétablir la paix et le bonheur intérieur, et resserrer sur des bases réciproques et solides l'avenir des deux états, sont convenues de réunir leurs forces dans le but d'obliger l'infant don Carlos d'Espagne et l'infant don Miguel de Portugal, à quitter les domaines de ce dernier royaume.

En conséquence de ces conventions, LL. MM. régentes se sont adressées aux majestés le roi des Français et le roi de la Grande-Bretagne et d'Irlande : ces deux derniers princes considérant l'intérêt qu'ils doivent toujours prendre à la sûreté de la monarchie espagnole, et animés du plus ardent désir de contribuer à l'établissement de la paix tant péninsulaire qu'européenne, et S. M. B., considérant, en outre, les obligations spéciales qui émanent de son ancienne alliance avec le Portugal, ont consenti d'agir comme parties dans ledit traité.

A cet effet, ces majestés ont nommé les plénipotentiaires dans l'ordre suivant :

S. M. la reine-régente d'Espagne, don Manuel Pardo Ferdandez de Pinedo, Conde de Villa-Paterna y de Florida-Blanca, son ministre plénipotentiaire près S. M. B.

S. M. le roi des Français, le duc de Talleyrand, son ambassadeur à la cour de Londres.

S. M. le roi de la Grande-Bretagne et d'Irlande, le vicomte Palmerson, son ministre des relations extérieures.

S. M. I. le duc de Brágance, don Christobal-Pedro de Moraes Sarmento, son envoyé extraordinaire à la cour de Londres.

Et les plénipotentiaires sont convenus des articles suivans :

Art. 1er. S. M. I. le duc de Bragance, au nom de la reine dona Maria II, s'oblige à mettre en action tous les moyens qui sont en son pouvoir pour chasser l'infant don Carlos des domaines portugais.

Art. 2. S. M. la reine d'Espagne, priée et invitée par S. M. I. le duc de Bragance, ayant en outre de très justes et très graves reproches contre l'infant don Miguel, pour le soutien qu'il a prêté à l'infant don Carlos d'Espagne, s'engage à faire entrer sur le territoire portugais le nombre de troupes espagnoles suffisant et nécessaire pour coopérer, avec celles de S. M. I., à la sortie de don Carlos d'Espagne et de don Miguel du territoire portugais, s'engageant, en outre, la reine d'Espagne à entretenir pour son compte et sans aucun frais de la part du Portugal, les troupes espagnoles, lesquelles troupes seront reçues et traitées partout de même que les troupes de S. M. I. le duc de Bragance, et S. M. s'oblige à faire retirer ses troupes du territoire portugais dès l'instant que l'expulsion desdits infans sera accomplie, et lorsque la présence de ces troupes ne sera point demandée par S. M. fidélissime portugaise.

Art. 3. S. M. le roi de la Grande-Bretagne s'engage à coopérer, en employant une force navale pour seconder les opérations et déterminations nécessaires d'après le présent traité.

Art. 4. Dans le cas où la coopération de la France *serait jugée nécessaire* par les hautes parties contractantes, S. M. le roi des Français s'engage à faire tout ce que lui et *ses très augustes alliés détermineront* d'un commun accord.

Art. 5. Les hautes parties contractantes ont convenu qu'en conséquence des attributions contenues dans les précédens articles, on procédera immédiatement à faire une déclaration annonçant à la nation portugaise les principes et le but du présent traité, et S. M. I. le duc de Bragance, animé du sincère désir d'effacer tout souvenir du passé, et désirant réunir autour du trône de sa fille la nation entière, déclare son intention de publier une amnistie complète et générale en faveur de tous les sujets de S. M. fidélissime, qui, dans un temps qu'on déterminera, rentreront dans l'obéissance; et ledit régent déclare aussi son intention d'assurer à l'infant don Miguel, aussitôt qu'il sera hors des états portugais et espagnols, une rente correspondant à son rang et à sa naissance.

Art. 6. S. M, la reine d'Espagne, en vertu du présent article, déclare son intention d'assurer à l'infant don Carlos, aussitôt qu'il sera sorti des domaines espagnols et portugais, une rente correspondant à son rang et à sa naissance.

Art. 7. Le présent traité sera ratifié, et ses ratifications seront échangées à Londres dans un mois, ou avant s'il est possible.

En foi de quoi les quatre plénipotentiaires ci-dessus ont signé et scellé à Londres, le 23 avril 1834.

Mira-Flores, Talleyrand, Palmerston
et Moraes Sarmento.

—

CONVENTION D'ÉVORA.

S. M. I. le seigneur don Pedro, duc de Bragance, régent au nom de la reine *a senhora D. Maria segunda*, mue par le désir de terminer au plus tôt l'effusion du sang portugais et de pacifier le royaume, accorde au nom de la reine, aux forces réunies dans Evora et sur les autres parties de la monarchie, comme aussi à tous les individus qui se soumettront à l'obéissance de la reine, ce qui suit :

ARTICLE 1er.

Amnistie générale est accordée pour tous les délits politiques commis depuis le jour du 21 juillet 1826. Pour ces amnistiés demeurera suspendue l'exécution du décret du 31 août 1833, jusqu'à ce que les cortès délibèrent sur son objet. Les amnistiés rentreront dans la possession de leurs biens, mais ne pourront les obtenir qu'après décision des cortès. L'amnistie ne comprend pas la restitution aux emplois ecclésiastiques, politiques et civils, ni les traitemens de la couronne, les ordres, les commanderies ou les pensions ; elle ne comprend point les délits particuliers, et n'exempte point de la responsabilité au préjudice des tiers.

ART. II.

Tous les amnistiés, quels qu'ils soient, nationaux ou étrangers, pourront sortir librement du Portugal et disposer de leurs biens, en tant qu'ils ne sont pas sujets aux restrictions de l'article qui précède ; et ils donneront leur parole de ne jamais prendre parti, de quelque manière que ce soit, dans les affaires politiques de ces royaumes.

ART. III.

Les officiers militaires amnistiés conserveront leurs postes légitimement obtenus, et le gouvernement s'oblige à leur subsistance dans la proportion de leurs grades.

ART. IV.

Il en sera de même pour les emplois ecclésiastiques et civils, selon qu'ils s'en seront rendus dignes par leurs services et leurs mérites.

ART. V.

On assure au seigneur don Miguel la pension annuelle de soixante comptes de reis (40,000 fr.), par égard à la haute catégorie où le place sa naissance. On lui permet de disposer de ses propriétés particulières et personnelles, aux conditions qu'il rendra les joyaux et tous les objets, quels qu'ils soient, appartenant à la couronne ou aux particuliers.

ART. VI.

Il pourra s'embarquer sur un vaisseau de guerre d'une des puissances alliées par le traité de Londres, du 22 avril de la présente année ; lequel lui sera envoyé dans le port qu'il aura désigné; lui assurant toute sécurité pour sa personne et sa suite, comme aussi tout le respect (*todo o decoro*) dû à sa haute naissance.

ART. VII.

Le seigneur don Miguel s'oblige à sortir du Portugal dans l'espace de quinze jours, avec la déclaration que jamais il ne retournera dans quelque endroit que ce soit de la péninsule des Espagnes, ou des dominations portugaises, et qu'il ne cherchera en aucune manière à troubler la tranquillité de ces royaumes. Dans le cas contraire, il perdra le droit à la pension établie, et deviendra sujet à toutes les autres conséquences de sa conduite.

ART. VIII.

Les troupes qui se trouvent au service du seigneur don Miguel, déposeront les armes dans le lieu qui leur sera indiqué.

ART. IX.

Tous les régimens et corps qui se trouvent au service de l'usurpation, après la remise des armes, des chevaux, des munitions, se sépareront pacifiquement, retournant tous dans leurs domiciles, sous peine de perdre les avantages de la présente amnistie.

—

Le commandant en chef des forces réunies à Evora, après avoir accepté la présente concession, au nom de toutes les personnes qui y sont comprises, est convenu des articles suivans, pour en obtenir l'exécution.

ARTICLE 1er.

Envoyer immédiatement des ordres à tous les commandans de place et de forces en campagne, et à toutes les autorités qui reconnaissent encore le gouvernement du seigneur don Miguel, afin qu'ils fassent immédiatement leur soumission au gouvernement de S. M. T. F. *a senhora D. Maria segunda*, avec la jouissance des conditions énoncées ci-dessus.

ART. II.

Les dispositions de l'article précédent s'étendront à toutes les autorités ecclésiastiques, civiles et militaires des possessions outre-mer de la monarchie

ART. III.

Le seigneur don Miguel sortira de la ville d'Evora, dans la journée du 30 du présent mois de mai, pour se rendre à Sines, où aura lieu son embarquement (comme lui-même l'a désiré). Il sera accompagné dans son trajet, par les personnes de sa suite personnelle, par vingt chevaux qui, auparavant, servaient dans son armée, et par deux escadrons de la cavalerie des armées de la reine.

Le commandant des forces réunies à Evora, enverra aux maréchaux commandant les armées de la reine, une relation nominale des personnes de la suite du seigneur don Miguel.

ART. IV.

Dans la journée du 31 mai courant, les troupes réunies à Evora déposeront leurs armes dans le bâtiment du séminaire de cette ville, et se formeront, selon la nature de leurs places (*pracas*) en troupes qui, sous la responsabilité de leurs anciens officiers, se rendront dans les localités ci-dessous désignées; elles recevront dans leur marche leur ration d'étape ; et arrivées à leurs destinations, elles recevront des feuilles de route pour leurs domiciles.

Les naturels da Beira-Baxa,	Abrantès;
Les naturels da Beira-Alta,	Viseu;
De Tras-Os-Montes,	Villaréal;
D entre-Douro-e-Minho,	Porto;
D'Alemtejo,	passeports immédiatement.
Des Algarves,	Faro ;

Les miliciens, les ordonnances et les volontaires, de quelque dénomination qu'ils soient, recevront immédiatement des feuilles de route pour leurs domiciles.

Et pour être ainsi convenu définitivement, les maréchaux commandans des armées de la reine, et le commandant des forces réunies à Evora, Jose-Antonio de Azevedo-Lemos, ont signé en double.

Evora-Monte, 26 mai 1834.

Duque da Terceira,
Marechal do exercito.

Conde de Saldanha,
Marechal do exercito.

Jose-Antonio de Azevedo-Lemos,
Tenente-général graduado.

Antonio de Andrade-Torrezao,
Servindo de official-maior.

PROCLAMATION DE DON MIGUEL A SON ARMÉE.

Soldats !

La valeur que vous avez déployée toutes les fois que vous avez été appelés à combattre pour ma couronne, la fidélité que vous avez montrée pour ma personne au milieu de la lutte difficile où nous avons été engagés, vous rendent dignes des plus grands éloges et méritent toute ma reconnaissance.

Toutefois, depuis que les trois grandes puissances d'Angleterre, de France et d'Espagne, d'accord avec le gouvernement de Lisbonne, ont conclu un traité dans le but de me forcer à quitter ce royaume, la continuation de la guerre ne pourrait plus conduire qu'à répandre inutilement le sang portugais qui m'est si cher.

Cette considération seule m'a engagé à m'éloigner de vous.

Les conventions et arrangemens qui résultent de cette résolution sont conclus et vous seront bientôt communiqués : vous saurez alors ce qui a été stipulé pour votre sûreté.

Ce n'est pas le défaut de confiance en vous qui m'a porté à cette démarche, mais la conviction de l'impossibilité de vaincre la résolution des puissances opposées à nous, et le désir d'épargner à notre chère patrie les malheurs auxquels elle serait exposée par la présence d'armées étrangères ; j'ai lieu d'espérer de votre discipline et de votre obéissance à ma personne ainsi que de l'amour que vous m'avez toujours témoigné, que les troupes se conduiront, dans la crise actuelle, comme des Portugais dignes d'obéir à leur roi ; c'est pour cela que je vous recommande de nouveau l'ordre et la tranquillité, dont je rends responsables les commandans et officiers de tous grades.

Vous vous rappellerez que je n'exige de vous aucun acte de faiblesse, mais seulement de la résignation en cédant aux forces disproportionnées qui, par suite du traité sus-mentionné, se disposent à fondre sur ce pays. Vous apprécierez comme elles le méritent ces raisons que la prudence dicte, afin de prévenir les calamités qui mettraient le comble aux malheurs du pays.

Je vous recommande de nouveau l'ordre et la résignation. Soyez assurés que je n'oublierai jamais votre valeur, votre constance et votre fidélité. Coopérez donc par votre conduite au bonheur de notre chère patrie.

Signé MIGUEL.

Au palais d'Évora, 27 mai 1834.

ARTICLE Ier

Son altesse royale l'infant don Carlos quittera Evora avec sa famille et sa suite pour passer à Aldea-Gallega le 30 courant, et pour s'y embarquer.

ART. II.

Dans son trajet, les maréchaux répondent de la sûreté des personnes de S. A. R. et de sa famille et suite, et lui fourniront l'escorte que S. A. R. voudra indiquer.

ART. III.

Tous les sujets espagnols compromis dans le service de

S. A. R. se trouvant en Portugal, seront reçus dans un dépôt provisoire à Santarem, et y seront conduits sous l'escorte nécessaire à leur sûreté.

ART. IV.

Le gouvernement portugais leur fournira au dépôt des moyens d'existence, jusqu'à ce qu'ils puissent, sans danger, quitter le dépôt pour quelque autre demeure.

Evora Monte, le 26 mai 1834.

Duc de TERCEIRE,
Maréchal de l'armée.

Le comte de SALDANHA,
Maréchal de l'armée.

John GRANT,
Secrétaire de la légation de S. M. Britannique.

PROTESTATION DE SA MAJESTÉ LE ROI DON MIGUEL.

En suite des événemens qui m'ont contraint de quitter mes états de Portugal et d'abandonner provisoirement l'exercice de mon pouvoir, l'honneur de ma personne, l'intérêt de mes fidèles sujets, tous motifs enfin de justice et de convenance, m'obligent à protester, ainsi que je proteste en face de l'Europe entière, sur les susdits événemens, et contre toute innovation quelconque, que le gouvernement actuellement existant à Lisbonne aurait faite ou ferait à l'avenir, contraire aux lois fondamentales du royaume.

D'après ce que je viens d'exposer, il est facile à chacun

de juger que mon acquiescement à tout ce qui me fut imposé par les forces prépondérantes confiées aux généraux des deux gouvernemens existant à Madrid et à Lisbonne, d'accord avec deux grandes puissances, n'a été que purement provisoire, et n'a eu pour objet que d'éviter à mes sujets du Portugal le malheur, dont la juste résistance que j'aurais pu y opposer n'aurait su les préserver, ayant été surpris par une attaque imprévue, à laquelle on ne devait jamais s'attendre de la part d'une puissance non seulement amie, mais alliée.

C'est par tous ces motifs que je m'étais fermement proposé dès lors, que dès qu'il serait en mon pouvoir de faire connaître (comme il était de mon honneur et de mon devoir) à toutes les puissances de l'Europe l'injustice de l'agression contre mes droits et ma personne, j'aurais protesté et déclaré alors, comme je déclare et proteste à présent, me trouvant en pleine liberté, contre la capitulation du 26 mai, qui m'a été proposée par le gouvernement actuellement existant à Lisbonne; acte auquel j'ai été forcé, pour prévenir de plus grands malheurs et l'effusion du sang de mes fidèles sujets.

Cette capitulation doit en conséquence être regardée comme de nulle valeur.

Gênes, le 20 juin 1834.

MIGUEL.

PROCLAMATION DE CHARLES V A SON ARMÉE.

Soldats! mes vœux sont accomplis. Je suis avec vous!

Il y a long-temps que mon cœur désirait ce moment ; vous connaissez mes constans efforts pour l'atteindre. Mon cœur paternel se plaît à contempler avec effusion vos exploits, qui passeront à la postérité la plus reculée.

Volontaires et soldats, vos souffrances, vos fatigues, votre constance, votre amour pour vos rois légitimes et pour ma royale personne, font l'admiration de toutes les nations qui n'ont pas assez d'éloges pour un aussi héroïque dévouement.

Marchons donc tous, et moi à votre tête, marchons à la victoire! Elle m'est toujours douloureuse à cause du sang espagnol qu'elle coûte; je veux l'épargner, et c'est pour cela que j'engage à se réfugîer sous mon manteau royal tous ceux qui ont été séduits ou trompés; et qui, dociles à ma voix, déposeront les armes. Mais si, contre mon attente, il s'en trouvait quelques-uns qui persistassent dans leur aveuglément, ils seraient traités comme rebelles à ma royale personne. Je serai aussi sévère pour ceux qui persévèreront dans la rébellion que je serai indulgent pour ceux qui se repentiront.

Et vous, vaillans et fidèles guerriers, maintenant réunis autour de votre chef, de votre père, que la discipline la plus sévère régne parmi vous, obéissez avec exactitude à vos commandans. La force est dans la discipline et l'obéissance, et dans la force est la victoire que Dieu réserve à la justice.

Généraux, officiers, volontaires et soldats, je suis sensible à vos immenses services, et votre roi saura les récompenser.

Moi le Roi.

A ma résidence royale d'Elisondo, 12 juillet 1834.

—

DÉCRET D'AMNISTIE DE CHARLES V.

Heureusement rendu aux bras de mes fidèles Espagnols, et mon cœur royal étant bien informé des tristes et désastreuses occurrences auxquelles ont donné lieu les efforts de quelques hommes pour soutenir les prétendus droits de ma bien-aimée nièce dona Isabelle de Bourbon, au trône auquel je suis appelé par la loi fondamentale de l'état; désirant en outre mettre un terme à une guerre funeste aux intérêts publics comme aux fortunes privées de mes chers vassaux, et mon cœur paternel ayant compassion de ceux qui, par séduction, par faiblesse ou par ignorance, ont pris les armes contre les vaillans défenseurs de mes droits légitimes, cédant aux sentimens qui remplissent mon cœur, j'ai décrété les articles suivans :

Art. 1er. Sont amnistiés, sauf le droit des tiers, tous les généraux, chefs, officiers et soldats qui, dans le délai de quinze jours pour la Navarre et la Biscaye, et d'un mois pour le reste de la Péninsule, déposeraient les armes, et, reconnaissant mes légitimes droits, se présenteraient à moi ou à quelqu'un des chefs qui défendent ma cause.

Art. 2. Les généraux, chefs et officiers qui se conformeront à l'article précédent, conserveront les emplois, grades et décorations qu'ils auraient obtenus avant la mort de mon auguste frère le roi don Ferdinand VII. (Que Dieu ait son âme!)

Art. 3. Les sous-officiers et soldats recevront leur congé absolu, s'ils ne veulent pas rester à mon service pendant la présente guerre; ceux qui voudront rester sous mes drapeaux, l'obtiendront aussitôt la guerre finie.

Art. 4. Les sergens et caporaux compris dans l'article

précédent qui resteront à mon service après la guerre actuelle, auront l'emploi immédiatement supérieur, et on comptera aux soldats quatre années de service de plus pour les récompenses et les retraites.

ART. 5. L'article 1er sera applicable à tous les chefs, officiers et soldats des corps et compagnies qui, sous les noms de tirailleurs d'Isabelle, chasseurs des montagnes, urbains, peseteros, etc., se sont formés pour soutenir par les armes la cause de l'usurpation.

ART. 6. Tout chef qui passera dans les rangs de mon armée, avec tout ou partie de la force sous ses ordres, aura droit à de nouvelles grâces de ma part pour ce service extraordinaire.

Moi, le Roi.

Donné à Elisondo, le 12 juillet 1834.

PROCLAMATION DE CHARLES V A SON PEUPLE.

Espagnols!

Quelle est ma joie en me retrouvant au milieu de vous, entouré des démonstrations les plus sincères de votre amour, après avoir épuisé jusqu'à la lie le calice amer de l'exil, grâce aux machinations iniques de ceux qui se sont montrés de tous temps les ennemis de Dieu et des trônes! Je viens accomplir les devoirs de la reconnaissance, animé du désir le plus vif de faire le bonheur de mes bien-aimés sujets. Je ne négligerai rien pour leur procurer les bienfaits de la paix ainsi que les avantages d'un gouvernement à la fois énergique et paternel, aussitôt qu'avec les secours du Ciel, la valeur de mes fidèles soldats et l'appui des augustes monarques qui sympathisent avec mes malheurs et qui m'offrent leur coopération, j'aurai mis fin à une lutte désastreuse qui me remplit de douleurs.

Espagnols! résolu de conquérir l'épée à la main ce qui m'appartient de droit, je veux auparavant épuiser toutes les ressources de ma clémence souveraine. Avec la même satisfaction que j'éprouverai à récompenser le mérite et la fidélité, je saurai oublier les erreurs passées, pourvu qu'un repentir sincère, accompagné d'une preuve positive d'attachement pour ma royale personne, m'assurent de la conduite future. Ma douceur naturelle et la loyauté de mon caractère sont les garanties que j'offre du religieux accomplissement de ma parole royale. Espagnols! montrez-vous dociles à la voix de la raison et de la justice; soyez avares du sang espagnol, et tenant en main l'olivier en place du laurier sanglant, courez promptement vers le terme des maux que je déplore et vers la jouissance du bonheur que je vous promets.

Au palais de Alsasua, le 15 juillet 1834.

ARTICLES ADDITIONNELS AU TRAITÉ DE LA QUADRUPLE ALLIANCE.

S. M. le roi des Français, S. M. la reine régente d'Espagne, pendant la minorité de sa fille la reine dona Isabelle II, S. M. le roi du royaume-uni de la Grande-Bretagne et d'Irlande, et S. M. I. le duc de Bragance, régent du royaume de Portugal et des Algarves, au nom de la reine dona Maria II, hautes parties contractantes au traité du 22 avril 1834, ayant porté leur sérieuse attention sur les événemens récens qui ont eu lieu dans la Péninsule, et étant profondément convaincues que, dans ce nouvel état de choses, de nouvelles mesures sont devenues nécessaires pour atteindre complètement le but dudit traité;

Les soussignés, Charles-Maurice de Talleyrand-Périgord, prince duc de Benevent, ambassadeur extraordinaire et ministre plénipotentiaire de S. M. le roi des Français près S. M. britannique;

Don Manuel-Pando-Fernandez de Pinedo, Alava y Davela, marquis de Miraflores, envoyé extraordinaire et ministre plénipotientaire de S. M. catholique près S. M. britannique;

Henri-Jean, viçomte Palmerston, baron Temple, principal secrétaire d'état de S. M. britannique pour les affaires étrangères;

Christophe-Pierre de Moraes-Sarmento, envoyé extraordinaire et ministre plénipotentiaire de S. M. très fidèle près S. M. britannique :

Etant munis de l'autorisation de leurs gouvernemens respectifs, sont convenus des articles suivans, additionnels au traité du 22 avril 1834 :

ARTICLE 1er.

S. M. le roi des Français s'engage à prendre, dans la partie de ses états qui avoisine l'Espagne, les mesures les mieux calculées pour empêcher qu'aucune espèce de secours en hommes, en armes ou en munitions de guerre, soient envoyés du territoire français aux insurgés en Espagne;

ARTICLE 2.

S. M. le roi du royaume-uni de la Grande-Bretagne et d'Irlande s'engage à fournir à S. M. catholique tous les secours d'armes et de munitions de guerre que S. M. catholique pourra réclamer, et, en outre, à l'assister avec des forces navales si cela est nécessaire;

ARTICLE 3.

S. M. I. le duc de Bragance, régent de Portugal et des Algarves, au nom de la reine dona Maria II, partageant complètement les sentimens de ses augustes alliés, et désirant reconnaître, par un juste retour, les engagemens contractés par S. M. la reine régente d'Espagne dans le deuxième article du traité du 22 avril 1834, s'oblige à prêter assistance, si la nécessité s'en présentait, à S. M. catholique, par tous les moyens qui seraient en son pouvoir, d'après la forme et la manière qui seraient convenues ensuite avec leurs dites majestés.

ARTICLE 4.

Les articles ci-dessus auront la même force et le même effet que s'ils avaient été insérés mot pour mot dans le traité du 22 avril 1834, et seront comme faisant partie dudit traité; ils seront ratifiés, et les ratifications en seront échangées dans le délai de quarante jours, ou plutôt, si faire se peut.

En foi de quoi, les plénipotentiaires respectifs les ont signés, et y ont apposé le cachet de leurs armes.

Fait à Londres, le 18 du mois d'août 1834.

PROCLAMATION ADRESSÉE PAR LE GÉNÉRAL VALDÈS A L'ARMÉE D'OPÉRATIONS DU NORD.

Soldats,

Appelé par l'auguste reine régente à me mettre à votre tête, c'est un devoir pour moi de vous exprimer ma satisfaction de me voir une seconde fois parmi vous, et sur le même théâtre où j'ai été si souvent témoin de votre noble dévoûment.

Au milieu de l'amertume que cause à tout bon Espagnol la continuation de cette guerre désastreuse, j'ai vu avec plaisir le bon esprit dont vous êtes animés, les preuves de valeur et de constance qui vous font oublier les fatigues et les privations que vous impose la défense des droits légitimes de notre bien-aimée reine, qui sont intimement liés à d'autres droits si précieux pour la nation, et qui sont la garantie de sa félicité, de sa prospérité et de ses libertés.

L'auguste reine régente, désirant vous faire savoir par tous les moyens en son pouvoir, combien sont précieux pour elle vos services distingués, m'a investi des plus amples pouvoirs pour les récompenser selon leur importance, ainsi que l'exige la justice.

Rien ne sera plus agréable pour moi que de satisfaire les sentimens de bonté de S. M., en conférant des récompenses et des distinctions à la valeur et au talent, et à toutes les qualités qui caractérisent le mérite militaire, si digne de l'estime de S. M. et de la gratitude de la nation entière. Pour agir conformément à mes instructions, je fais savoir ce qui suit :

1° Tous les officiers de l'armée d'opérations qui, avant le 1er janvier de la présente année, ont fait la guerre en deçà de l'Ebre, et ont donné des preuves de constance, d'application et d'assiduité, sans avoir reçu ni grade ni distinction, obtiendront le grade immédiatement supérieur, s'ils n'ont déjà un grade au-dessus de leur emploi effectif. Ceux qui se trouvent dans cette position seront préférés pour les emplois immédiats ;

2° Obtiendront le grade de sous-lieutenant tous les cadets et premiers sergens qui auront fait le même service avec les mêmes circonstances spécifiées dans l'acte précédent. Le second sergent le plus ancien de chaque compagnie sera promu au grade de premier sergent ;

3° Sont décorés de la croix de Saint-Ferdinand de seconde classe tous les officiers, et de celle d'Isabelle II, les autres individus des garnisons d'Olazagoitia et de Maesta, sans préjudice des autres récompenses auxquelles ils pourraient avoir droit, soit en vertu des articles antérieurs, soit pour d'autres services qu'ils auraient rendus ;

4° Obtiendront également leur congé absolu ceux auxquels manqueraient deux années de service à la fin de la campagne ; ceux qui, à cette époque, seront plus éloignés du terme de leur service, bien que n'ayant qu'une année de service, recevront leur congé une année après la fin de la campagne, temps jugé nécessaire pour faire une nouvelle levée d'hommes, et mettre les remplaçans en état de faire convenablement leur service.

Quartier-général de Vittoria, 18 avril 1835.

Soldats ! je n'ai pas besoin de vous dire que la main qui récompense la valeur et les sacrifices du guerrier, châtiera sévèrement les infractions à la subordination et à la discipline, et qu'elle sera inexorable lorsqu'il s'agira de réprimer d'autres délits que je ne nomme pas, et qui dégradent une profession dont la valeur est sa base, et pour laquelle la résignation aux privations est indispensable.

Compagnons d'armes! la reine régente, la nation entière espèrent que nous terminerons aussi promptement qu'il sera possible une guerre déplorable qui compromet des intérêts si sacrés. Votre courage et votre patriotisme m'inspirent la juste confiance que vous remplirez les vœux de tous les amis de la légitimité et de la justice qui s'intéressent aux progrès d'une sage liberté, condition indispensable de la civilisation et des lumières.

VALDÈS.

HABITANS DE LA NAVARRE ET DES PROVINCES BASQUES.

S. M. la reine régente, au nom de son auguste fille notre légitime reine Isabelle II, a daigné me confier la direction générale de toutes les forces employées à la pacification de votre pays et de celles qui les soutiennent immédiatement dans l'Aragon et dans la Castille. Ma mission est essentiellement pacifique, et il dépend de vous seuls qu'elle ne perde pas ce caractère. S. M. déplore les maux qui vous accablent depuis long-temps, et voit avec une profonde douleur les champs arrosés de votre sang, la ruine de vos fortunes et la dévastation de vos foyers. Il est indispensable pour votre bien et pour la tranquillité de la nation dont vous formez une faible partie, de mettre promptement un terme à la guerre cruelle et fratricide qu'ont allumé au milieu de vous quelques hommes démoralisés aux yeux desquels votre anéantissement total n'est rien, pourvu qu'ils satisfassent leur ambition et assouvissent leur soif de sang et de rapines.

Il est indispensable, je le répète, que cette funeste guerre se termine, et que les jours de tranquillité et de bonheur dont vous jouissiez avant que la perfidie et la trahison vous les eussent ravis vous soient rendus. Telle est, habitans de la Navarre et des provinces Basques, la noble tâche que S. M. m'a confiée et que j'accomplirai à tout prix. Connu de vous depuis long-temps, vous savez par expérience que je suis humain et indulgent; mais s'il est vrai que je saurai toujours suivre les impulsions naturelles de mon cœur, je saurai aussi les sacrifier sans hésiter au devoir que m'impose la mission dont je suis chargé. S. M., dans sa clémence inépuisable, accorde un pardon plein et absolu, et met dès ce moment sous la protection des lois et des autorités chargées de les exécuter, tous les individus, sans distinction de classes ni de personnes, qui dans le délai de quinze jours abandonneront les rangs des rebelles et se présenteront avec leurs armes aux chefs qui commandent les divisions, brigades, qui composent l'armée d'opération, ou au commandant des localités où il y a garnison. De même S. M. fait remise des peines corporelles établies contre le crime de rébellion à ceux qui se présenteront désarmés aux autorités ci-dessus mentionnées.

S. M. espère que les pères, les époux, les parens et amis de ceux que la séduction ont attirés dans les rangs des rebelles se hâteront de leur faire connaître ce nouveau trait de sa sollicitude maternelle, en les exortant à ne pas laisser échapper ce dernier moyen de salut qu'on leur offre, et S. M. ne doute pas que les populations n'y répondent en témoignant leur reconnaissance par un changement de conduite; mais si l'on ne se soumet point dans le délai déterminé, je déclare dès ce moment de la manière la plus positive que je livrerai aux flammes sans ménagement toutes les populations de certaines vallées qui servent ordinairement de refuge aux rebelles, et où ils trouvent un accueil criminel et de nouvelles ressources. Je respecterai toutefois les personnes et les propriétés des habitans qui se retireraient dans les bourgs où il y a une garnison, ou dans les provinces tranquilles. Cette mesure est douloureuse, mais lorsque le bien de la patrie parle, tous les sentimens humains doivent se taire. L'incendie de Moscou a sauvé la Russie. Habitans de la Navarre et provinces basques, je vous apporte le pardon et la paix ou la persécution et l'extermination. Le choix dépend de vous.

Si désenchantés des illusions avec lesquelles les véritables ennemis de votre fidélité vous trompent et vous égarent, vous rejetez leurs perfides instigations et vous vous unissez à moi de bonne foi pour que l'ordre légal et l'obéissance légitime se rétablissent dans votre pays, de même que le reste de la monarchie en jouit déjà, vous trouverez en moi appui et protection, et un ami et un défenseur dans chacun de ceux qui servent sous mes ordres. Si, au contraire, vous persistez dans votre funeste aveuglement, et si vous rejetez les paroles que je vous adresse au nom de la reine, notre maîtresse, avec le sincère désir de votre bonheur et de votre bien-être futurs, je serai inflexible dans mon devoir, et je ne négligerai aucun moyen de le remplir, quelque rigoureux qu'il soit. Abandonnez les vaines espérances dont vous bercent ceux qui prétendent élever leur fortune sur votre ruine; jetez les yeux sur les autres provinces qui, dans la Péninsule et au-delà des mers composent la vaste monarchie espagnole, et vous verrez le bonheur et la nouvelle existence dont elles jouissent sous le gouvernement pacifique de notre légitime reine, situation heureuse, garantie par l'union des esprits, contre laquelle vos ressources limitées ne pourraient prévaloir.

Quelle cesse enfin cette lutte aussi inégale que désastreuse pour vous. Les nations de l'Europe la contemplent avec horreur et indignation, elles s'intéressent à sa prompte issue, et les plus puissantes, comme la France et l'Angleterre, sont unies à la juste cause de la reine, notre maîtresse, par les traités les plus sincères et les plus solennels qu'elles sont résolues de soutenir irrévocablement. La bonté de S. M. est votre unique ressource, invoquez-là avec confiance. Je vous l'offre sincèrement en son nom royal.

Donné au quartier-général de Vittoria, le 18 avril 1835.

Signé le ministre de la guerre, VALDÈS.

CONVENTION (1).

Pour l'échange des prisonniers proposée par lord Elliot, commissaire pour S. M. B., et qui serviront de règle aux commandans en chef des armées belligérantes dans les provinces de Guipuscoa, Alava et de Biscaye, et dans le royaume de Navarre.

(1) Cordova, que Valdès avait chargé de s'entendre avec lord Elliot pour la rédaction des clauses de ce cartel d'échange, demanda avec instance qu'on ajoutât au titre de *Convention*, le mot *Stipulation*. L'envoyé anglais y a consenti.

ARTICLE 1er.

Les commandans en chef des deux armées actuellement en guerre dans les provinces de Biscaye, Guipuscoa et Alava, et dans le royaume de Navarre, conviennent de conserver la vie aux prisonniers qui fuiraient de l'un ou de l'autre côté, et de les échanger ainsi qu'il est dit ci-après.

ART. II.

L'échange des prisonners sera périodique deux ou trois fois par mois, et plus souvent si les circonstances l'exigent et le permettent.

ART. III.

L'échange sera en juste et égale proportion du nombre de prisonniers que présentera chaque partie, et les excédans demeureront dans le parti où ils se trouveront, jusqu'à nouvelle occasion d'échange.

ART. IV.

Pour les officiers, l'échange se fera à grade égal, « *entre* » *les officiers de tous rangs, emplois, classes et dépendances qui* » *seraient échangés par les deux parties, d'après le rang respectif* » *de chacun.* »

ART. V.

Si après avoir fait un échange entre les deux partis belligérans, l'un d'entre eux avait besoin d'un lieu pour y garder les prisonniers excédans qui n'auraient pas été échangés pour leur sûreté, le bon traitement et l'honneur de ces prisonniers, il sera convenu qu'ils seront gardés dans un dépôt par le parti au pouvoir duquel ils se trouveront dans un ou plusieurs villages, qui seront respectés par le parti contraire, au cas qu'il puisse y pénétrer, et même qu'on ne pourra leur nuire ni les inquiéter en aucune manière pendant le temps qu'ils y séjourneront; bien entendu que dans les villes où villages où seront les prisonniers, on ne pourra fabriquer ni armes, ni munitions, ni effets militaires.

« Les places seront nommées d'avance par les deux partis belligérans. »

ART. VI.

Durant cette lutte, on n'exécutera aucune personne civile ou militaire pour raison de ses opinions, sans qu'elle soit jugée et condamnée conformément aux réglemens et ordonnances militaires qui régissent en Espagne.

Cette condition doit s'entendre uniquement pour ceux qui ne sont pas réellement prisonniers de guerre; relativement à ceux-ci, c'est ce qui est stipulé dans les articles ci-dessus régis pour eux.

ART. VII.

Chaque parti belligérant respectera religieusement et laissera en pleine liberté les blessés et les malades qu'il trouvera dans les hôpitaux, villages, villes, casernes, ou dans quelque lieu que ce soit, *« pourvu qu'ils soient munis » d'un certificat d'un chirurgien de leur armée. »*

ART. VIII.

Si la guerre s'étend dans d'autres provinces, les mêmes conventions seront observées *« de la même manière que dans » les provinces de Guipuscoa, Alava, Bicaya, et dans le royaume » de Navarre. »*

(Cet article a été ajouté par le commissaire britannique.)

ART. IX.

Ces conditions s'observeront religieusement et rigoureusement par tous les commandans qui pourraient se succéder dans les deux partis.

Le traité ayant été signé en duplicata, la place des signatures des deux généraux a été changée, « *afin qu'il y eût » parité parfaite entre les deux partis* (1). »

Quartier-général de Logrono, le 27 avril 1835.

Le commandant en chef de l'armée d'opération du nord,

Signé Geronimo VALDÈS.

Quartier-général de Asarta, le 28 avril 1835.

Le Commandant en chef de l'armée,

Signé Thomas ZUMALACARREGUY.

Signé ELLIOT.

(1) Zumalacarreguy avait signé d'abord le 25 avril, mais Cordova, qui, comme nous l'avons dit, dirigeait cette conférence diplomatique pour Valdès, ayant insisté pour les additions que nous indiquons par des italiques, il s'est trouvé qu'il a fallu refaire le traité, et alors Zumalacarreguy a signé une seconde fois, le 28 avril.

TRADUCTION

DE LA LETTRE

DE ZUMALACARREGUY.

Durango, 10 *juin* 1835.

A MONSIEUR LE BARON DE LOS VALLES.

Mon cher ami,

J'ai eu beaucoup de plaisir à lire votre aimable lettre du 15 du mois dernier, dans laquelle se trouvent plusieurs particularités auxquelles j'aurais voulu répondre avec détail, mais vous m'excuserez si je ne l'ai pas fait, à cause du grand nombre d'affaires qui m'occupent.

Cher ami, ces jours-ci, nous avons gagné beaucoup de terrain, car nous prenons les christinos comme dans des filets, et quoi qu'aient dit les journaux français sur ce que nous avons fait dans ces dix derniers jours, ils sont encore au-dessous de la vérité. Pendant que je faisais le siége de Villa-Franca, Espartero est venu à son secours, et l'unique avantage qu'il en ait retiré, a été de nous laisser 1,200 prisonniers; le 9, nous avons pris Villa-Franca après l'avoir battu avec notre artillerie, ayant même fait usage de la bombe. L'ennemi a abandonné aussi Tolosa, et la ville de Bergara, qui renfermait 1,200 hommes de garnison, capitula bientôt après. Enfin ils ont retiré les garnisons du Bastan et des trois provinces, à l'exception de celles des capitales de Salvatierra, de Ochandiano et de deux autres places qui se trouvent sur la côte. Ainsi, il paraît que leur intention est d'abandonner ce pays et de se retirer sur l'Ebre; quant à moi, je compte être à Bilbao avant trois jours, et à Vittoria avant douze.

Cependant je puis vous garantir que les affaires ne sont pas encore si avancées de toutes parts, qu'il ne vous reste quelque chose à faire, et quand vous viendrez, ne doutez pas que je ne vous emploie d'une manière analogue à votre caractère et à votre mérite distingué.

Tous vos camarades auxquels vous m'avez chargé de faire des complimens, me chargent de vous en adresser de leur part. Ne pouvant vous en dire davantage, je suis votre affectionné ami,

THOMAS ZUMALACARREGUY.

Eybar s'est rendu hier.

ESPAGNE et PORTUGAL.

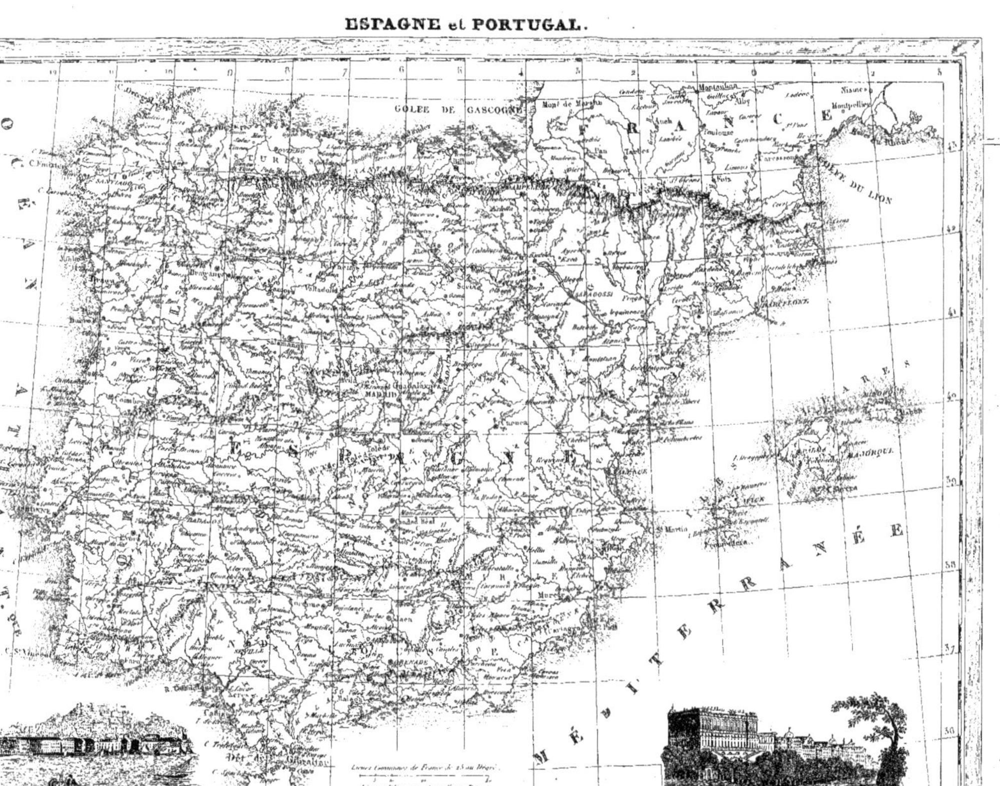

Mémoires de Charles V.

TABLE

DES MATIÈRES.

Epître dédicatoire à S. A. R. la princesse de Beira.
Avant-propos. . . . . page 1
Introduction. —
I. Evénemens qui ont précédé la mort de Ferdinand VII. . . 1
II. Maladie de Ferdinand VII à St-Ildephonse. — Révocation du décret qui abolissait la loi salique. 15
III. Evénemens jusqu'à la mort de Ferdinand VII. 40
IV. Mort de Ferdinand VII. — Coup-d'œil sur l'état des provinces. 61
Un chapitre de l'Histoire de Charles V. —
§ I. Mort de Ferdinand VII. — Avènement de don Carlos au trône, sous le nom de Charles V. 75
§ II. Retonr en Portugal. — Détention à Vigo. — Situation des affaires de Charles V. 103
§ III. Événemens en Portugal. — Capitulation d'Evora. . 119
§ IV. Départ de Charles V du Portugal. 137
§ V. Embarquement du Roi. — Arrivée en Angleterre. . . 146
§ VI. Départ de Londres. — Voyage en France de Dieppe à Bayonne. 159
§ VII. Entrée du roi en Espagne. — Effets de sa présence sur l'armée et sur les populations. 193
§ VIII. Coup-d'œil statistique sur les provinces du nord.—Premières opérations de Charles V. 196
§ IX. Mort de la reine. 250
Pièces justificatives. 268

ERRATA.

Page 13. Joindre à la ligne 13 les mots qui terminent l'alinéa de la ligne 12.

—— 38 ligne 11. Rassurés, lisez : *détrompés.*

—— 60 —— 15. Alcanizas, lisez : *Alcanices.*

—— 66 —— 16. 200 volontaires, lisez : 400 *volontaires.*

—— 77 —— 7. Arroya, lisez : *Arroyo.*

—— 78 —— 27. Supprimez : *sans nul doute.*

—— 86 —— 18. Néva, lisez : *Tormès.*

—— 92 —— 19. Alors, lisez : *en* 1821.

—— 113 —— 25. Zamusca, lisez : *Chamousca.*

—— 182 —— 23. Tours, lisez : *Orléans.*

www.ingramcontent.com/pod-product-compliance
Ingram Content Group UK Ltd.
Pitfield, Milton Keynes, MK11 3LW, UK
UKHW020605230726
13926UKWH00005B/2210